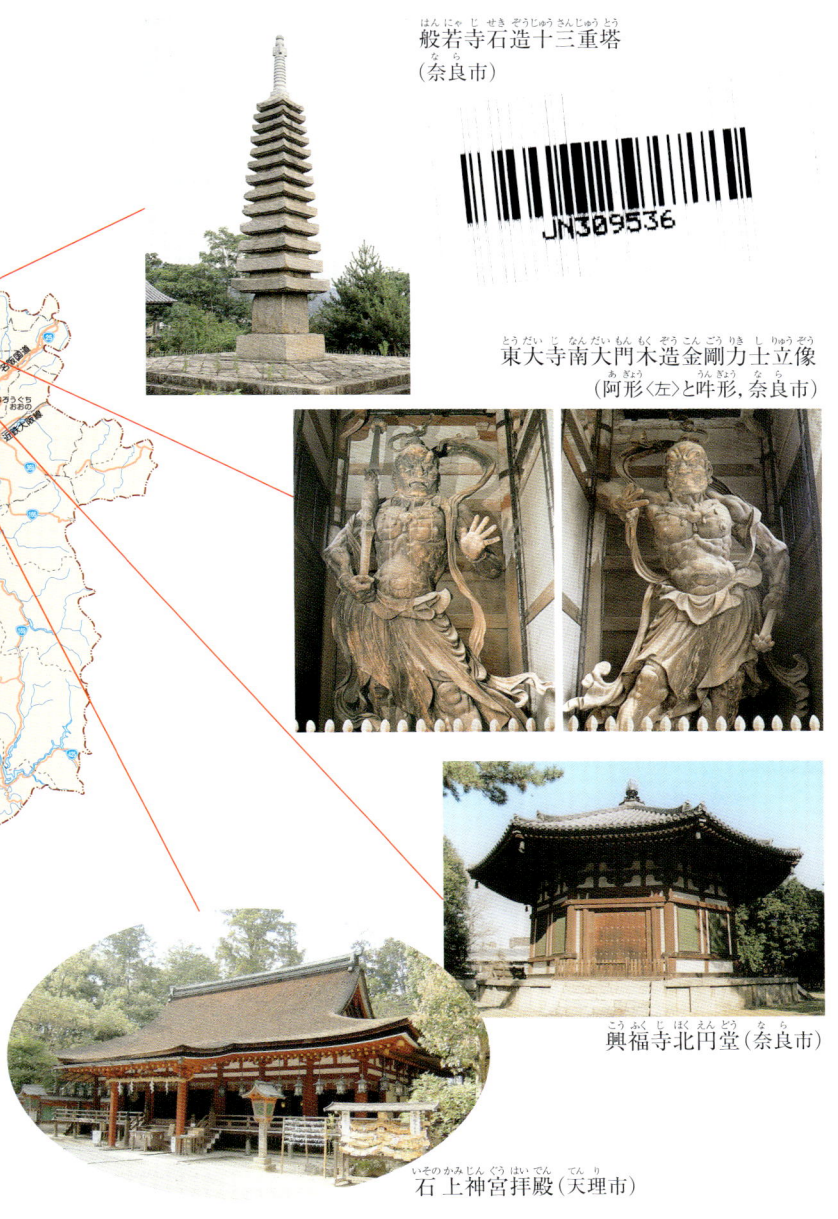

般若寺石造十三重塔
(奈良市)

東大寺南大門木造金剛力士立像
(阿形〈左〉と吽形, 奈良市)

興福寺北円堂(奈良市)

石上神宮拝殿(天理市)

史跡・名勝

平城宮跡
（奈良市）

藤ノ木古墳
（生駒郡斑鳩町）

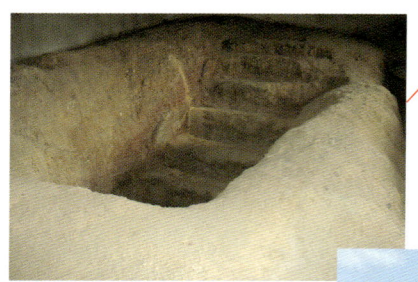

三井瓦窯跡
（生駒郡斑鳩町）

唐古・鍵遺跡
（磯城郡田原本町）

東大寺境内（奈良市）

慈光院庭園（大和郡山市）

山田寺跡（桜井市）

黒塚古墳（天理市）

伝統産業・祭り

高山の茶筅（生駒市）

西大寺大茶盛（奈良市）

赤膚焼（奈良市）

広瀬神社砂かけ祭り
（北葛城郡河合町）

春日若宮おん祭
（奈良市）

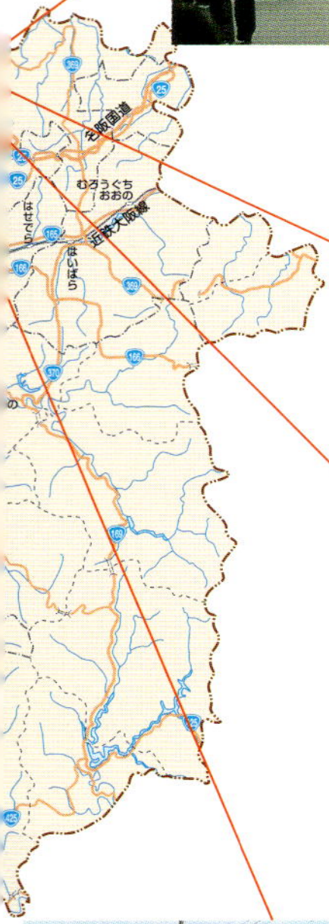

東大寺二月堂修二会
（奈良市）

奈良墨（奈良市）

三輪そうめん
（桜井市）

古道と町並み・村落

郡山の城下町（大和郡山市）

暗越え（生駒市）

竜田越え（生駒郡三郷町）

上街道と箸墓古墳〈街道左手〉（桜井市）

奈良町(奈良市)

稗田環濠集落(大和郡山市)

竹之内環濠集落(天理市)

山の辺の道(桜井市)

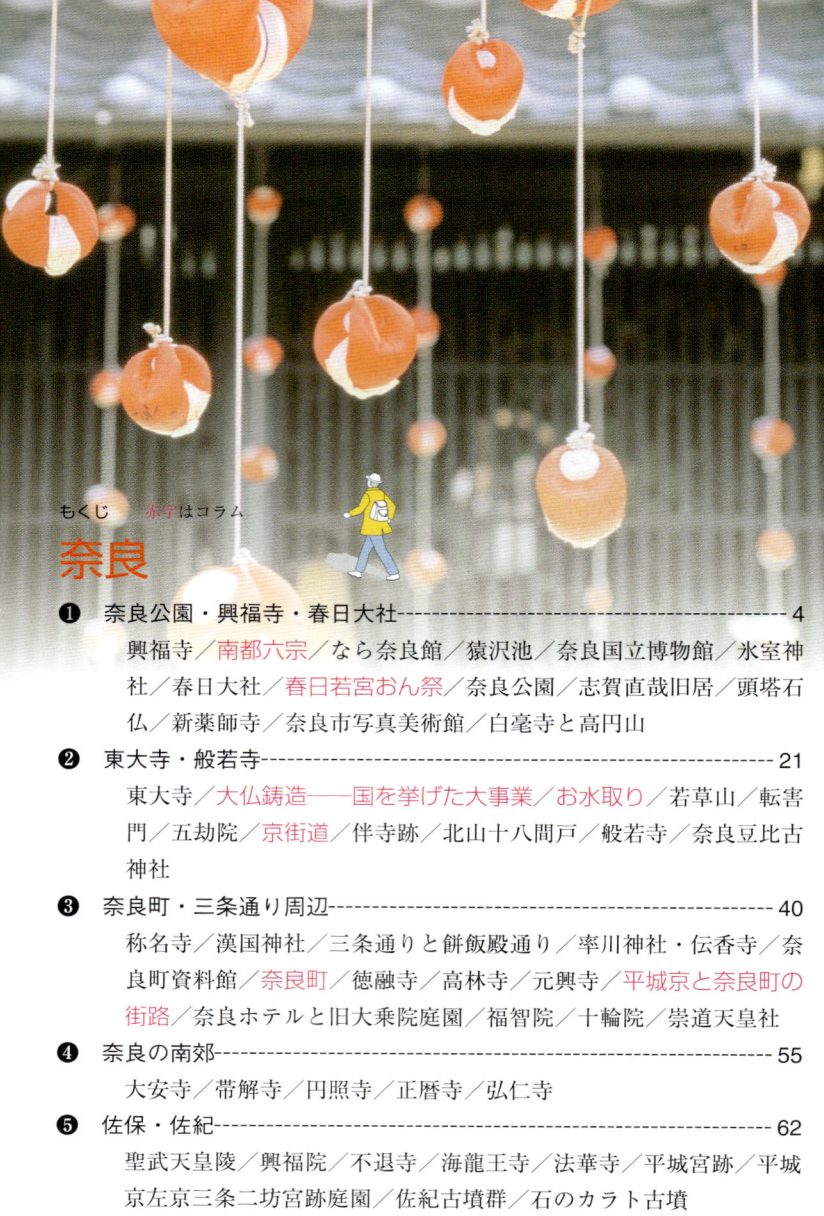

もくじ　　赤字はコラム

奈良

❶ 奈良公園・興福寺・春日大社-- 4
興福寺／南都六宗／なら奈良館／猿沢池／奈良国立博物館／氷室神社／春日大社／春日若宮おん祭／奈良公園／志賀直哉旧居／頭塔石仏／新薬師寺／奈良市写真美術館／白毫寺と高円山

❷ 東大寺・般若寺--- 21
東大寺／大仏鋳造──国を挙げた大事業／お水取り／若草山／転害門／五劫院／京街道／伴寺跡／北山十八間戸／般若寺／奈良豆比古神社

❸ 奈良町・三条通り周辺--- 40
称名寺／漢国神社／三条通りと餅飯殿通り／率川神社・伝香寺／奈良町資料館／奈良町／徳融寺／高林寺／元興寺／平城京と奈良町の街路／奈良ホテルと旧大乗院庭園／福智院／十輪院／崇道天皇社

❹ 奈良の南郊--- 55
大安寺／帯解寺／円照寺／正暦寺／弘仁寺

❺ 佐保・佐紀--- 62
聖武天皇陵／興福院／不退寺／海龍王寺／法華寺／平城宮跡／平城京左京三条二坊宮跡庭園／佐紀古墳群／石のカラト古墳

❻ 西ノ京-- 83
　　秋篠寺／西大寺／喜光寺／垂仁天皇陵古墳／唐招提寺／薬師寺
❼ 奈良の西郊-- 97
　　王龍寺／大和文華館／霊山寺

斑鳩・生駒

❶ 斑鳩の里-- 106
　　法隆寺／中宮寺／法輪寺／法起寺／三井瓦窯跡／駒塚古墳・上宮遺跡／藤ノ木古墳／龍田神社／吉田寺／県立竜田公園
❷ 平群・三郷・王寺・河合-------------------------------- 123
　　宮山塚古墳／長屋王墓・三里古墳／金勝寺／千光寺／藤田家住宅／十三塚／烏土塚古墳／朝護孫子寺（信貴山寺）／龍田大社／達磨寺／片岡神社と放光寺／舟戸神社と西安寺跡／川合大塚山古墳と大塚山古墳群／広瀬神社／馬見丘陵公園／大和川の水運／佐味田宝塚古墳
❸ 生駒山麓-- 141
　　高山の里／長弓寺／長福寺／宝山寺／往馬大社／竹林寺と行基墓／美努岡萬墓／暗峠／生駒山

奈良盆地中央部

❶ 大和郡山-- 154
　郡山城跡／郡山の町／洞泉寺と薬園八幡神社／大納言塚／稗田・若槻の環濠集落／奈良盆地の環濠集落／奈良県立民俗博物館／矢田寺・東明寺／松尾寺／小泉城跡／慈光院／筒井城跡／洞ヶ峠と筒井順慶／順慶墓／額安寺

❷ 安堵-- 174
　安堵町歴史民俗資料館／富本憲吉記念館／奈良県の近代に尽力した今村文吾と今村勤三／飽波神社／極楽寺／中家住宅

❸ 川西・三宅-- 181
　糸井神社／島の山古墳／富貴寺／太子道／屏風と伴堂の杵築神社／結崎と能楽／八幡神社

❹ 田原本-- 189
　田原本の町並み／唐古・鍵遺跡／池神社／鏡作神社／桃太郎と田原本／法楽寺／秦楽寺／村屋神社

山の辺

❶ 天理北部 ---------- 202
　和爾下神社／東大寺山古墳群／在原神社／櫟本の町並み／星塚古墳とその周辺

❷ 天理南部 ---------- 210
　天理教教会本部／天理参考館／石上神宮／石上神宮と菅政友／杣之内古墳群とその周辺／内山永久寺跡／大和神社／大和古墳群／柳本のまち／柳本古墳群／長岳寺

❸ 三輪・纒向 ---------- 226
　金屋の石仏／大神神社／三輪山伝説について／三輪そうめん／檜原神社／穴師坐兵主神社／箸墓古墳と纒向古墳群／初期ヤマト政権の拠点・纒向遺跡／桜井市立埋蔵文化財センター

❹ 桜井から多武峰へ ---------- 241
　安倍文殊院と阿部丘陵の古墳／山田寺跡／聖林寺／吉備池廃寺跡／談山神社

❺ 朝倉から初瀬へ ---------- 252
　桜井茶臼山古墳／石位寺の石仏／粟原寺跡とその周辺／長谷寺

奈良県のあゆみ／地域の概観／文化財公開施設／無形民俗文化財／おもな祭り／有形民俗文化財／無形文化財／散歩便利帳／参考文献／年表／索引

[本書の利用にあたって]

1. 散歩モデルコースで使われているおもな記号は，つぎのとおりです。なお，数字は所要時間(分)をあらわします。

　　…………… 電車　　　　======== 地下鉄
　　────── バス　　　　・・・・・・・・・・・・・ 車
　　－－－－－－ 徒歩　　　　〜〜〜〜〜〜〜 船

2. 本文で使われているおもな記号は，つぎのとおりです。

　　🚶　徒歩　　　🚌　バス　　　✈　飛行機
　　🚗　車　　　　⚓　船　　　　🅿　駐車場あり

　　〈M ▶ P.○○〉は，地図の該当ページを示します。

3. 各項目の後ろにある丸数字は，章の地図上の丸数字に対応します。

4. 本文中のおもな文化財の区別は，つぎのとおりです。
　　国指定重要文化財＝(国重文)，国指定史跡＝(国史跡)，国指定天然記念物＝(国天然)，国指定名勝＝(国名勝)，国指定重要有形民俗文化財・国指定重要無形民俗文化財＝(国民俗)，国登録有形文化財＝(国登録)
　　都道府県もこれに準じています。

5. コラムのマークは，つぎのとおりです。

　　泊　歴史的な宿　　憩　名湯　　　食　飲む・食べる
　　み　土産　　　　　作　作る　　　体　体験する
　　祭　祭り　　　　　行　民俗行事　芸　民俗芸能
　　人　人物　　　　　伝　伝説　　　産　伝統産業
　　‼　そのほか

6. 本書掲載のデータは，2017年5月末日現在のものです。今後変更になる場合もありますので，事前にお確かめください。

Nara 奈良

猿沢池と興福寺と五重塔

大池から薬師寺をみる

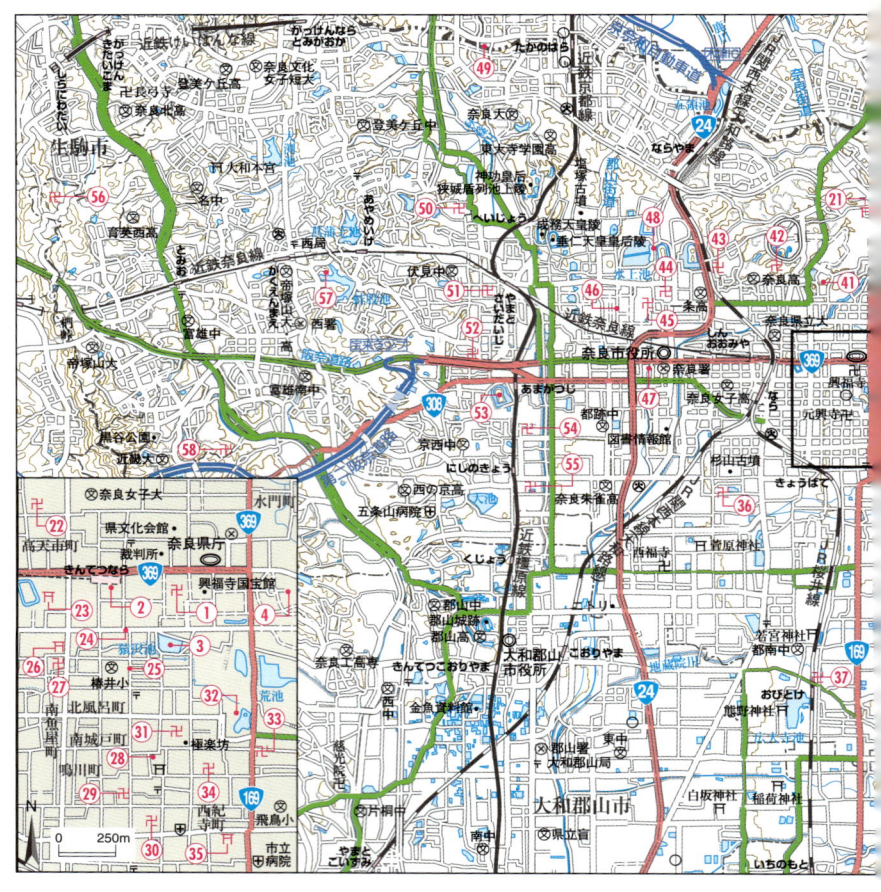

①興福寺	⑬高円山	㉕餅飯殿通り	㊱大安寺
②なら奈良館	⑭東大寺	㉖率川神社	㊲帯解寺
③猿沢池	⑮若草山	㉗伝香寺	㊳円照寺
④奈良国立博物館	⑯転害門	㉘奈良町資料館	㊴正暦寺
⑤氷室神社	⑰五劫院	㉙徳融寺	㊵弘仁寺
⑥春日大社	⑱伴寺跡	㉚高林寺	㊶聖武天皇陵
⑦奈良公園	⑲北山十八間戸	㉛元興寺	㊷興福院
⑧志賀直哉旧宅	⑳般若寺	㉜奈良ホテル・旧大	㊸不退寺
⑨頭塔石仏	㉑奈良豆比古神社	乗院庭園	㊹海龍王寺
⑩新薬師寺	㉒称名寺	㉝福智院	㊺法華寺
⑪奈良市写真美術館	㉓漢国神社	㉞十輪院	㊻平城宮跡
⑫白毫寺	㉔三条通り	㉟崇道天道社	㊼平城京左京三条二

◎奈良散歩モデルコース

興福寺から春日大社へ
近鉄奈良駅_3_興福寺_5_奈良国立博物館_2_氷室神社_5_奈良公園_10_春日大社_15_新薬師寺_1_奈良市写真美術館_10_白毫寺_20_頭塔_1_破石町バス停_6_近鉄奈良駅

東大寺から奈良阪へ
近鉄奈良駅_4_大仏殿・春日大社前バス停_3_南大門_5_大仏殿_7_法華堂(三月堂)_2_手向山神社_5_若草山山麓_8_二月堂_15_正倉院_9_戒壇院_6_転害門_5_今在家石橋_4_北山十八間戸_1_夕日地蔵_5_般若寺_8_奈良豆比古神社_25_五劫院_5_今在家バス停_8_近鉄奈良駅

奈良の町なかコース
近鉄奈良駅_8_称名寺_12_漢国神社_3_率川神社_1_伝香寺_8_奈良町資料館_5_徳融寺_5_高林寺_8_元興寺_5_旧大乗院庭園_3_福智院_5_十輪院_8_崇道天皇社_2_紀寺町バス停_8_近鉄奈良駅

奈良の南郊コース
JR関西本線・桜井線・奈良線奈良駅_5_大安寺バス停_10_大安寺_10_大安寺バス停_5_JR奈良駅_7_JR桜井線帯解駅_3_帯解寺_20_円照寺_30_正暦寺_45_弘仁寺_5_高樋町バス停_30_近鉄奈良駅

佐保・佐紀コース
1. 近鉄奈良駅_8_一条高校前バス停_3_不退寺_13_海龍王寺_5_法華寺_5_平城宮跡東院庭園_9_遺構展示館_13_平城宮跡資料館_10_近鉄大和西大寺駅

2. 近鉄平城駅_5_五社神古墳(神功皇后陵古墳)_10_佐紀石塚山古墳(成務天皇陵古墳)_1_佐紀陵山古墳(日葉酢媛陵古墳)_5_瓢箪山古墳_6_塩塚古墳_14_市庭古墳_11_ヒシアゲ古墳(磐之媛命陵古墳)_2_コナベ古墳_2_ウワナベ古墳_1_航空自衛隊バス停_12_近鉄奈良駅

西ノ京コース
近鉄大和西大寺駅_10_佐紀高塚古墳(称徳天皇陵古墳)_15_秋篠寺_20_西大寺_20_喜光寺_15_垂仁天皇陵古墳_15_唐招提寺_8_薬師寺_2_近鉄西ノ京駅

奈良の西郊コース
近鉄学園前駅_7_大和文華館_7_学園前駅_3_近鉄富雄駅_6_杵築橋バス停_30_王龍寺_30_杵築橋_6_富雄駅_10_霊山寺_10_富雄駅

奈良公園・興福寺・春日大社

奈良の表玄関の1つ近鉄奈良駅から、興福寺五重塔、猿沢池、奈良公園、春日大社の杜を歩いて新薬師寺、白毫寺へ。

興福寺 ❶　〈M▶P.2,5〉奈良市登大路町48 P
0742-22-7755　　近鉄奈良線近鉄奈良駅 徒 3分

法相宗大本山／国宝・世界文化遺産

　近鉄奈良駅の東改札口を出て地上にあがると、平城京の鳥瞰図や僧行基の像のおかれた噴水がある広場に出る。ここは東向商店街の入口で、興福寺境内は、このアーケード街のすぐ東側に広がっている。

　興福寺は平城遷都(710年)とともにこの地に建立され、春日大社と一体化し、古代・中世を通じて、奈良の歴史の中心的存在であった。南都七大寺の1つに数えられ、今も多くの国宝を有する法相宗大本山であり、五重塔や東金堂・北円堂・南円堂などの伽藍が立つ。寺の周辺にある奈良県庁や奈良県文化会館、奈良国立博物館などの敷地も、かつては興福寺の境内であった。

[興福寺の歴史]　669年に藤原鎌足の妻、鏡女王が山背国(のちの山城国、現、京都府)に建立した山階寺を前身とする。672年山階寺は、飛鳥地方(大和国高市郡厩坂〈現、橿原市〉)に移転し、厩坂寺と改称した。さらに、都が平城京に遷った710(和銅3)年、藤原不比等が厩坂寺を興福寺と改称して、現在地(外京三条七坊)に移転する。

　伽藍は少しずつ充実していく。まず721(養老5)年、藤原不比等の菩提を弔うため、元明上皇が北円堂を建立、726(神亀3)年、元正上皇の病気平癒を祈り聖武天皇が東金堂を建立、730(天平2)年には光明皇后の発願で五重塔を建立、734年、光明皇后が母

興福寺

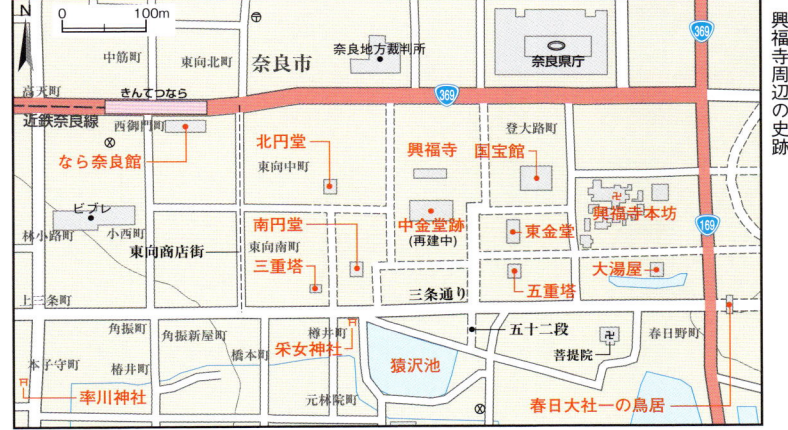

　橘 三千代の菩提を弔うために西金堂を建立，そして813(弘仁4)年，藤原冬嗣の発願で南円堂が建立され，伽藍は整った。

　これ以後，興福寺は藤原氏の氏寺として栄え，やがてわが国最大の勢力をもつ寺院へと発展する。藤原氏の氏神春日大社(現，春日大社)と一体化し，「春日社興福寺」と称した。970(天禄元)年一乗院門跡，1087(応徳4)年大乗院門跡が開設される。いずれも藤原摂関家出身の住職の寺坊で，両者が交代で興福寺別当をつとめるようになり，権威は増大した。さらに，各地に広大な荘園を有して高い経済力をもち，僧兵を組織して武力をも高め，比叡山延暦寺(滋賀県大津市)と並んで南都北嶺とよばれ，朝廷からも恐れられた。

　1180(治承4)年，平 重衡の南都焼打ちで伽藍のすべてが焼失し，興福寺は再建を開始する。1187(文治3)年，興福寺僧兵が飛鳥の山田寺本尊を移して東金堂に安置(現在の仏頭)，1189年南円堂本尊などが奈良仏師によって復興され，1210(承元4)年頃には，北円堂と三重塔も再建された。なお，鎌倉幕府が全国に設置した守護は，大和国にはおかれず，興福寺が事実上その役割をになった。室町時代に入っても，大和国守護の立場はかわらず，1411(応永18)年に東金堂が焼失したが，1415年に再建(現在の東金堂)，続いて1426年には五重塔を再建した(現在の五重塔)。

　戦国時代，藤原摂関家の衰退とともに寺の勢力も衰え，大和国の支配権も興福寺衆徒出身の筒井氏に実質上奪われていった。1717

奈良公園・興福寺・春日大社

興福寺南円堂

(享保2)年の大火災では、北円堂・東金堂・五重塔・三重塔を残して伽藍が全焼し、1741(寛保元)年に南円堂が再建された(現在の南円堂)。1870(明治3)年、廃仏毀釈が全国に広がるなか、興福寺領が政府に没収され、春日神社が分離・独立し、1880年に興福寺旧境内が奈良公園となる。一時は廃寺同然となったが、伝統と歴史をもつ興福寺は法相宗大本山として復興、1937(昭和12)年東金堂から山田寺本尊の頭部(仏頭)が発見され、1959年には食堂跡に国宝館を建設、1998(平成10)年世界遺産に登録された。現在、2010年の創建1300周年に向けて中金堂を再建している。

[北円堂](国宝)　東向商店街に入って最初の十字路を左に曲がると、坂をのぼってまもなく左手に、興福寺で現存最古の堂宇がみえる。その北円堂は鎌倉時代に再建された八角円堂で、この形は天平創建時の姿を再現していると考えられる。堂内に安置される本尊木造弥勒仏坐像と木造無著菩薩・世親菩薩立像(ともに国宝)は、鎌倉時代の仏師運慶晩年の名作として知られる。無著・世親はインドの高僧兄弟で、唯識学派(のちの法相宗)の開祖とされる人物である。なお、平安時代初期の木心乾漆四天王立像(国宝)も安置され、その独特の表情がおもしろい。北円堂内は、毎年5月初旬頃と11月初旬頃に公開される。

[南円堂](国重文)　西国三十三所観音巡礼の9番札所として信仰を集める。堂内には、本尊木造不空羂索観音坐像および木造四天王立像(ともに国宝)が安置される。不空羂索観音は、悩み苦しむ衆生を万能の縄(羂索)を用いて救う観音菩薩の姿で、鎌倉時代、奈良仏師康慶一門によって復興された名作である。四天王像については、現在仮金堂に安置されている四天王像が、本来の南円堂のものであったことがわかっている。現在、南円堂に安置されている四天

南都六宗

コラム

奈良時代の仏教哲学

奈良時代の仏教には6つの学派があり，これを南都六宗とよぶ。後世の宗派と違い，経論の研究が中心で，複数の学派を兼学するのが普通であった。六宗の教義はつぎのとおり。

法相宗…大乗仏教の代表的哲学の1つ「唯識」を学ぶ。唯識学派は，仏教の心理学ともいえる学問で，眼耳鼻舌身意の六識の奥にあるマナ識(自我のこと。煩悩・執着の原因)とアラヤ識(すべてのものを生みおこす心の本体。無意識や遺伝子のようなもの)の存在を説くのが特徴。この八識からなる心こそが，すべてのものをつくり出す根本であるというのが，唯識の考えの基本である。インドの高僧無著(アサンガ)と弟の世親(バスバンドゥ・天親菩薩)が開いた。2人の師にあたるのが弥勒(マイトレーヤ)で，実在の人物であるとされており，仏の弥勒菩薩と同一視される。興福寺北円堂に弥勒如来と無著・世親をまつるのは，唯識の本山であることを意識したものといえる。やがて唯識は，玄奘三蔵によって唐に伝えられ，その弟子慈恩大師によって法相宗が開かれた。日本では興福寺と薬師寺を大本山とする。かつて法隆寺や清水寺も法相宗であった。

華厳宗…華厳経を教義の中心とする宗派で，盧舎那仏を本尊とし，世界のすべての事柄は，縁起によってつながっているという「一即多，多即一」を所説とする。東大寺を大本山とし，新薬師寺・帯解寺・安倍文殊院などが属する。また，奈良県内に信徒の多い融通念仏宗の教義の中にも，華厳経の縁起説が取り入れられており，自分の唱える念仏と，他人の唱える念仏がお互いを救うと考える。

律宗…僧侶が守るべき規則，戒律をもっとも重んずる宗派。唐の高僧鑑真が開いた唐招提寺が本山。鎌倉時代には叡尊が真言宗と融合させて真言律宗を開き，西大寺が本山となる。宝山寺・浄瑠璃寺・般若寺・白毫寺・元興寺(極楽坊)・福智院・海龍王寺など，奈良の多くの寺院が真言律宗に属する。

三論宗…隋の嘉祥大師吉蔵が大成した。インドでは中観派とよばれ，唯識派と並んで大乗仏教の二大哲学とされる。龍樹(ナーガルジュナ)の『中論』『十二門論』，および弟子の提婆(デーヴァ)の『百論』の「三論」を学ぶ。すべてのものには実体がないとする「空」の教えであり，禅宗や天台宗，真言宗の教義にも大きな影響を与えた。大安寺がその中心であったが，現在は三論宗を名乗る教団や寺院はなく，大安寺も現在は真言宗である。

成実宗…三論宗の付属宗として学ばれた。『中論』や法華経を

漢訳した鳩摩羅什(クマーラジーヴァ)が訳した『成実論』を学ぶ。
　倶舎宗…法相宗の付属宗として学ばれた。世親の『倶舎論』を学ぶ。煩悩のしくみと世界の構成要素について探求する。

王像がどこから移されたのか，作者は誰かについても諸説あるが，いずれにしても，鎌倉時代初期における康慶と息子運慶ら一門の名作品群の1つである。南円堂内は毎年10月17日に公開される。

[三重塔](国宝)　南円堂の後方の低い場所にあるので見逃さないようにしたいが，北円堂と同じ鎌倉時代の建立になる，興福寺最古の建築物の1つ。和様の優美な建築物で，1層部分を2・3層部分よりも大きくしているので，安定感がある。1層部分に東面して弁財天像をまつり，毎年7月7日に開帳と祭礼が行われる。

[東金堂](国宝)　五重塔と並んで立つ室町時代の建築物。天平の創建時の姿を復興したとみられ，寄棟造の屋根や柱間が中央へ行くほど広い構造などが古式を伝える。本尊は銅造薬師三尊像(国重文)である。脇侍の日光・月光菩薩像は，飛鳥の山田寺から移されたもので，国宝館の仏頭と一具であった興福寺最古の白鳳仏である。中尊薬師如来像は室町時代の鋳造仏。薬師如来像の左右にある小像は，木造文殊菩薩坐像および木造維摩居士坐像(ともに国宝)で，鎌倉時代の定慶の作。維摩経に説く2人の問答をあらわしたもので，本来は対面した形で安置するものと考えられる。文殊菩薩像は宋仏画風の姿で，理知的な表情である。ほかに平安時代初期の木造四天王立像，鎌倉時代の木造十二神将立像(ともに国宝)も安置する。

[国宝館]　食堂跡にあり，興福寺の寺宝を展示する。中央に安置される旧食堂本尊の木造千手観音立像(国宝)は，高さ5m以上もある鎌倉時代の作。その周囲には有名な仏像が多数並んでいる。もっともよく知られている阿修羅像を含む乾漆八部衆像(国宝，8軀)は，乾漆十大弟子像(国宝，6軀)とともに，734(天平6)年作の像で，旧西金堂に安置されていた。その写実的な表現は，日本彫刻史に残る傑作である。現在，八部衆像と十大弟子像の一部は，奈良国立博物館に寄託されている。また，銅造仏頭(国宝)は，白鳳時代の代表

ライトアップされた興福寺五重塔

傑作である。旧山田寺の薬師如来像で，鎌倉時代に興福寺東金堂に移され，1411（応永18）年の火災で，頭部以外は焼失した。若々しい表情が美しい。さらに鎌倉時代の名作も林立する。木造金剛力士立像（国宝），木造法相六祖坐像（国宝，もと南円堂安置）を始め，運慶の息子康弁の作になる木造天灯鬼・龍灯鬼立像（国宝）の個性的な造形は，鎌倉時代が日本彫刻の黄金期だったことを示している。このほか，平安時代の板彫十二神将立像や旧西金堂にあった奈良時代の金工仏具華原磬，梵鐘（727年作），南円堂前にあった金銅灯籠（いずれも国宝）の羽目板，鎌倉時代の厨子入木造弥勒菩薩半跏像（国重文）などみるべきものが多い。

［中金堂］　興福寺の総本堂にあたる堂宇で，現在，再建中（2010年完成予定）である。内部の仏像は，国宝館の西にある仮金堂に安置されている。本尊木造釈迦如来坐像は，1811（文化8）年造立の5代目の本尊で，文化・文政期（1804〜30）の数少ない仏像の大作である。脇侍の木造薬王薬上菩薩立像および木造四天王立像（ともに国重文）は鎌倉時代の作。

［五重塔］（国宝）　高さ50.8m，京都東寺（教王護国寺）につぐ高さの五重塔で，室町時代の和様建築物である。猿沢池から見上げたり，若草山や東大寺二月堂から眺めたりできる奈良の象徴。このほか五重塔の東には，大湯屋（国重文）と本坊がある。三条通りを挟んで南側には，玄昉創建と伝える菩提院大御堂があり，本尊木造阿弥陀如来坐像（国重文）は，鎌倉時代の作である。

なら奈良館 ❷
0742-22-7070
〈M▶P.2,5〉奈良市東向中町28
近鉄奈良線近鉄奈良駅ビル4・5階

奈良の歴史と文化財をわかりやすく展示

近鉄奈良駅ビルにあるなら奈良館（現在は廃館）は，奈良市内の歴史や見どころについて展示。1998（平成10）年に「古都奈良の文化財」として世界遺産に登録された東大寺・興福寺・元興寺・平城宮跡・春日大社・春日山原始林・唐招提寺・薬師寺の8カ所を紹介

するパネル，東大寺大仏の実物大の左手，平城京の模型，薬師寺西塔模型，新薬師寺十二神将像の実物大模造，奈良町復元模型などがあり，奈良の歴史や文化に触れることができた。奈良に関する資料の閲覧もできた。

猿沢池 ❸
0742-26-1991（奈良市猿沢観光案内所）

〈M▶P.2,5〉奈良市登大路町
近鉄奈良線近鉄奈良駅 🚶 5分

五重塔を望む奈良の観光の中心

興福寺のすぐ南，五重塔から五十二段とよばれる石段をくだるか，南円堂から三重塔を右にみて石段をくだり，三条通りを渡ると猿沢池に出る。

猿沢池は興福寺の放生池（魚などを放して功徳を得る儀式のための池）であったためか，コイやカメなどが多く棲息している。池畔から五重塔を見上げた景色は，奈良の代表的風景として知られている。池の北西にある采女神社は，天皇の寵愛を失って猿沢池に身を投げた女官をまつる。そのため祠は池に背を向けているという。毎年秋の中秋の名月の夜に，采女祭りが行われる。

猿沢池から南には奈良町都市景観形成地区が広がっており，三条通りに戻って東をみれば，春日大社の一の鳥居がみえる。

奈良国立博物館 ❹
0742-22-7771

〈M▶P.2,19〉奈良市登大路町50 🅿
JR関西本線奈良駅・近鉄奈良線近鉄奈良駅 🚌 市内循環氷室神社・国立博物館 🚶 1分

仏像彫刻を中心とする四大国立博物館の1つ

氷室神社・国立博物館バス停で降りると，すぐ南側に奈良国立博物館がある。奈良国立博物館は，仏教美術を中心として展示するわが国屈指の博物館である。1895（明治28）年，帝国奈良博物館として開館し，1900年，奈良帝室博物館と改称して仏教美術の研究や保存・展示を行ってきた。1952（昭和27）年に現在名となった。正倉院

奈良国立博物館

御物の保存・研究も行われ，毎年秋の正倉院展には全国から多くの見学者が訪れる。洋風建築の本館（国重文）は，赤坂迎賓館（東京都港区）などの設計者でもある片山東熊の手により，当時としては斬新なルネサンス様式のレンガ造りの建物として建てられた。東大寺所蔵の銅造灌仏盤および銅造誕生釈迦仏立像（ともに国宝）を展示するほか，館内には仏像彫刻が時代別に展示されており，興福寺乾漆八部衆像や十大弟子像の一部，岡寺乾漆義淵僧正坐像，元興寺木造薬師如来立像（いずれも国宝），秋篠寺梵天立像（国重文），東大寺木造地蔵菩薩立像（快慶作，国重文）を始めとして，国内外の仏像の名作に出会える。本館と地下通路で結ばれる新館は，絵画・工芸・書跡・考古の分野の平常展や特別展の会場となり，正倉院展もここで開催される。なお地下通路には，仏像の制作過程の模型やパネル展示，ミュージアムショップやレストランもある。また新館1階には，学習コーナーが設置され，国宝関係の図書閲覧やデジタル映像鑑賞ができる。東大寺南大門や転害門，興福寺北円堂の精巧な模型もあり，古建築の構造がよくわかる。

　新館の南側には，茶室八窓庵や文化財保存修理所，仏教美術資料研究センターがある。仏教美術資料研究センター（国重文）は，1902（明治35）年に関野貞が設計して完成した奈良県物産陳列所の建物で，桟瓦葺きで，正面に唐破風の車寄せをつけた，明治時代の木造建築物の傑作である。

氷室神社 ❺
0742-23-7297

〈M ▶ P. 3, 19〉奈良市春日野町1-4
JR関西本線奈良駅・近鉄奈良線近鉄奈良駅🚌市内循環氷室神社・国立博物館🚏すぐ

春日大社の原型ともいわれる神社

　奈良国立博物館の道路を挟んで向かい側にある氷室神社は，毎年春に見事なシダレザクラが咲く。創建時期は諸説あるが，平城遷都（710年）の前後，春日の御蓋山麓に氷を切り出す氷池，その氷を貯蔵する氷室，そして氷室の神をまつる社を建てたのが始まりである。祭神は，氷室の創始者とされる闘鶏稲置大山主命（都祁地方の国造），命から氷室の利用法を教わった額田大中彦皇子および兄の仁徳天皇である。奈良時代を通じて，朝廷に氷を献上する献氷祭を行い，毎年4月1日から9月30日まで，平城京へ氷が運ばれた。平

献氷祭

安時代初期の貞観年間(859～879)頃現在地に鎮座,「春日下神社」「元春日社」「春日神社」などともよばれた。本殿・四脚門(県文化)などは,南都楽所の遺構とされる。

春日大社 ❻
0742-22-7788

〈M▶P.3,19〉 奈良市春日野町160 Ｐ
JR関西本線奈良駅・近鉄奈良線近鉄奈良駅🚌市内循環大仏殿春日大社前🚶10分

全国の春日神社の総本社 国宝・世界遺産

　平城京の守護神であり,藤原氏の氏神でもある春日大社は,奈良市街の東部に広大な境内(国史跡)を有する神社である。中世・近世には春日社とよばれ,近代には官幣大社春日神社と称した。

　春日大社へ行く道は多数ある。もっとも一般的なのは,大仏殿春日大社前バス停から参道を歩く行き方だが,東大寺二月堂方面から若草山麓を抜けて南下し,水谷川を渡って境内に入るのも趣があってよい。もっとも正式なのは,興福寺と猿沢池の間を通る三条通りをまっすぐ東へ向かい,一の鳥居(国重文)をくぐって参道を歩く行き方である。毎年12月17日に行われる春日若宮おん祭では,この一の鳥居を入ってすぐの参道で,お渡り行列や稚児流鏑馬が披露される。またこの参道を進んで左側にある広場が,おん祭当日の御旅所(仮神殿がおかれ祭礼を行う場所)である。

　一の鳥居から参道を進んでバス通りを渡ると,右に飛火野の芝原が広がり,雪

春日大社中門

春日若宮おん祭

コラム

平安時代から続く大和一国の祭礼

　1136(保延2)年，洪水や飢饉を防ぐため五穀豊穣を祈るため，藤原忠通によって始められた若宮神社の祭礼がおん祭である。幕末までは興福寺が主催し，大和一国の武士や民衆が参加して行われた。1979(昭和54)年に国の重要無形民俗文化財に指定され，翌年保存会が結成された。

　12月17日午前0時，若宮神社から御旅所へ神霊を遷す遷幸の儀から祭礼は始まる。真っ暗な参道を，榊をもった神職が2重3重に神霊を囲み，「オー」という警蹕の声をあげながら進む作法は古式で，神秘そのものである。御旅所の仮神殿に神霊を遷すと，舞楽や和舞などを行う暁祭が午前1時から催される。夜が明けるとお渡り行列の準備が本格化し，巫女や猿楽・流鏑馬・大和士・大名行列など，12行列が正午に県庁前広場を出発して，御旅所まで練り歩く。午後2時半からは御旅所祭が行われ，神楽や舞楽が古式ゆかしく日没後まで繰り広げられる。夜もふけた午後10時半に祭礼は終わり，神霊はその日のうちに若宮神社本殿へとかえっていく。

消の沢とよばれる池がある。この辺りからは，御蓋山(春日山)とその麓の原始林がみえるが，この芝原も原始林も，すべて春日大社の境内である。参道をさらに歩き，全国各地から奉納された石灯籠の中を通り抜けると，荷茶屋と神苑(万葉植物園)がある。1932(昭和7)年開園の神苑には，『万葉集』ゆかりの植物200種以上があり，さらに参道を進んで右奥にある鹿苑には，奈良の鹿愛護会の管理棟があって，発情期の雄鹿と出産期の雌鹿を収容し，10月にはシカの角切りを行う。

　参道をさらに進むと二の鳥居に出る。その脇には手水舎や祓戸社があり，ここで清めて本殿参拝に向かう。なおこの北側，駐車場への途中に宝物殿があり，春日大社に奉納された，奈良時代から平安・鎌倉時代の工芸品を展示している。とくに赤糸威鎧2領(国宝)は，ともに鎌倉時代の甲冑の代表傑作とされる。ほかに金地螺鈿毛抜形太刀(平安時代，国宝)や若宮御料古神宝類(平安時代，国宝)など，すぐれた工芸品が所蔵・公開されている。

　二の鳥居を入って参道をのぼっていくと，社殿に至る。まず檜皮葺き屋根の素木造りの着到殿(室町時代，国重文)，そして朱色の

廻廊・南門・慶賀門(いずれも国重文)などがあらわれる。廻廊には銅製の釣灯籠が約1000基かけられ,節分と中元の万燈籠の際,すべての灯籠に明かりがともされる。

　南門を入ると拝殿,その奥に中門(国重文)があり,祭神をまつる本社本殿(国宝)はさらにその奥にある。切妻屋根で妻入りの,春日造の本社本殿は4棟並んでいて,向かって右から,第一殿(祭神武甕槌命),第二殿(同経津主命),第三殿(同天児屋根命),第四殿(同比売神)の4座である。いずれも1863(文久3)年の再建。

　春日大社の創建は,奈良時代後期の768(神護景雲2)年であるが,境内から奈良時代初期の築地塀跡や古い祭祀遺物がみつかっていることから,実際には,それ以前からこの地で祭祀が行われていたとみられる。本来の祭祀の対象は御蓋山(春日山)であり,この山の木々に蓄えられて山麓へと流れる水の恵みを,この地の生命の源であるとしてまつっていたのであろう。正倉院に伝わる756(天平勝宝8)年の「東大寺山堺四至図」には,御蓋山西麓に神地があったと記されており,春日大社は,こうした古来の祭祀場に,平城京の実力者である藤原氏によって建立されたと考えられる。

　祭神はいずれも中臣氏(不比等の子孫のみ藤原氏を称する)ゆかりの神で,武甕槌命は常陸国の鹿島神宮(茨城県鹿嶋市)から,経津主命は下総国の香取神宮(千葉県香取市)から勧請(神を遷しまつること)され,天児屋根命は,中臣・藤原氏の祖先神として生駒山西麓の枚岡神社から勧請された。比売神は天児屋根命の配偶神とされるが,本来の御蓋山の神であるとの見方もあり,女神であることから,中世には天照大神として信仰された。やがて神仏習合思想が広まると,興福寺と一体化して祭神の本地仏も考えられ,武甕槌命は不空羂索観音(鎌倉時代以降は釈迦如来),経津主命は薬師如来,天児屋根命は地蔵菩薩,比売神は十一面観音の化身とされた。中世には,本地仏と春日社の社殿や御蓋山を描いた春日曼荼羅も作成され,曼荼羅を拝む春日講も各地に結成されていき,藤原氏の氏神であると同時に,庶民信仰の対象ともなった。

　春日大社には摂社が5社,末社が56社ある。摂社の1つ若宮神社(祭神天押雲根命)へは,本殿から南へ100mほど参道を歩く。若

宮の神は天児屋根命の御子で、1003（長保5）年、本殿の第四殿に白蛇の姿で出現したといわれ、1135（長承4）年、関白藤原忠通によって社殿が建立された。

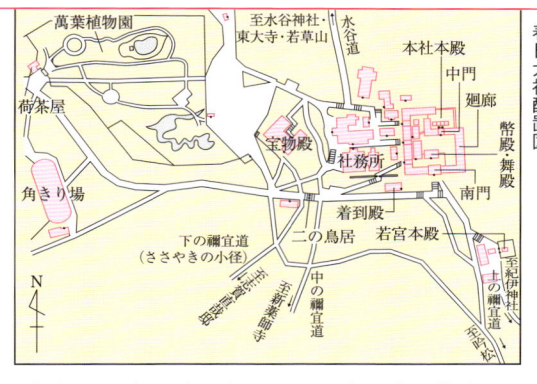

春日大社配置図

若宮本殿（国重文）は本社本殿と同じ形式で、拝殿からもよくみえるので、春日造の構造がよくわかる。毎年12月17日のおん祭（国民俗）は、この神社の祭礼である。若宮神社から南には、さらに多くの摂社・末社が並ぶ。そこを抜けて原生林の中を歩けば、高畑町に出る。また本社本殿から廻廊を裏手に進み、祈禱殿から北へ原生林の中を抜けると、摂社水谷神社を経て若草山麓に出る。

奈良公園 ❼

0742-22-0375
（奈良公園管理事務所）

〈M▶P.3,19〉奈良市春日野町・高畑町ほか　Ｐ
JR関西本線奈良駅・近鉄奈良線近鉄奈良駅　市内循環春日大社表参道　すぐ

なら燈花会も行われる緑美しい公園

奈良市街の東に広がる奈良公園（国名勝）は、総面積約660haの自然公園である。1880（明治13）年、荒廃していた興福寺旧境内に開設された。その後範囲が広がり、植樹や整備が進んで現在のような美しい景勝地となった。北は東大寺と正倉院、東は若草山と御蓋山（春日山）、南は率川と鷺池・荒池、西は興福寺と猿沢池までを、広義に奈良公園とよんでいる。代表的な奈良公園の風景は、春日大社表参道バス停前に広がる芝原地の飛火野からみた御蓋山や春日奥山、その反対側の浅茅ヶ原の緑地、その南の鷺池の浮見堂などである。

奈良公園（浮見堂）

鷺池から西へ公園を抜け，荒池畔から興福寺五重塔や奈良ホテル本館を見上げるのもよい。夏には奈良公園一帯をろうそくの明かりで埋めつくす，なら燈花会が開かれる。

　なお，奈良公園のシカは，春日大社の祭神である武甕槌命（鹿島大神）が春日山に降臨したときに乗っていた動物とされ，神の使いとしてその殺生が古来かたく禁じられてきたため，野生のまま約1000頭が棲息している。秋には飛火野の鹿苑で，シカの角切りが奈良の鹿愛護会によって行われる。

志賀直哉旧居 ❽
0742-26-6490

〈M▶P.3,19〉奈良市高畑大道町1237-2
JR関西本線奈良駅・近鉄奈良線近鉄奈良駅🚌市内循環破石町🚶5分

昭和の文豪がみずから設計した邸宅

　春日大社境内から「ささやきの小径」とよばれる杜の中の自然道を抜け，住宅地に出るとすぐ，志賀直哉旧居（国登録）がみえる。白樺派の作家志賀直哉は1925（大正14）年，京都山科から奈良に移り，3年後の1928（昭和3）年，この邸宅をみずから設計して建て，翌年から1938年まで住んだ。若草山を望み，飛火野や春日の杜に隣接する周囲の環境の良さもあって，武者小路実篤や梅原龍三郎ら多くの文化人がここを訪れた。1階には客人を招いた洋風の食堂やサンルーム，数寄屋風の居間などがある。志賀はこの家で大作『暗夜行路』を完成させ，『万暦赤絵』や『晩秋』なども執筆した。

　志賀直哉旧居の南側に広がる高畑界隈は，中世から春日大社の社家の邸宅が並んでいた所で，現在も閑静な住宅地である。柳生街道（滝坂の道）の入口でもあり，近世には大和高原の山村から奈良町へ向かう人びとが往来した。緑あふれる風光明媚な土地で，頭塔や新薬師寺へも近く，趣のある民家の土塀の向こうに，生駒山が眺望できる。

　現在は，奈良文化女子短期大学セミナーハウスとして，1階のみが公開されている。

頭塔石仏 ❾
0742-34-4859（奈良市文化財課）

〈M▶P.3〉奈良市高畑町921
JR関西本線奈良駅・近鉄奈良線近鉄奈良駅🚌市内循環破石町🚶3分

　破石町バス停から80mほど南へくだって西へ折れると，奈良町へ

頭塔

向かう清水通りが延びている。清水通りに入ってすぐ右手の小高い丘が、頭塔(国史跡)である。かつては全体が鬱蒼とした森であったが、2000(平成12)年復元・整備が完了し、北側半分に方形7段の土塔の姿がよみがえった。奈良時代の僧玄昉の頭部を葬った塚であるとの伝承もあったが、これは767(神護景雲元)年、東大寺二月堂修二会の創始者実忠が建立したといわれる土の仏塔である。その姿は独特でほかに類例をみない。7段あるうち奇数段には浮彫りや線彫りの石仏(国重文)が配置されており、発掘前から13基が確認されていた。いずれも天平時代のもので、三尊仏や独尊仏・五尊仏など、天平仏画によくみられる図案である。

奈良時代の石仏群インド式仏塔

1986(昭和61)年から奈良国立文化財研究所によって発掘調査され、あらたに14基の石仏がみつかり、そのうち9基が重要文化財に追加指定された。これほど多くの天平時代の石仏がまとまっている場所は、ほかにはない。現在、復元された北側には、見学デッキが設置され、周囲をみてまわることができる。なお、石仏のうち1基は大和郡山城の石垣に使用されている。またこの頭塔の内部に、創建当初の塔があることも判明している。

見学の際は、頭塔入口向かいの仲村表具店に申し出て、鍵を借用する。

新薬師寺 ⑩
0742-22-3736
〈M▶P.3,19〉 奈良市高畑町1352　P
JR関西本線奈良駅・近鉄奈良線近鉄奈良駅🚌市内循環破石町
🚶10分

天平の十二神将像で有名なハギの寺

春日大社二の鳥居前から、境内の杜を南へ抜けて広い車道を渡り、狭い路地を少しのぼると、そのまま新薬師寺へ向かう道と柳生街道とが交差する辻に出る。奈良町からこの辻までの柳生街道沿いは、奈良町都市景観形成地区に指定され、歴史的な町並みが保存されていて美しい。この辻付近はかつて福井町といい、町名の起源と考

奈良公園・興福寺・春日大社

新薬師寺

えられる不空院(真言律宗)が辻のすぐ南にあり，福井の大師として親しまれている。不空院には，興福寺南円堂本尊の雛型と伝えられる鎌倉時代作の木造不空羂索観音坐像(国重文)がある。不空院の約80m南には，新薬師寺の甍がみえている。

破石町バス停から南へ数m進んで左折すると，柳生街道が春日奥山に向かって続いている。この柳生街道を東へ約500m進むと前述の福井町の辻に出る。辻を右折して約100mで新薬師寺に着く。

新薬師寺(華厳宗)は，747(天平19)年，光明皇后が聖武天皇の病気平癒を願って建立した勅願寺院である。780(宝亀11)年に落雷のため伽藍の大半を焼失し，食堂(現，本堂)のみが焼け残った。その天平時代の本堂(国宝)のほか，鎌倉時代の東門・南門・地蔵堂・鐘楼(いずれも国重文)などの建物がある。本堂は入母屋造の本瓦葺きで，内部は本尊の木造薬師如来坐像(国宝)のまわりを塑造十二神将立像(国宝)が囲んで立つ独特の形式となっており，天平の堂内で天平の仏像をみられる貴重な空間である。薬師如来像はケヤキの一木造の傑作で，大きい目が印象深い。迫力ある身体と流れるような衣文，彩色しない素木地のままであることなど，奈良時代末期から平安時代初頭頃の様式をみせる。十二神将像は後補の1体をのぞいて天平時代の塑像であり，とくに伐折羅大将(国宝指定名は迷企羅大将)像の怒髪逆立つ表情はよく知られる。

奈良市写真美術館 ⓫
0742-22-9811

〈M ▶ P.3, 19〉奈良市高畑町600-1 P
JR関西本線奈良駅・近鉄奈良線近鉄奈良駅🚍市内循環破石町🚶10分

大和路の美と写真を展示

新薬師寺に隣接する鏡神社(祭神天照大神・藤原広嗣)の本殿は，1746(延享3)年に春日大社本殿の1つを移築したものである。春日大社の本殿の大きさや形がうかがえる。また，西隣の奈良市写

真美術館には，奈良の風景を撮影し続けた写真家，入江泰吉の作品を中心に，絵画のように美しい大きな写真が展示されている。企画展も多く，ハイビジョンギャラリーでは，スクリーンに映される奈良県各地の風景や仏像の写真をみることができる。

写真美術館の西に広がる奈良教育大学の敷地には，1909（明治42）〜45（昭和20）年まで陸軍奈良連隊（歩兵第53連隊，のち第38連隊）があった。大学構内には，陸軍の糧秣庫だった赤レンガの建物があり，現在は教育資料館として，明治時代以降の奈良県内の初等中等教育に関する資料を保管・展示している。

白毫寺（びゃくごうじ）と高円山（たかまどやま） ⓬⓭
0742-26-3392

〈M▶P.3〉奈良市白毫寺町（ちょう）392
JR関西本線奈良駅・近鉄奈良線近鉄奈良駅🚌市内循環高畑町🚶15分

　高畑町バス停から奈良教育大学の前を通って南へ300mほど行き，信号を左折して約600m東へ進み，突き当りを南へ300mほど細い道を進んだ後，丁字路を左折して300mほど行くと，白毫寺に着く。写真美術館からは南へ400mほど進んで左折し，突き当りを南へ約300m細い道を進み，丁字路を左折する。

　高円山の北西麓の丘の上にある白毫寺（真言律宗）は，天智天皇の皇子で，桓武天皇の祖父でもある志貴皇子の山荘を寺院にしたのが始まりといわれる。鎌倉時代に西大寺の叡尊が復興し，弟子道照（どうしょう）が宋版一切経（そうばんいっさいきょう）を納めたので，一切経寺ともいう。境内は眺望がよく，興福寺五重塔や奈良町，生駒山などが一望できる。また春には

白毫寺

五色椿(県天然)、秋にはハギが咲く花の寺でもある。本堂裏の収蔵庫には、本尊木造阿弥陀如来坐像(平安時代中期作、国重文)、木造菩薩坐像(伝文殊菩薩坐像、平安時代初期作、国重文)、木造閻魔王坐像および木造太山王坐像・木造司命・司録半跏像(いずれも鎌倉時代作、国重文)、木造地蔵菩薩立像(鎌倉時代作、国重文)などが安置されている。なかでも閻魔坐王像は、地獄の宰官としての威厳と迫力に満ちている。

東紀寺3丁目交差点を左折して約2km車で行くと、高円山ドライブウェイ入口があり、入口から山頂付近の展望台まで行ける。高円山(432.2m)は、毎年8月15日に大文字送り火が行われる山として知られている。山頂付近の展望台からは、柳生街道へも歩いて行ける。奈良時代の作とされる地獄谷聖人窟石仏へは徒歩10分、石切峠までは徒歩15分ほどで着く。柳生街道は石切峠を越えて誓多林の集落を抜け、円成寺を経て柳生へ向かう道である。

東紀寺3丁目交差点を南へ直進して約800m行き、護国神社バス停の手前を左折すると、護国神社境内に出る。高円山の西麓の広大な森の中にある奈良県護国神社は、戦時中の1942(昭和17)年に創建され、県内の戦没者約3万柱の御魂をまつる。緑に包まれた静かな境内には、本殿・拝殿・戦没者慰霊塔などが立つ。1960年から高円山で始まった大文字送り火は、戦没者慰霊と世界平和を願う行事である。送り火の当日、飛火野では仏教寺院と春日大社による慰霊祭も行われる。高円山は、平和と慰霊の山でもある。

東大寺・般若寺

奈良の大仏で有名な東大寺から京街道を北に，般若寺・奈良豆比古神社へと向かう。

東大寺 ⑭
0742-22-5511

〈M▶P.3, 23〉奈良市雑司町406-1　P
JR関西本線奈良駅・近鉄奈良線近鉄奈良駅🚌市内循環大仏殿春日大社前🚶3分

奈良の大仏で知られる奈良観光の中心寺院

　東大寺（華厳宗）は，大仏殿春日大社前バス停から歩いてすぐの距離であるが，気候がよく時間に余裕があれば，近鉄奈良駅から，興福寺などを経由して，奈良公園の散策を楽しみながら向かうのもよい。奈良国立博物館と氷室神社の間の登大路を東に向かうと東大寺南大門の南に到達する。

　東大寺南大門から大仏殿にかけては，奈良市内観光の中心であり，時期によっては非常に混雑するが必見である。また，周囲に広がる東大寺境内(旧境内，国史跡)には，国宝や重要文化財の建造物，仏像が多く存在するだけでなく，思いがけない静寂や風情ある景観もみられる。建物内は拝観時間が決められているが，境内は終日開放されているので，時間に余裕があれば境内散策もおすすめしたい。

[東大寺の歴史]　東大寺の創建は，743（天平15）年，聖武天皇が盧舎那大仏造立の詔を出したことに端を発する。当時，聖武天皇は，数年の間に恭仁・難波・紫香楽とつぎつぎと都を遷しており，大仏造立も，当初は近江（現，滋賀県）の紫香楽宮で始められた。しかし，平城京に再遷都することになり，745年，平城京東山麓にあった金鐘寺（大和国金光明寺）の寺地に造立するよう変更された。同年に大仏の土台と原型がつくられ始め，大仏を本尊とするこの寺院は，やがて東大寺と改称された。南都七大寺の1つである。

　この頃，都では天平文化が花開いていたものの，疫病や飢饉が多発し，藤原広嗣の乱（740年）が発生するなど，社会や政情の不安は大きかった。そのため，熱心な仏教信者であった聖武天皇は，仏教による鎮護国家を意図して，大仏造立という国力を挙げた大事業を命じたのだった。

　747年に始まった大仏鋳造は，749（天平勝宝元）年までの足かけ3年におよび，多くの困難を乗り越えて進められた。社会的信望

を集めていた行基も、743年に大仏造営の勧進に起用されて力をつくした。大仏鋳造がほぼ終わると、それを安置する巨大な大仏殿が建造された。また、銅造の大仏の表面には、陸奥国（東北地方）で産出した金が塗られていった。そして、大仏殿がほぼ完成した752（天平勝宝4）年4月9日、盛大に飾られて開眼供養会が行われた。

開眼供養会には、聖武上皇・光明皇太后・孝謙天皇を始め、多くの貴族や官僚が参列した。インドの渡来僧菩提僊那が開眼の筆墨をとり、歌舞や音楽が華やかに儀式を彩った。招かれた僧侶は1000人以上、また僧尼を含めて、約9800人もの人びとが集まったとされる。その後も大仏鍍金や伽藍造営は続けられ、789（延暦8）年、造東大寺司が廃止された頃に、東大寺はようやくその威容を整えた。

9世紀前半に大仏が傾き、9世紀中頃には地震のため大仏頭部が落下したが、いずれも修復された。ところが、1180（治承4）年12月、平重衡による南都焼打ちで、諸堂・坊舎は法華堂や二月堂などを残して、ほとんど焼失してしまった。

そこで、翌年俊乗房重源が朝廷から造東大寺勧進職に命じられ、復興にあたった。後白河法皇や九条（藤原）兼実らの貴族、また多くの人びとから資金を集め、宋人陳和卿らの協力も得て、1185（文治元）年に大仏開眼供養会が行われた。さらに、鎌倉幕府将軍源頼朝ら武家の助力もあって、1195（建久6）年に大仏殿落慶供養会が行われた。落慶供養会では、頼朝が夫人北条政子とともに数万の軍勢を率いて駆けつけ、幕府の威光を示した。

その後、1567（永禄10）年、三好三人衆（三好長逸・三好政康・岩成友通）と松永久秀の戦いの際に、大仏殿や戒壇院などの諸堂が再び焼亡した。大仏は長年露座のままとなったが、1684（貞享元）年、それを嘆いた東大寺龍松院の公慶は、大仏殿再興の訴願を江戸幕府に提出した。同年に許可を得た公慶は、畿内を勧進して大仏を修理し、1692（元禄5）年に盛大な大仏開眼供養会を行うに至った。続いて大仏殿復興に取りかかり、経済的理由などから奈良時代や鎌倉時代のものより小規模になったが完成にこぎつけ、1709（宝永6）年に落慶供養会を行った。これが現在の大仏殿である。

現在の大仏殿は、明治時代末期から大正時代初期にかけて解体修

理がなされた。また、1973(昭和48)年から昭和の大修理が行われ、全面的に屋根瓦が葺きかえられた。1980年に行われた盛大な落慶法要を記憶される方も多いであろう。

[南大門](国宝)　中国では、都城(とじょう)や寺院の建物は南を正面にして建てられた。中国文化を模範とした古代日本もそれに倣(なら)ったため、寺院の南門は、正門としてほかの門より大きくつくられ、南大門とよばれた。現在の東大寺南大門は、1199(正治元(しょうじ))年に再建されたものである。重源が宋の技術を導入してつくらせた大仏様(だいぶつよう)という様式であり、入母屋造(いりもやづくり)・本瓦葺(ほんがわらぶ)きで、高さ約26mの雄大な姿はみる

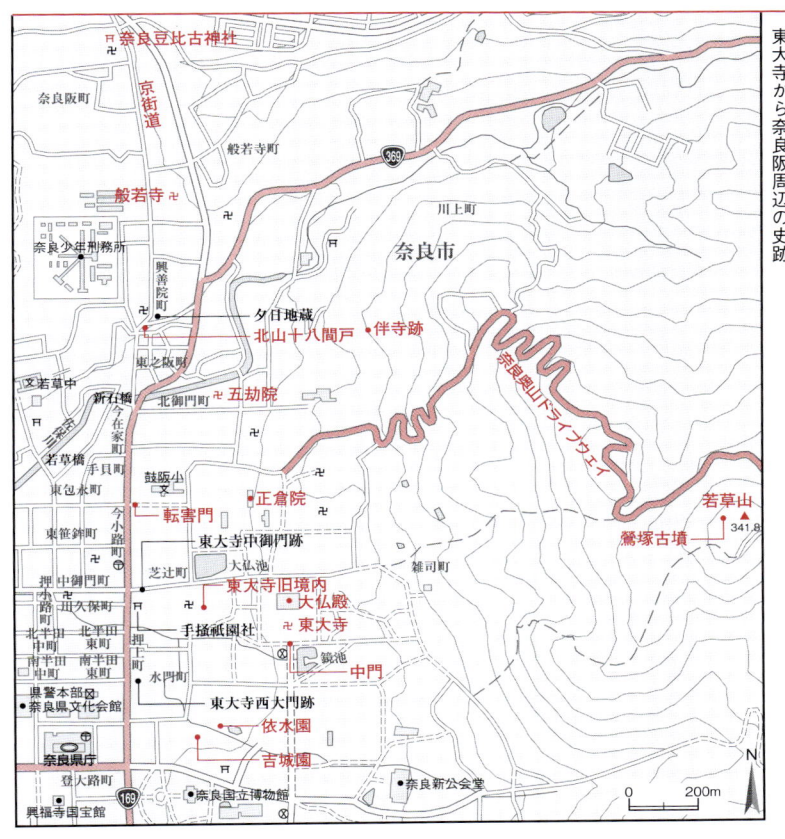

東大寺から奈良阪周辺の史跡

東大寺・般若寺

東大寺南大門

者を圧倒する。

　南大門の両脇には，東大寺を守護する木造金剛力士立像(国宝)が1対安置されている。口を開けた阿形が836.3cm，口を閉じた吽形が842.3cmもある日本最大の木彫仁王像である。それぞれ約3000個の部材を使用した寄木造であるが，1203(建仁3)年7月24日，運慶・快慶らが率いる奈良の仏師総勢20人が分担して制作を開始し，わずか69日後の10月3日に開眼供養会をしたとされる。後世の金剛力士像の模範となった怒りの表情や，筋骨逞しい体の表現は迫力がある。1988(昭和63)年から1993(平成5)年にかけて行われた解体修理によって，運慶が両像制作の責任者であったことがわかった。また，阿形像が右手にもつ金剛杵から，重源を指す「造東大寺大勧進大和尚南無阿弥陀仏」という墨書，「大仏師法眼運慶」や快慶を示す「安阿弥陀仏」の墨書がみつかった。

　南大門の両脇北側にある阿形2体の石造獅子像(国重文)は，宋の石工が1196(建久7)年につくったすぐれた石像である。

[本坊](旧東南院，境内は国史跡)　南大門を入ると右手に東大寺の本坊がある。かつては，東大寺の最有力院家の東南院であった。11世紀後半以降，上皇や天皇の高野山(和歌山県)参詣の際に御所となったり，1195年の大仏殿落慶供養会で，源頼朝の宿所となったことで知られる。また，1877(明治10)年2月には，明治天皇の行在所となり，正倉院の香木蘭奢待が御座所で焚かれたことも有名である。本坊経庫(国宝)は拝観できない。

[大仏殿](金堂，国宝)　南大門の約230m真北に中門(国重文)があり，中門の両翼の廻廊(国重文)が大仏殿を囲っている。廻廊の南西部分にある入場口を抜けると，大きな大仏殿の全容が目に飛び込む。

　大仏殿は，東大寺の本尊盧舎那仏像(大仏)を安置する金堂にあたる。現在の建物は，江戸時代，東大寺龍松院の公慶の勧進活動によ

東大寺大仏殿

り，1688（元禄元）年から再建工事が始められ，1709年に完成したものである。

　江戸時代建立の大仏殿は，当初は，奈良時代や鎌倉時代に建てられたものと同規模で計画されたが，経済的理由から東西の長さが約30m縮小されて再建された。したがって，奈良・鎌倉時代に長方形であった大仏殿は，正方形に変更されている。

　それでも東西約57m・南北約50m，高さ約47mの大きさであり，1重裳階つきの寄棟造・本瓦葺きで，正面には銅板葺きの唐破風がついた世界最大の木造建築物である。様式は，鎌倉時代再建時と同じく，大仏様が採用されている。

　大仏殿再建の立役者であった公慶は，1705（宝永2）年，大仏殿の上棟式が行われた直後に死去したが，弟子が事業を引き継ぎ，大仏殿とともに，中門や廻廊の造営も進めた。現在の中門・廻廊や東西の楽門などは，1709～37（元文2）年に再建されたものである。

　また，1888（明治21）年，それまで大阪府の一部であった奈良県が再設置された際，大仏殿の西廻廊を臨時会議場として，最初の県会が開かれた。

　なお，大仏殿の前の花御堂には，灌仏盤（国宝，模造）の上で片手をあげて微笑む銅造誕生釈迦仏立像（国宝，模造）がある。毎年4月8日，釈迦の誕生日を記念して行われる灌仏会の本尊である。実物は奈良国立博物館に寄託されている。

[盧舎那仏坐像]（国宝）　大仏殿に入ると，「奈良の大仏」と通称される盧舎那仏坐像の大きさに改めて驚かされる。現在の大仏は高さ16m，顔の長さだけでも5.28m，鼻の高さ96cm，目の長さ1.18m，上に向けられた左手には，10数人が乗ることができる大きさである。

　盧舎那仏（毘盧舎那仏とも）は，あらゆる場所を照らす太陽を象徴し，その光明によって人びとを導く仏とされている。天平時代に造立された大仏は，たびたび補修されて現在に至っている。とくに，

東大寺盧舎那仏坐像

1180年の南都焼打ちと1567年の三好・松永の兵火では大きく破損し、大々的に補修された。天平時代につくられた部分も、腹部から下の部分や台座の蓮弁部などにわずかに残っているが、頭部から肩の部分などは江戸時代に改鋳されたものである。

大仏の台座の蓮弁には、盧舎那仏を本尊とする世界を表現したとされる蓮華蔵世界が線刻されており、奈良時代の線刻技術の高さを示している。

[八角灯籠]（国宝）　大仏殿の正面にある金銅製の灯籠は、大仏開眼の752年頃の造立と考えられる。高さは462cmで、とくに火袋の部分が非常に大きいのが特徴である。浮彫りの菩薩の豊麗で動きある姿に天平時代の作風があらわれている。金銅製灯籠としては現存最古であり、天平時代の金工を代表する貴重な作品である。

[鐘楼]（国宝）　大仏殿東方の丘にある鐘楼は、13世紀前半に大勧進栄西によって再建された。752年に鋳造された、高さ386.5cmの大きな梵鐘（国宝）を釣るのに相応しい豪快な造りである。大仏様を基本とし、禅宗様を細部に取り入れている。

[俊乗堂]　鐘楼の北西に、木造俊乗上人坐像（国宝）を安置した俊乗堂がある。俊乗房重源は、鎌倉時代に造東大寺勧進職に任じられ、諸国を勧進して東大寺復興を成し遂げた人物である。

坐像は晩年の重源を写実的に彫刻した木像であり、その容

東大寺鐘楼

大仏鋳造——国を挙げた大事業

コラム

黄金に輝く大仏の完成

　東大寺の大仏鋳造は、版築の技法でつき固めた土のまわりに、石を組んで高さ約2.5mの土台を築くことから始まった。土台の上に木柱の骨組みをつくり、その外側を木や割竹で覆うように籠を編みあげ、表面に粘土や砂をまぜた土を何度も塗り重ねて、大仏の原型をつくった。

　つぎに、表面に漆喰を塗った大仏の原型から、外型と中型がつくられた。外型は、漆喰の表面にさらに土を塗って乾燥させ、はずして焼いたものである。中型は原型の表面を3〜5cm削ったものである。外型をもとの部分に戻して固定し、中型との間に生じた隙間に溶けた青銅(銅と錫)を流し込む。その際、外型を固定するとともに作業の足場をつくるため、外型のまわりを土で埋めて動かないようにした。そのため、作業が進むにつれて、大仏は土に埋まった姿となっていった。

　このような作業を、下から順に8回に分けて行った。1000℃を超える多くの炉の近くで行う鋳造作業は、危険な重労働であった。鋳造はほぼ2年で終わり、上から順に盛土と外型を取りのぞきながら、流した青銅が行き渡らなかった部分を修理していった。

　その後、砂金を水銀とよく練りまぜた金アマルガムを大仏の表面に塗り、水銀を蒸発させて鍍金を施した。そして、鍍金は頭部のみ、蓮華座も大仏殿もまだ工事中という752(天平勝宝4)年、開眼会が行われた。その後も作業は続き、771(宝亀2)年に光背ができてようやく大仏は完成した。

　高さ約16m・幅約20mの大仏は、約443.7tの銅、約7.6tの錫、約400kgの金、2tを超える水銀など、莫大な原料が用いられた。また、大仏殿建立のため、現在の三重県や滋賀県を始め、北陸・東海・中国地方からおびただしい数の材木が運ばれた。作業には延べ260万人以上の人びとがかかわったとされるが、当時の日本の推定人口が約550万人であることを思えば、まさに国家的大事業であった。

貌から、東大寺復興に強固な意志を貫いた重源の性格が強く感じられる。鎌倉時代の肖像彫刻を代表する作品である。俊乗堂は、1704(宝永元)年に公慶が、重源の五百年忌を期して、奈良・鎌倉両時代の大仏殿建立時の工事現場と考えられるこの地に再建した。

　俊乗堂の東には、奈良時代の大仏造立に活躍した行基の坐像を安置した行基堂がある。行基像は、1728(享保13)年の作である。

[開山堂](国宝)　俊乗堂から東に進み、階段をのぼると左手に、木

東大寺・般若寺　27

造良弁僧正坐像(国宝)を安置する開山堂がある。内陣は大仏様の手法でつくられ，鎌倉時代の様式がよく残っている。

良弁は，聖武天皇に深く信頼され，華厳経の思想に基づいて大仏造立・東大寺創建を推進した，東大寺開山の僧侶である。752年に初代の東大寺別当に任命され，伽藍の整備に尽力した。出身は相模国(現，神奈川県)とも近江国ともいわれ，はっきりとしないが，少年のときにワシにさらわれて，東大寺境内のスギの木に運ばれたという，良弁杉の伝承がよく知られる。

良弁僧正坐像の造像時期は，奈良時代または平安時代と推定されるが明らかではない。如意をもって華厳の教えを説く様子をあらわし，東大寺別当として活躍した壮年期を彷彿させる堂々とした姿の木像である。毎年，良弁入滅の忌日である12月16日に開扉される。

[法華堂](三月堂，国宝)　もともと東大寺の前身であった金鐘寺の一堂であり，東大寺創建より早く，738(天平10)〜748年頃に建てられたと考えられる。8世紀中頃には，すでに不空羂索観音像が本尊であったので，羂索堂とよばれていたが，毎年旧暦3月16日に法華会が行われたため，やがて三月堂や法華堂ともよばれるようになった。また，古くから寺僧の学問の場でもあり，今も毎年12月16日に方広会が行われて，華厳宗の根本道場とされる。

天平時代の建築である寄棟造の本堂(北の棟)と，1199年に重源が大仏様を加味して再建した礼堂(南の棟)がつながって成り立っている。それぞれ，天平建築と鎌倉建築の特徴がよくあらわれている。

東大寺法華堂

本堂内には天平時代作の仏像が多数安置される。中央に立つ本尊の乾漆不空羂索観音立像(国宝)は，高さ362cmもある堂々とした乾漆像である。乾漆像とは，木や粘土でおおよその形をつくり，その

奈良

東大寺不空羂索観音立像

上に麻布を貼って漆で塗り固めたもので、粘土の場合は、粘土を抜いて木の枠を入れている。天平時代の仏像によく使用された手法である。

羂索とは網や糸のことであり、観音菩薩が網や糸ですべての人を救い、願いをかなえることを意味する。三目八臂（3つの目、8本の腕）の姿で、観音菩薩の本地仏である阿弥陀如来像を中央において、宝石をちりばめた豪華な銀製宝冠をかぶっている。

堂内には、本尊脇侍の乾漆梵天・帝釈天立像や、怒りの形相の阿形と吽形の乾漆金剛力士立像、乾漆四天王立像（いずれも国宝）など、多くの乾漆像が安置されている。

また、天平文化の代表的な塑像である塑造日光仏・月光仏立像（国宝）も安置されている。土でつくられた塑像は、乾漆像と同じく天平時代に多く制作された。向かって右が日光、左が月光であり、優しく静かに合掌する姿は、みる者に安らぎを与える。

同様に天平時代を代表する塑造執金剛神立像（国宝）は、秘仏であるため彩色がよく残り、毎年12月16日の良弁忌にみることができる。良弁の念持仏で、733（天平5）年の作と伝えられ、天慶年間（938～947）の平将門の乱の際、元結の右端がハチとなって将門軍を悩ませたとの伝説がある。なお、執金剛神とは、阿吽の2形に分かれる前の金剛力士の原型である。

執金剛神像の厨子の前には、鎌倉時代作の2基の鉄釣灯籠（国重文）がかけられている。堂内にはほかに、塑造吉祥天弁財天立像（国重文）がある。また、法華堂正面の前には、南都復興などに活躍した宋の石工伊行末が、1254（建長6）年に施入したとの刻銘をもつ石灯籠（国重文）がある。紀年銘をもつ石灯籠としては、日本最古である。

なお、法華堂の西向かいには、江戸時代建立の三昧堂（四月堂、国重文）がある。また、法華堂南方にある平安時代の経庫（国重文）

東大寺・般若寺　29

は，その南の奈良時代の手向山神社宝庫(国重文)とともに，数少ない校倉造の建築物である。

[手向山神社]　法華堂の南にある手向山神社は，奈良時代，八幡神の助力で大仏が鋳造されたので，九州の宇佐八幡神を大仏の守護神として勧請したのが始まりである。その後，東大寺鎮守として尊崇されてきたが，明治時代初期の神仏分離令により独立した。手向山八幡宮・東大寺八幡宮ともよばれる。

神仏分離以前，本殿に神体として安置されていたのが，木造僧形八幡神坐像(国宝)である。1201(建仁元)年に快慶が造立した銘文が胎内にある。現在は秘仏として，東大寺勧進所の八幡殿に安置されている。

なお，東大寺郷の祭りとして知られる転害会(手搔会)は，当社の祭礼である。毎年10月5日に行われ，僧形八幡神坐像はこのときに公開される。境内社の住吉神社本殿(国重文)は，鎌倉時代末期の建造である。

[二月堂](国宝)　法華堂北の階段をのぼった高台に，西面して立つ。舞台からの眺めがよく，信貴・生駒の連山まで望める。

ここで，通称お水取りとよばれる東大寺修二会が行われる。752年に始められた十一面悔過会が，のちにこの建物で行われるようになったものであり，今や南都を代表する行事として有名である。この建物は，旧暦2月に修二会が行われることから，二月堂とよばれるようになった。

二月堂は，悔過会中に灯明などの失火により，しばしば焼失した。現在の建物は，1667(寛文7)年の全焼後，1669年に再建された寄棟造・本瓦葺きである。本尊の十一面観音像は秘仏であり，拝観することはできない。

二月堂前の石段をくだった所に，修二会で練行衆がこもる鎌倉時代建立の参籠所(国重文)や，同じく鎌倉時代建立の閼伽井(若狭井)屋(国重文)がある。

さらに石段をくだると，室町時代建立と推定され，貴重な中世浴室遺構である大湯屋(国重文)がある。大湯屋からさらに西にくだると，大仏殿北の講堂跡を右にみながら大仏池に到達する。池のすぐ

お水取り

コラム 行

奈良に春をよぶ伝統行事

奈良の代表的行事として知られるお水取りは、正式には東大寺修二会という。二月堂本尊の十一面観音に、自分や人びとが犯した過ちを懺悔し、天下泰平や五穀豊穣、人びとの幸せなどを祈る十一面悔過会という法要である。現在は、新暦の3月1日から14日まで行われるが、もともとは旧暦2月1日から行われた。

東大寺修二会は、752（天平勝宝4）年、東大寺開山の良弁の高弟実忠が始めたといわれる。以来、毎年絶えることなく続けられ、2001（平成13）年に1250回を数えた。

良弁の命日である前年の12月16日に、修二会をつとめる練行衆とよばれる11人の僧侶が発表される。練行衆は、2月20日から戒壇院の別火坊で、別火とよばれる前行に入り、本行の準備をする。そして、3月1日からいよいよ二月堂の参籠所で本行に入り、荒行を続ける。

この本行中、夜の二月堂本堂に上堂する練行衆の道明かりとして「お松明」が灯される。3月12日の松明はとくに大きく、二月堂の欄干で、火の粉が撒かれる風景がよく知られる。無病息災を願う人びとが、二月堂の下に多数集まり、混雑する。

そして、12日の深夜（13日午前1時半頃）、閼伽井（若狭井）屋（国重文）の香水が汲みあげられて本尊に供えられる。3月2日夜に、若狭国（現、福井県）小浜の遠敷神社からお水送りの行事がなされ、送られてきた水とされる。このような作法に親しみを込めて、東大寺修二会は、お水取りやお松明とよばれるのである。

奈良では、お水取りが終わると、春がくるといわれる。

手前の道を左に入ると、ほどなく戒壇院にたどり着く。

[戒壇院] 754（天平勝宝6）年に唐の高僧鑑真が来日し、大仏殿の前庭に仮設した戒壇で、聖武上皇らに授戒したのち、常設の授戒道場として設けたのが戒壇院である。1180年の南都焼打ちや、三好・松永の兵火（1567年）などでたびたび焼失し、現在の建物は、1733（享保18）年に復旧されたものである。

堂内には、木造多宝塔と、復旧の際にほかの堂舎から移された塑造四天王立像（国宝）が安置されている。瞳に黒石を嵌めた写実的な天平仏である。

兜をかぶり剣をもち、目を見開く持国天、口を開け矛を突く怒りの形相の増長天、経典と筆をもつ静かな相貌の広目天、同じく

東大寺・般若寺 31

東大寺戒壇院(戒壇堂)

静かにかなたを遠望し、宝塔を捧げる多聞天。いずれも邪鬼を踏みつけ、特徴ある像で迫力がある。

なお、戒壇院の300mほど南には、若草山や春日山を借景とする庭園依水園(国名勝)があり、そのすぐ南には吉城園がある。依水園は前園と後園の2つの築山泉庭からなり、前園は江戸時代前期、後園は1899(明治32)年の作庭である。依水園内には寧楽美術館があり、中国・朝鮮の古い陶磁器や青銅器などを展示している。

[正倉院](国宝) 戒壇院から大仏池に戻り、池から東へ約30m、そのあと左折して北へ200m余り行くと、奈良時代大仏殿が造営された頃に建てられたとされる正倉院がある。断面が三角形の木材(校木)を横に重ねて外壁とした倉庫を校倉といい、その建築法を校倉造というが、正倉院は、現存する校倉のうち最大規模である。宮内庁が管轄しており、正倉の外構に限って公開されているが、通常は土・日・祝日などは公開されないので、見学する際は確認されたい。

天皇の命令がなければ開扉できなかったため、聖武天皇の遺品などの収蔵物がよく残った。鳥毛立女屏風・螺鈿紫檀五絃琵琶・平螺鈿背八角鏡・白瑠璃碗など、国際色豊かなものが多い。毎年10月下旬から11月上旬に、奈良国立博物館で正倉院展が開催され、正倉院宝物が展示される。

正倉院宝庫

32　奈良

若草山 ⓫

〈M ▶ P. 3, 23〉奈良市春日野町嫩草157 　P　
0742-22-0375(奈良公園管理事務所)
JR関西本線奈良駅・近鉄奈良線近鉄奈良駅🚌市内循環大仏殿春日大社前🚶12分

山焼きで有名な芝山

　東大寺の東に，3層からなる芝山の若草山(341.8m)がある。大仏殿春日大社前バス停から北へ約50m進み，大仏前交差点を右折して東へ10分ほど歩くと，若草山入口に至る。下からは1層目しかみえないが，入山料を払って3層目までのぼると，眼下に平城京跡が，遠くに山城(現，京都府南部)の山々や生駒山系・二上・葛城・金剛の山々が望まれる。現在，1月第2日曜日に行われる山焼きは，奈良の風物詩として有名である。

　山頂には，全長103mの前方後円墳の鶯塚古墳(国史跡)がある。清少納言の『枕草子』に記された「うぐいすの陵」といわれる。

若草山

転害門 ⓰

〈M ▶ P. 3, 23〉奈良市雑司町55-1
0742-22-5511(東大寺)
JR関西本線奈良駅・近鉄奈良線近鉄奈良駅🚌奈良阪行手貝町🚶1分

天平時代創建時の豪壮な姿をとどめる

　手貝町バス停の前に，切妻造八脚門・本瓦葺きの転害門(国宝)が立つ。東大寺の西の築地塀に開く3つの門の中で，いちばん北にあり，かつて平城京の一条大路に面していた。鎌倉時代初期に若干修理されたものの，平重衡による南都焼打ち(1180年)や三好・松永の兵火(1567年)でも焼け残り，天平時代創建時の豪壮な姿を今にとどめている。

　手向山神社の転害会の際に，神輿の御旅所となったことから転害門とよばれるようになったといわれる。また，鎌倉時代初期に平景清がこの門に身を隠して，大仏開眼供養会にきた源頼朝を討とうとしたとの伝説から，景清門ともよばれる。

　中世になると，京街道に沿って転害門付近に，東大寺郷が形成

東大寺・般若寺

転害門

された。郷民は、転害会の運営にかかわるとともに、1338（建武5）年に手向山神社末社としてつくられた手掻祇園社（転害門より南へ約200m）の祇園会にも、諸郷持ちまわりで華やかな山車や舞車を出した。

五劫院 ⓱
0742-22-7694

〈M ▶ P.3, 23〉奈良市北御門町24 P
JR関西本線奈良駅・近鉄奈良線近鉄奈良駅🚌奈良阪行今在家
🚶2分

「長髪の仏様」や公慶墓所で知られる

今在家バス停から東に約300mの所に、思惟山五劫院（華厳宗）がある。秘仏である本尊の木造五劫思惟弥陀仏坐像（国重文）は、鎌倉時代に東大寺を再興した俊乗房重源が宋から持ち帰り、東大寺北門前に一堂を建立して、安置したものと伝える。「長髪の仏様」として知られ、法蔵菩薩が気が遠くなるほど長い期間、思惟と修行を繰り返した結果、髪が長く伸びた様子を表現している。

現在の本堂は、1624（元和10）年に再建されたものである。本堂東の地蔵堂は、「見返り地蔵」とよばれる室町時代の石仏を安置する。本堂の裏にある墓地は、東大寺の墓所でもあり、墓所内の北にあるもっとも大きな五輪石塔が、元禄年間（1688〜1704）に大仏殿を再興した龍松院公慶の墓である。

丹後国宮津（現、京都府宮津市）出身であった公慶は、三好・松永の兵火（1567年）以来、露座のままであった大仏の姿を嘆き、全国を勧進して大仏修理と

五劫院本堂

奈良

京街道

コラム

京と南都を結ぶメインストリート

　現在、奈良県庁東の駐車場の横を、国道369号線が南北に走っている。この道は、かつての平城京の東京極大路であり、北に行くと京都に通じる道なので、やがて京街道ともよばれるようになった。

　京街道は、かつての東大寺の築地塀に沿う道であり、その名残りとして、押上町バス停付近に、奈良八景の雲井坂の石碑や一里塚とともに、東大寺西大門跡がある。また、その北には、平城京の一条大路と二条大路の中間にあった東大寺中御門（焼門）跡もみられる。

　この旧京街道をさらに北上すると、東大寺転害門前を通って今在家の石橋を渡り、北山十八間戸を右にみながら般若寺楼門の前を通る。ここから京都へは、古くは般若寺のすぐ北で東に折れる山中迂回の道が使われていたようだが、近世になると、まっすぐ北上して奈良豆比古神社前を経由して梅谷から木津（ともに現、京都府木津川市）に向かう道がよく使われるようになった。

　これらは、奈良坂越え、または般若寺越えとよばれる峠越えの道であり、奈良時代から使用されていたが、とくに平安遷都（794年）以降は、南都と京都の往来に頻繁に使用された。そのため、奈良町の北の入口にあたる般若寺付近は、平重衡の南都焼打ち（1180年）や、中世に一揆勢が奈良を攻めた際などに、攻防の舞台となった。

　中世後半からは、京街道沿いの東大寺の築地塀に沿って、いわゆる東大寺郷が発達し、さらに江戸時代になると、名所旧跡巡りの人びとを目当てに、手掻郷（現、手貝町付近）に旅籠が立ち並ぶなど、賑わいをみせるようになった。明治時代の鉄道開通とともに、かつての賑わいを失っていったが、散見する古い町屋に、往時が偲ばれる。

大仏殿復興を進めた。その甲斐あって、1692（元禄5）年に大仏開眼供養会が行われたが、公慶自身は、1705（宝永2）年に大仏殿が棟上された直後、落慶供養をみないまま、江戸で死去した。遺骸はすぐに五劫院に葬られた。

　なお、本尊の特別開帳以外の期間に見学する場合は、事前に連絡する必要がある。

東大寺・般若寺

伴寺跡 ⑱
<small>ともでらあと</small>
0742-34-4859（奈良市文化財課）

〈M▶P. 3, 23〉 奈良市川上町
JR関西本線奈良駅・近鉄奈良線近鉄奈良駅🚌奈良阪行今在家🚶20分

重源の供養塔がある古寺跡

　五劫院正門前の道を東に行くと、ほどなく町並みを過ぎて急坂の山道に入る。さらにのぼると前方の山頂に三笠温泉の建物がみえてくる。草むらの中を北にたどる道を行くと、やがて三笠霊園の駐車場に出る。この付近が**伴寺跡**である。

　伴寺は、正式名を永隆寺といい、718（養老2）年に、大伴安麻呂が氏寺として奈良坂の東に建立したというが、安麻呂は714（和銅7）年に死去しており、起源については明らかではない。721年に現在地に移転したが、その後、時期は不明であるが廃寺となり、のちに東大寺の墓所となった。現在は旧奈良町北部の郷墓となっている。

　墓地には、俊乗房重源の供養塔と伝えられる、高さ約1.7mの鎌倉時代の**石造三角五輪塔**（国重文）がある。もと東大寺俊乗堂の近くにあったが、1703（元禄16）年に現在地に移されたという。また、茶人で知られる手掻郷の町人松屋（土門氏）代々の墓もある。

北山十八間戸 ⑲
<small>きたやまじゅうはちけんど</small>
0742-34-4859（奈良市文化財課）

〈M▶P. 3, 23〉 奈良市東之阪町
JR関西本線奈良駅・近鉄奈良線近鉄奈良駅🚌奈良阪行今在家🚶3分

現存最古のハンセン病救済施設

　今在家バス停から北に進み、佐保川に架かる石橋を渡って旧京街道の坂道をのぼって行くと、200mほどで右手に**北山十八間戸**（国史跡）がある。東西の長さが37.42mもある切妻造・本瓦葺きの長屋風の建物である。本来は、北側の道に面して、それぞれ正面入口をもつ、18の部屋に分かれた棟割長屋であった。江戸時代、ハンセン病患者がこの部屋に居住し、付近や奈良の町で勧進活動をしていた。

北山十八間戸

この建物は、鎌倉時代に社会事業に尽力した西大寺流律宗僧侶忍性が建立したとの伝説をもち、忍性はここから、毎日重病のハンセン病患者を背負って、奈良の市に連れて行ったと伝えられる。

　ただし、もともとこのようなハンセン病患者救済施設は、鎌倉時代には般若寺の北東にあり、のち現在地に移ってきたと考えられる。移転の時期は、寛文年間（1661〜73）とも伝えられるが、はっきりとしない。

　いずれにせよ、現在の建物は、1567（永禄10）年に三好・松永の兵火で焼失したのち、ほどなく以前の様式に沿って再建されたものと考えられる。前近代のハンセン病患者救済施設のうち、日本で唯一現存する建物として注目される。なお、1999（平成11）年から2000年にかけて、解体修理が行われた。

　北山十八間戸のすぐ北、旧京街道に面して、「永正六（1509）年」銘がある石造の地蔵がたたずむ。西を向き、夕日を浴びる姿から夕日地蔵とよばれる、肉厚の堂々とした地蔵像である。足元には、付近にあった中世の五輪塔が集められている。

般若寺 ⑳

〈M▶P.3, 23〉奈良市般若寺町221　P
0742-22-6287
JR関西本線奈良駅・近鉄奈良線近鉄奈良駅🚌奈良阪行般若寺前
🚶5分

楼門と十三重塔が印象的な花の寺

　北山十八間戸から、旧京街道の坂道を北に向かって300mほどのぼると、法性山般若寺（真言律宗）がある。道に面した均整のとれた美しい楼門（国宝）が真っ先に目に入る。楼門から中を覗くと、高さ約14.2mの花崗岩製十三重塔（国重文）も望める。

　般若寺は、寺伝では629年に高句麗僧の慧灌が創建したというが、そのほかにも654（白雉5）年創建説や、奈良時代の聖武天皇建立説、あるいは行基開基説など諸説がある。いずれにせよ、756（天平勝宝8）年の東大寺の古図に記されているので、それ以前に創建されたことは間違いない。

　その後、1180（治承4）年の平重衡の南都焼打ちで焼失したが、1253（建長5）年頃、東大寺僧侶観良房良恵らが石造十三重塔を造立したのを始まりに、復興された。石造十三重塔は、東大寺復興のため来日していた、宋の石工伊行末らの作で、鎌倉時代を代表する

般若寺楼門と石造十三重塔

石塔である。

　下部の軸石のまわりには東面に薬師如来像，西面に阿弥陀如来像，南面に釈迦如来像，北面に弥勒菩薩像が彫られている。また，石塔内部から，奈良時代作の銅造如来立像や鎌倉時代作の金銅舎利塔・水晶五輪塔・木造地蔵菩薩立像など，多くの納入品がみつかっており，一括して大和般若寺石造十三重塔内納置品として国の重要文化財に指定され，春と秋の特別寺宝展で公開されている。

　その後，同じく鎌倉時代に，西大寺の叡尊が復興に着手し，丈六文殊菩薩像をつくらせて本尊として安置した。この像は15世紀末に焼失したが，同じ鎌倉時代造営の楼門や経蔵(国重文)は現存している。

　現在の本堂は，1667(寛文7)年の再建である。本堂に安置される本尊木造文殊菩薩騎獅像(国重文)は，1324(元亨4)年の作であり，本堂再建の際に経蔵から移されたものである。毎年4月25日の文殊会式は，多くの人びとで賑わう。

　境内の笠塔婆2基(国重文)は，伊行末の嫡男行吉が，1基は亡父の追善供養のため，1基は母の無病息災を願って，1261(弘長元)年7月に建立したものである。それぞれ494cmと463.5cmの日本最大の石塔婆であり，もともと般若寺の南にあった般若野五三昧という墓所にあったものを，明治時代になって境内に移したものである。

　近年は，四季折々の花の寺として知られ，4・5月はヤマブキ，6・7月はアジサイ，夏(6月中旬〜7月中旬)と秋(9月中旬〜10月中旬)にはコスモスが咲き乱れる。

奈良豆比古神社 ㉑　〈M▶P.2,23〉奈良市奈良阪町2489　P
0742-23-1025　JR関西本線奈良駅・近鉄奈良線近鉄奈良駅🚌奈良阪行終点🚶3分

　般若寺から旧京街道を北に8分ほど歩くと，峠にたどり着く。こ

の峠付近は，古くから奈良坂とよばれ，奈良豆比古神社が鎮座している。

神社の前には，南面に「右　いが　いせ」「すぐ　京　うぢ道」(すぐはまっすぐの意味)，東面に「右　京　うぢ」「左　かすが　大ぶつ道」，北面に「すぐ　かすが　大ぶつ」「左　いが　いせ道」と刻まれた1847(弘化4)年の石標がある。江戸時代，ここは奈良坂越えや般若寺越えとよばれ，伊賀・伊勢(ともに現，三重県)と京都・宇治に向かう道が交差する交通の要地であった。

『延喜式』神名帳の奈良豆比古神社に比定されるこの神社は，古くは春日社とよばれ，祭神は施基親王・平城津彦神・春日王の3座であった。施基親王は天智天皇の第7皇子で，光仁天皇の父であり，田原天皇や志貴皇子ともよばれる。春日王は施基親王の子であり，平城津彦神は産土神と考えられる。

毎年10月9日に行われる例祭の宵宮祭(8日)のとき，奈良阪町の「翁講・翁舞保存会」が奉納する翁舞(国民俗)がある。社伝では，春日王が重病になって奈良山に隠棲したとき，子の浄人と秋王が看病し，浄人は散楽を舞って春日明神に祈り，そのため父の病気が平癒したという。浄人が舞った散楽が翁舞の始まりであると伝えられ，この散楽は能の源流とされている。

当日は，翁舞が舞われる拝殿に花道の原型である渡り床が設けられ，能の原初の形態を思わせる。奈良豆比古神社は，室町時代作と推定されるものを多く含む能狂言面を20面伝えている。普段は奈良国立博物館が保存しているが，翁舞の際には，そのうちの翁(白色尉)3面と翁(黒色尉)1面が使用される。

なお，本殿裏の境内地に，樹齢1000年を超えるといわれる高さ約30mの樟の巨樹(県天然)が聳えており，一見の価値がある。

奈良豆比古神社の翁舞

古式ゆかしい翁舞

東大寺・般若寺　39

奈良町・三条通り周辺

③

元興寺の界隈には，昔ながらの町屋の風景や，古くから人びとの信仰を集めてきた社寺が残り，今も歴史が息づいている。

称名寺 ㉒
0742-23-4438
〈M ▶ P. 2, 43〉奈良市菖蒲池町7　P
近鉄奈良線近鉄奈良駅🚶8分，またはJR関西本線奈良駅🚶20分

村田珠光ゆかりの茶室
ひな壇に並ぶ石仏群

　近鉄奈良駅の西側，高天交差点から「やすらぎの道」といわれる南北の道路を北に進み，内侍原町バス停を西に折れると，称名寺（西山浄土宗）がある。門前の「茶禮祖　珠光舊跡」の石碑が出迎えてくれる。

　称名寺は，1265（文永2）年に興福寺の学僧が寺の北に念仏の道場として創建した興北寺に始まり，それが室町時代に現在地に移転したとされる。しかし，18世紀に2度も焼失した。山門を入った正面にみえる入母屋造・本瓦葺きの本堂は，1802（享和2）年の建立である。山門の西側には築地塀に囲まれた獨盧庵（珠光庵）と名づけられた茶室がある。茶道の祖といわれる村田珠光は，1423（応永30）年奈良の中御門に生まれ，11歳のときに出家して称名寺に入った。のち京都の大徳寺に入り，一休宗純の下で修行し，茶禅一味の侘茶の境地を会得した。その後，珠光はしばしば奈良に戻り，やがて称名寺に獨盧庵を設けたという。毎年5月15日には，珠光忌が営まれる。

　称名寺には，平安時代につくられた木造阿弥陀如来坐像・木造地蔵菩薩立像・木造釈迦如来坐像・木造増長天立像・木造薬師如来立像（いずれも国重文）が安置される。また，境内の東には，室町時代の千体石仏とよばれる石仏群が，ひな壇上にぎっしりと並べら

称名寺本堂

40　　奈良

れている。

　称名寺から内侍原町バス停に戻り，交差点を東に約300m進み左折すると，奈良女子大学がある。江戸時代に奈良奉行所があった場所である。正面にみえるのが，奈良女子高等師範学校本館として，1909(明治42)年に建造された建物で，奈良女子大学記念館(国重文)である。木造2階建ての洋館で，内部は1階が展示室，2階が講堂として活用されており，春と秋に一般公開される。

　高天交差点から約250m西に進み，今辻子交差点を右折した坂の上にある蓮長寺(日蓮宗)には，1653(承応2)年の棟札をもつ本堂(国重文)がある。入母屋造で，周囲に縁をめぐらす大規模なつくりである。天井には龍・鳳凰・天人などの彩色画がみられる。また，今辻子交差点から西に約50m行くと西方寺(西山浄土宗)がある。もともと佐保山麓にあったと伝えられる寺であるが，松永久秀が多聞山城を築くにあたり，現在地に移転されたという。本尊は，平安時代につくられた木造阿弥陀如来坐像(国重文)である。

漢国神社 ㉓　〈M▶P. 2, 43〉奈良市漢国町6　P
0742-22-0612　近鉄奈良線近鉄奈良駅🚶5分，またはJR関西本線奈良駅🚶15分

推古天皇の時代に創建 饅頭の祖をまつる神社

　高天交差点に戻って南に約100m進み，右に入った所に漢国神社(祭神大物主命・大己貴命・少彦名命)がある。古くは春日率川坂岡社とよばれており，由来は推古天皇の頃まで遡るというが，平安時代末期以降，春日大社の末社として興福寺の支配を受けた。本殿(県文化)は三間社流造・檜皮葺き，安土・桃山時代の建物である。境内の鎧蔵には，1614(慶長19)年の大坂冬の陣のとき，徳川家康が奉納したという鎧1領が残されている。

　なお境内には，室町時代に初めてわが国に饅頭を伝えたという，林浄因を

漢国神社本殿

奈良町・三条通り周辺

まつる林(りん)神社がある。神社の近くには、浄因が紅白の饅頭を埋めたと伝えられる巨石を伏せた饅頭塚もあり、毎年4月19日の例大祭には、全国の菓子業者から巨大な饅頭が供えられる。また、戦国時代に『饅頭屋本節用集(せつようしゅう)』を刊行したのが、浄因の子孫といわれる林(はやし)宗二(そうじ)(饅頭屋宗二)であることから、印刷・出版業者の信仰も集めている。

三条通(さんじょうどお)りと餅飯殿通(もちいどのどお)り ㉔㉕

〈M▶P.2,43〉奈良市三条町ほか P
JR関西本線奈良駅🚶2分(三条通りの起点まで)

奈良のメインストリート
由緒ある名前の商店街

JR奈良駅中央口を出て北に進み、JR奈良駅前交差点を右折すると、三条通りに入る。

三条通りは平城京(へいじょうきょう)の三条大路(おおじ)にあたる。都が京都に遷ってからも、大阪側から暗越(くらがりご)え奈良街道を通ってさまざまな人びとや物資が往来したので、街道につながる三条通りは、いつの時代も主要な道路であった。1892(明治25)年に大阪鉄道(現、JR西日本)の奈良駅が設置されると、観光客を目当てとする旅館や店舗が軒を並べた。三条通りの中ほどには、春日率川坂上陵(かすがのいざかわのさかのえのみささぎ)(開化天皇陵古墳(かいか))がある。全長約100mの前方後円墳(ぜんぽうこうえんふん)で、この辺りだけ静けさが漂う。三条通りは、150m余り先で「やすらぎの道」と交差し、まもなく近鉄奈良駅に通じる東向(ひがしむき)通り、および餅飯殿通りとまじわる。このまま進めば猿沢(さるさわ)池(いけ)で、道は春日大社の参道に通じている。

近鉄奈良駅から南下する東向通りは、1914(大正3)年の大阪電気軌道(現、近鉄)の開通にともない、商店街として賑わうようになった。それに続くのが餅飯殿通りである。餅飯殿という珍しい名前は、弘法大師空海(こうぼうだいしくうかい)が勧請(かんじょう)した弁財天(べんざいてん)に、餅・飯などを献じたからという説や、大峰山寺(おおみねさんじ)に入る理源大師聖宝(りげんだいししょうぼう)に随行したこの町の人びとが、餅や飯を供えたからという説などに由来するといわれる。餅飯殿通りを約150m南に進み、左折して2つ目の角を左折すると、すぐ右手に、南市恵比寿神社(みなみいちえびす)(祭神事代主命(ことしろぬし))がある。毎年1月5日の初戎(はつえびす)には、商売繁盛を願う多くの人びとが参拝する。また、餅飯殿通りに戻り、少し南に進んで西に入った所に、春日大社大宿所(おおしゅくしょ)がある。毎年12月15日に、春日若宮(わかみや)おん祭の始まりを告げる大宿

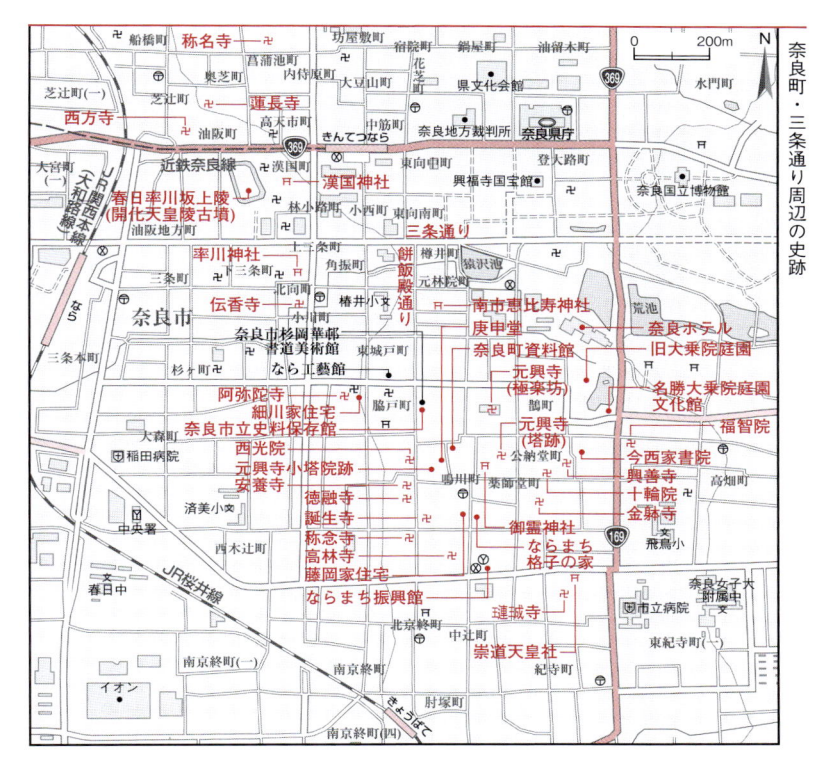

所祭が行われる場所である。

率川神社・伝香寺 ㉖㉗
0742-22-0832／0742-22-5873

〈M ▶ P. 2, 43〉奈良市本子守町18／小川町24
P
近鉄奈良線近鉄奈良駅🚶8分，またはJR関西本線奈良駅🚶15分

ゆりまつりで有名な神社 筒井順慶の菩提寺

　漢国神社からさらに南に歩き，三条通りを過ぎると西側に率川神社がある。率川神社は中世以来，興福寺との関係が深かったが，明治時代に，桜井市にある大神神社の摂社と定められた。本殿(県文化)は一間社春日造の3殿が並び立ち，中殿に子神の媛蹈韛五十鈴姫命，西に父神の狭井大神，東に母神の玉櫛姫命をそれぞれまつる。ちょうど両親が子どもを大切に守っているような姿から子守明神とよばれ，安産・育児の神として信仰を集めている。
　率川神社では，毎年6月17日に三枝祭(ゆりまつり)が行われる。

奈良町・三条通り周辺　43

率川神社の三枝祭

この祭は、神武天皇が三輪山の麓の狭井川のほとりで、ササユリを摘んでいた五十鈴姫と出会ったという故事にちなむといわれる。奈良時代以前に始まったとされるが、その後長く途絶え、明治時代に古式の祭儀として復活した。当日は酒樽のまわりに、ユリが幾重にも飾られ供えられる。4人の巫女がユリをかざして舞を奉納し、神事が終わると、供えてあったユリは、病気除けに参拝者に授けられる。

　率川神社のすぐ南に位置するのが、伝香寺(律宗)である。この寺は、771(宝亀2)年に鑑真の弟子思託によって創建されたと伝えられるが、1585(天正13)年、筒井順慶の母が順慶の菩提を弔うために再興し、以後は筒井家の菩提寺となった。再興時に建てられた本堂(国重文)は、寄棟造・本瓦葺きで、方3間(約5.4m)の小堂である。地蔵堂には、鎌倉時代中期につくられた木造地蔵菩薩立像(国重文)が安置される。これは裸形像に、実際の衣と袈裟を着用させた像である。また、この像の修理の際、願文・経巻・十一面観音小像など多くの像内納入品(国重文)がみつかった。

　伝香寺から南下し、「やすらぎの道」と杉ヶ町・高畑線との交差点を東に曲がって60mほど進み、南に折れた小路に阿弥陀寺(浄土宗)がある。阿弥陀寺には、浄土教絵画の1つで、中国の南画の影響を受けて描かれたといわれる鎌倉時代の絹本著色観経十六観相図(国重文)が所蔵されている。なお、阿弥陀寺の東には、文化年間(1804〜18)に建てられた細川家住宅(県文化)がある。

奈良町資料館 ㉘
0742-22-5509
〈M▶P.2.43〉奈良市西新屋町14
近鉄奈良線近鉄奈良駅🚶15分、またはJR関西本線奈良駅🚶25分

　再び杉ヶ町・高畑線に戻り、東に進む。道路の北側にあるなら工藝館の前を通り過ぎて、餅飯殿通りから南に続く下御門通りとの交

44　奈良

奈良町

コラム

地名に歴史が息づく奈良町

奈良時代，平城京の外京に形成された奈良の町は，遷都とともにいったん衰退した。しかし，やがて南都とよばれるようになり，諸寺院の門前にさまざまな人びとが集まり，郷とよばれる町が発達した。1180（治承4）年の平重衡による南都焼打ちで大半を焼失するが，その後，東大寺や興福寺の復興にともなって商工業が発達し，しだいに活気を取り戻した。奈良の各郷は「南都七郷」や「東大寺七郷」などにまとめられ，16世紀初めには，人口約2万5000人に達したといわれる。興福寺から元興寺にかけての南都七郷を中心に，常設の店が立ち並び，町民の自治意識も高まった。

江戸時代になると，これまでの郷にかわって町の名称が用いられ，各町の総称としての「奈良町」が定着する。1613（慶長18）年には，幕府直轄地と位置づけられ，周辺の村々とともに，奈良奉行所の支配下におかれた。その後，東大寺の大仏などが再興されると，多くの見物人が集まり，おおいに賑わった。17世紀末の奈良の町は，全体で205町・人口約3万5000人が生活する町であった。

明治時代，近代化の波が押し寄せてきたが，奈良町はその趣を完全に失うことはなかった。とくに，三条通りから南の元興寺旧境内を中心とした一帯は，近年，奈良町と通称される。この町の小路に足を踏み入れると，しっとりとした町家の風情が今も残り，庶民の日々の生活や信仰が，古い町並みにとけ込んでいるのが感じられる。

奈良町界隈

私設資料館の先駆け 庚申さんの身代わり猿

差点を右折すると，左手に奈良市杉岡華邨書道美術館がある。ここは，文化勲章受章者杉岡華邨の美しいかな書の作品を中心に展示している。その隣の町家風の建物が奈良市立史料保存館で，『奈良市史』編纂に際して集められた古文書や絵図などを保存し，その一部を展示している。

奈良市立史料保存館から約90m南に歩き，左折して時の資料館の前を通り過ぎると，右手に奈良町資料館がある。この資料館は，奈良町にあるいくつかの私設資料館の先駆けとなった施設で，個人が収集した多くの生活用具が無料で公開されている。大小多数の「身

奈良町資料館

代わり猿」がぶらさがった門は、江戸時代の木戸(きど)を再現したもので、木戸をくぐると、外壁にたくさんの商家の古い看板がかかっている。内部には、元興寺(がんごうじ)ゆかりの仏像や美術品のほか、庶民生活のぬくもりが感じられる民具や古銭など、さまざまなものが並べられている。

　奈良町資料館から30mほど南に進むと庚申堂(こうしんどう)がある。道教(どうきょう)の三尸(さんし)説によると、人の体内にいる三尸の虫が庚申の日の夜、その人の犯した罪過を天帝(てんてい)に告げるため、寝静まってから体内を抜け出す。そこで人びとは三尸の虫が抜け出さないように、その夜は寝ずに過ごしたという。庚申堂の内部には、青面金剛像(しょうめんこんごう)などがまつられている。

徳融寺(とくゆうじ) ㉙　〈M▶P.2,43〉奈良市鳴川町(なるかわちょう)25
0742-22-3881　JR関西本線奈良駅・近鉄奈良線近鉄奈良駅🚌市内循環北京終(きたきょうばて)町(ちょう) 🚶5分

中将姫伝説ゆかりの寺

　再び奈良市立史料保存館のある通りに戻り南に行くと、右手に西光院(さいこういん)(華厳宗(けごん))があり、平安時代作の木造十一面観音立像(国重文)が所蔵されている。さらに進んで、奈良市音声館(おんじょうかん)を通り過ぎると、安養寺(あんようじ)(西山浄土宗)がある。寺伝によると、中将姫(ちゅうじょうひめ)が開祖で、初め横佩堂(よこはぎどう)とよばれたが、のち安養寺と改められた。本堂(県文化)は室町時代に建てられたものである。

　安養寺の南に位置する徳融寺(融通念仏宗(ゆうずう))は、藤原不比等(ふじわらのふひと)の孫で、右大臣の藤原豊成(とよなり)の邸宅跡と伝えられる。伝説によると、中将姫は藤原豊成の娘で、5歳のときに母と死別し、徳融寺で育ったという。姫は豊かな才能に恵まれていたが、継母(ままはは)に冷たく扱われて苦労を重ねたのち、17歳のときに無常を感じて当麻寺(たいまでら)(現、葛城市(かつらぎ))で剃髪(ていはつ)し、法如比丘尼(ほうにょびくに)となる。やがて蓮糸(はすいと)で曼荼羅(まんだら)を織りあげ、来迎(らい)した阿弥陀如来らと一緒に浄土へいざなわれた、とされる。本堂

徳融寺

（県文化）は、1667（寛文7）年の建立で、入母屋造・本瓦葺きである。観音堂には、赤ん坊を手にする子安観音立像が安置され、墓地には、豊成と中将姫をまつるという石塔と仏石がある。

徳融寺の通りを挟んで、南東に位置するのが誕生寺（浄土宗）である。誕生寺は尼寺で、寺号にあるように、中将姫誕生の霊地といわれる。境内には産湯に使ったという井戸が残されている。

誕生寺から南に約70m行った右手に、称念寺（浄土宗）がある。本堂は1629（寛永6）年の建造である。また、境内には松尾芭蕉の百回忌に建てられた「菊の香や　奈良には古き　仏たち」の句碑がある。

高林寺 ㉚
0742-22-0678
〈M▶P.2, 43〉奈良市井上町32　P
JR関西本線奈良駅・近鉄奈良線近鉄奈良駅🚌市内循環田中町
🚶3分

中将姫修道の寺

称念寺から約150m東へ行った上街道に面して、高林寺（融通念仏宗）がある。誕生寺と同様に高林寺も尼寺で、中将姫修道の寺と伝えられる。本堂内陣の2つの厨子には、藤原豊成と中将姫の坐像がそれぞれまつられている。また本堂前には、豊成の墓と伝えられる塚があり、かつてはこの場所に豊成と中将姫の石塔があったといわれる。戦国時代、松永久秀が多聞山城を築く際、近在にある多くの石塔が運び去られた。当時、高林寺に住んでいた連歌師の心前が「曳き残す　花や秋咲く　石の竹」という発句を送ると、連歌のたしなみがあった松永久秀はみずからの非を悟り、この父子の石塔のみ持ち出さなかったという。その後、石塔は徳融寺に移された。

高林寺の南には、大正時代初期に建てられた、住宅を改修したならまち振興館がある。上街道を北に進むと、伝統的な町家を細部まで再現したならまち格子の家があり、昔ながらの町家の暮らしに触れることができる。また、その向かいにある藤岡家住宅（国重文、

奈良町・三条通り周辺

見学は要予約)は，18世紀前半頃に建てられた伝統的な商家を，今に伝えている。さらにその先にあるのが，御霊神社(祭神井上皇后・他戸親王)である。不遇の死を遂げた人びとの霊を鎮めるために創建されたという。

元興寺 ㉛
0742-23-1377

〈M▶P.2, 43〉奈良市中院町11 P
近鉄奈良線近鉄奈良駅🚶15分，またはJR関西本線奈良駅🚶25分

南都七大寺の1つ
中世浄土信仰の中心

　御霊神社南の角を右折して100m余り東へ行き，ついで左折して約200m北に進むと，左手に元興寺(真言律宗，境内は国史跡)がみえてくる。一般には極楽坊ともよばれ，もとは元興寺の1坊であった。近鉄奈良駅からは三条通りに出て，猿沢池の東側の道を南に進み，ならまちセンターの前を通り過ぎ，さらに160mほど進むと右手にある。

　元興寺は蘇我馬子が造営した法興寺(飛鳥寺)を，718(養老2)年に平城京に移転したもので，南都七大寺の1つとして栄えた。興福寺の南に接して広大な寺地を誇ったが，平安時代中期以降はしだいに衰えた。平安時代末期，浄土教が盛んになると智光曼荼羅が知られるようになる。これは奈良時代，三論宗の学僧智光が，夢の中で極楽浄土のさまを感得し，画工に描かせたといわれる曼荼羅である。智光が住んでいた僧房の一室にこの曼荼羅がまつられたので，曼荼羅堂あるいは極楽坊とよばれるようになった。やがて浄土信仰の中心地となり，これに地蔵信仰や聖徳太子信仰などが加わっていった。

元興寺

　元興寺の正門にあたる東門(国重文)は，もと東大寺の西南院の門を室町時代に移築したもので，堂々とした本瓦葺きの四脚門である。門をくぐると，正面に本堂，その背後に禅室(ともに国宝)がある。

平城京と奈良町の街路

コラム

奈良町特有の細い道
条坊制の名残りの道路

　今の奈良町の街路には，平城京の条坊制の名残りをとどめる道がある。一条大路は平城宮から東大寺の転害門に通じる道で，現在の一条通りにあたる。朱雀門から東に延びて称名寺の門前を通り，東大寺西大門跡に達するのが二条大路である。三条大路を継承する三条通りは，今も奈良のメインストリートとして利用されている。四条大路については，東六坊大路まで通じ，そこから東は，かつての元興寺の広大な境内により遮断される形になっていた。

　南北を結ぶ東七坊大路は，山城国木津（現，京都府木津川市）方面に通じる道で，のち京街道とよばれる。東大寺と興福寺は，この道を境界とした。西方の東六坊大路は，東向通りから餅飯殿通り，下御門通りを経て徳融寺の門前を通る道で，やがてJR京終駅に至る。

　なお，東六坊大路の少し東寄りを通る道が，古代の上ツ道に重なる上街道である。猿沢池の南西畔から南に延びる細い道で，猿田彦神社（道祖神社）から元興寺塔跡および御霊神社の西側を通る。奈良から南に向かい，その先は順に，帯解・櫟本・丹波市・柳本・三輪などの宿場町に通じていて，中世から近代にかけて，もっとも重要な交通路となっていた。そのほか奈良町には，辻子や突抜とよばれる細い道がある。かつては元興寺の境内地であったが，寺の荒廃にともなって家や畑ができ，そこに行くためにつくられた道と考えられる。元興寺極楽坊の南側にあった弥勒辻子は，初め行き止まりの道だったが，やがて通り抜けられるようになり，芝突抜の名にかわったという。

鎌倉時代初期までは，細長い1棟の僧房であったが，中央部の馬道から東の曼荼羅堂の部分を，1244（寛元2）年に改築したのが本堂である。寄棟造で東側正面には庇がつき，柱間は中央が広く，両側に行くほど狭くなる。屋根には，飛鳥・奈良時代の古瓦がまじり，丸瓦を重ねる行基葺きといわれる独特の葺き方をしている。かつて智光が極楽浄土を感得したという内陣は，床を一段高くし，まわりに柱が立てられている。本尊は中央の厨子に納められていた，室町時代の絹本著色智光曼荼羅図である。また厨子の背後には，鎌倉時代の板絵の著色智光曼荼羅図（ともに国重文）がある。禅室は切妻造の細長い建物で，屋根は行基葺きであるが，軒の構造に大仏様の特徴がみられることから，13世紀前半に改築されたと考えられる。

奈良町・三条通り周辺

本堂の南にある収蔵庫には，元興寺の五重塔の模型と伝えられる奈良時代の五重小塔(国宝)がある。実際の塔を10分の1に縮小した大きさで，高さは5.5mあり，塔の建築構造がよくわかる。仏像では，平安時代作の木造阿弥陀如来坐像，鎌倉時代作の木造弘法大師坐像や木造聖徳太子立像(いずれも国重文)などがある。また，本堂・禅室の解体修理の際に，天井裏などから発見された数万点にもおよぶ庶民信仰資料(国民俗)がある。これらは印仏(阿弥陀仏などを彫刻した木片に，墨汁をつけて紙に押印したもの)や板絵仏・塔婆・こけら経・祭文など，中世から近世にかけての庶民信仰のあり方を知ることのできる貴重な資料である。なお，寺内にある元興寺文化財研究所では，各地の仏教民俗資料の調査を進めるとともに，文化財の科学的保存処理に取り組んでいる。

　一方，約130m南に位置する芝新屋町にも元興寺(華厳宗)がある。中世にはおおいに栄えたが，室町時代の徳政一揆で金堂などが焼かれて衰退し，その後，1859(安政6)年に残っていた五重塔なども焼失した。現在，塔跡(国史跡)には基壇と17個の礎石が残る。1927(昭和2)年の発掘調査では，心礎から古銭・勾玉などが出土し，これらは塔址土壇出土品(国重文)とよばれている。ほかに，現在奈良国立博物館に寄託されている平安時代初期の木造薬師如来立像(国宝)と鎌倉時代作の木造十一面観音立像(国重文)がある。また別に，元興寺塔跡から200mほど西方の西新屋町には，元興寺小塔院跡(国史跡)があるが，現在，仮本堂が立っているだけである。

奈良ホテルと旧大乗院庭園 32
0742-26-3300／0742-24-0808(名勝大乗院庭園文化館)

〈M▶P.2,43〉奈良市高畑町1096・1083-1　P
JR関西本線奈良駅・近鉄奈良線近鉄奈良駅🚌天理駅行奈良ホテル🚶1分

桃山御殿風のホテル　善阿弥がつくった庭園

　元興寺から北東にあたる旧大乗院跡地の高台に立つのが，1909(明治42)年に開業した奈良ホテルである。奈良ホテルバス停からは，なだらかな坂道をのぼって行くとある。奈良ホテルの設計は，東京駅を設計した辰野金吾が担当したといわれている。開業当初は民間経営だったが，1913年以降は鉄道院(のち鉄道省)の直営となり，の

旧大乗院庭園

ち民間経営に戻され、現在に至っている。本館は総ヒノキ造り2階建ての和風建築で、敷地の形状にあわせて数棟が斜め（雁行状）に接続するように立つ。屋根は瓦葺きで、大棟の鴟尾が目にとまる。ロビー正面の階段やギャラリーには、高欄形手すりがついていて、擬宝珠があしらわれるなど、外国人の日本趣味にこたえることを意識してつくられた宿泊施設といえる。

　ホテルの南側に広がるのが旧大乗院庭園（国名勝）である。大乗院は、一乗院と並び、両門跡とよばれた興福寺の門跡寺院である。1087（寛治元）年に現在の奈良県庁舎の辺りにおかれたが、1180（治承4）年の平重衡による南都焼打ちにより焼失し、元興寺の子院である禅定院があった現在地に移された。その後、室町時代の火災で焼失するが、興福寺の僧侶で、大乗院の門跡となった尋尊により建物と庭園の復興がなされた。このとき作庭を任されたのが、庭師善阿弥であった。完成後は、8代将軍足利義政も見物に訪れたという。その後は、江戸時代に一部手を加えられるが、明治時代初期の廃仏毀釈で廃されるまで、この庭園は「南都随一の名園」とたたえられた。なお現在、庭園の南側には、大乗院の復元模型や関係資料を展示するとともに、休憩の場としても利用される名勝大乗院庭園文化館が開設されている。また屋外には、かつて御所馬場町にあった南都楽所の楽人長屋の土塀が復元されている。

福智院 ㉝
0742-22-1358

〈M ▶ P.2, 43〉奈良市福智院町46
JR関西本線奈良駅・近鉄奈良線近鉄奈良駅🚌天理駅行福智院町
🚶1分

玄昉が開いた地蔵信仰で有名寺

　名勝大乗院庭園文化館の南東、清水通りを東に入った所に、福智院（真言律宗）がある。門を入ると、鎌倉時代に建てられた本堂（国重文）が目の前にある。外観は重層建築のようにみえるが、一重に裳階のついた寄棟造・本瓦葺きのどっしりとした建物である。福智

奈良町・三条通り周辺　51

福智院本堂

　院は，736（天平8）年に玄昉によって建てられた清水寺に始まるといわれ，その後，鎌倉時代に西大寺の叡尊により再興された。本尊の木造地蔵菩薩坐像（国重文）は，1203（建仁3）年の造立とされ，高さが2.73mもある丈六の坐像である。ヒノキの寄木造の上に漆を塗り重ね，その上に彩色が施されていて，口元には今も当時の紅が残っている。なお，光背には，560体もの化仏と6体の地蔵がつけられている。鎌倉時代から地蔵信仰で有名な寺で，毎年7月23日の地蔵盆には，大勢の人びとで賑わう。

　福智院から西に進んで国道169号線を渡り，そのまま80mほど行くと左手にあるのが，室町時代中期につくられた今西家書院（国重文）である。長屋門をくぐり，石畳の先の訪れ口から土間に入ると，左手に下段の間と中段の間，その右奥に2間続きの上段の間（書院）がある。当初は板敷きであったが，江戸時代に床の間を設けて畳敷きとされた。屋根は一重片側入母屋造・軒唐破風・片側切妻造・檜皮葺きである。この建物は，もとは大乗院坊官（門跡に仕えた在家の僧侶）の福智院家の住まいであったが，1924（大正13）年に今西家が譲り受け，現在に至っている。

十輪院 ㉞　〈M▶P.2,43〉奈良市十輪院町27　P
じゅうりんいん
0742-26-6635　　JR関西本線奈良駅・近鉄奈良線近鉄奈良駅🚌天理行福智院町
🚶3分

住宅を思わせる本堂
地蔵世界の石仏龕

　福智院町バス停から，国道169号線を約50m南に進んで右折し，約200m進むと，やがて右手に十輪院（真言宗）がみえてくる。元興寺旧境内の南東隅にあたる。寺伝では，元正天皇の勅願寺で，元興寺の子院の1つとされる。また，朝野魚養の開基とも伝えられる。
　道路に面した南門（国重文）は簡素な四脚門で，そこを入ると正面に本堂（国宝）がみえる。本堂は鎌倉時代前期の建造で，元来は後方

十輪院石仏龕

の石仏龕(国重文)を拝むための礼堂として建立されたものである。寄棟造・本瓦葺きの建物で，軒や床が低く押さえられ，屋根の反りが少ないのが特徴である。また，蔀戸や格子戸が用いられていて，当時の住宅を思わせる落ち着いた風情を感じさせる。

堂内に入ると天井が低く感じられる。薄暗い本堂の奥にある覆堂には，本尊を安置する石仏龕がある。これは高さ約2.4m・間口約2.6m・奥行約2.4mの花崗岩の切石を組み合わせた石室で，鎌倉時代のものとされる。中央の奥に本尊地蔵菩薩立像，手前左右に釈迦如来立像と弥勒菩薩立像の浮き彫りがある。そのほか十王像を始め，聖観音・不動明王・四天王・五輪塔などが線刻されて左右に配され，さながら地蔵世界をあらわしているかのようである。

境内左手の不動堂には，木造不動明王二童子立像(国重文)がまつられている。また，境内右手の池のまわりには，不動明王石像や興福寺曼荼羅石などの多くの石造物が配されている。

十輪院のすぐ北にある興善寺(浄土宗)には，本尊木造阿弥陀如来立像の像内から取り出された源空，証空等自筆消息(国重文)が伝わる。また，十輪院の道路を挟んで南西にある金躰寺(浄土宗)の本堂(県文化)は，1637(寛永14)年の建造で，江戸時代初期の浄土宗寺院本堂の好例とされる。

崇道天皇社 ㉟
0742-23-3416
〈M▶P.2,43〉奈良市西紀寺町40
JR関西本線奈良駅・近鉄奈良線近鉄奈良駅🚌市内循環紀寺町🚶1分

祭神は早良親王 怨霊を鎮める社

十輪院から国道169号線に戻り，南へ約100m歩いた紀寺交差点の西方に崇道天皇社がある。祭神は早良親王(崇道天皇)である。早良親王は，光仁天皇と高野新笠との間に生まれた皇子で，桓武天皇の同母弟にあたる。兄の即位で皇太子となった早良親王は，造長岡宮使の藤原種継と激しく対立した。785(延暦4)年，種継暗殺事

件に関与したとされた親王は皇太子を廃され，乙訓寺(京都府長岡京市)に幽閉された。10日余り飲食を断った親王は，淡路島(現，兵庫県)に配流される途中に死亡した。その後，都では皇族や藤原氏があいついで病死する出来事があり，親王の祟りだと噂された。そこで朝廷は，800年，怨霊を鎮めるため親王を崇道天皇と追号し，陵墓も淡路島から八嶋陵(現，奈良市八島町)に改葬した。また，その御霊をまつった神社も各所に設けられたが，その1つが崇道天皇社である。本殿(国重文)は，春日若宮神社本殿を1623(元和9)年に移築したもので，桃山時代の建物である。

崇道天皇社の南西に位置するのが，璉城寺(浄土真宗)である。この寺は藤原京にあった紀寺がこの地に移建されたものと考えられるが，縁起では聖武天皇の勅願により行基によって開かれたとされる。

本堂にまつられている本尊の木造阿弥陀如来立像(県文化)は，鎌倉時代の作と考えられる白色裸形の美しい仏像である。また，その右には脇侍として木造観音菩薩立像と木造勢至菩薩立像(ともに国重文)が安置されている。

④ 奈良の南郊

奈良の南郊には，安産祈願やがん封じで，今も人びとが信仰を寄せる寺院や，山里の風景にとけ込んだ寺院などが点在する。

大安寺 ㊱
0742-61-6312

〈M▶P.2,56〉奈良市大安寺2-18-1　P
JR関西本線奈良駅・近鉄奈良線近鉄奈良駅🚌大安寺・シャープ前・白土町 行大安寺🚶10分

南都七大寺の1つ　今はがん封じの寺

大安寺バス停から西へ5分ぐらい歩くと，右側の家並みの向こうにこんもりとした丘がみえてくる。これは全長約120mの杉山古墳で，奈良盆地北部の平地にある大型前方後円墳として重要な古墳である。墳丘は部分的に削られているが，葺石や埴輪片がみつかっている。また，周濠があったことも確認されていて，全体が大安寺旧境内の北側に取り込まれた形になっている。前方部の南斜面からは，大安寺の瓦を焼いたと考えられる6基の窯跡が発掘され，一部が復元されている。この辺りで左折し，大安寺小学校の校庭に沿って南に行くと，やがて右手に大安寺（真言宗）の境内がみえてくる。

『大安寺伽藍縁起并流記資財帳』（国重文）によれば，この寺は聖徳太子の創建した熊凝精舎に始まるといわれ，その後，舒明天皇の百済大寺に継承される。天武天皇治世の677年には，高市大寺から大官大寺へと名称をかえ，平城遷都（710年）にともない，

大安寺復元南門

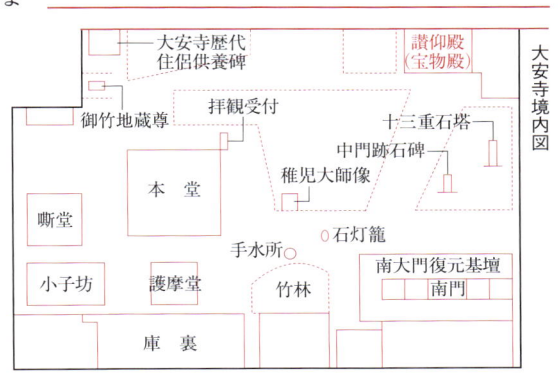

大安寺境内図

大安寺周辺の史跡

716(霊亀2)年に左京六条・七条四坊の地に移され、のち大安寺とよばれるようになった。その後の造営事業は、入唐僧道慈によって進められ、天平年間(729〜749)にはほぼ完成していたという。

大安寺は南都七大寺の1つで、東大寺・西大寺と並んで南大寺とよばれるほど壮大な伽藍を誇っていた。近年の発掘調査によると、南大門・中門・金堂・講堂が一直線に並び、南大門の南に相対して、東西の七重塔が立つという伽藍配置で、塔は推定70mもの高さがあったという。また、講堂のまわりには三方に僧房が立っていて、数百人もの僧侶が修行していた。しかし、これらの諸堂は平安時代に何度か火災や落雷に見舞われ、12世紀頃に再建されたものの、鎌倉時代以降、しだいに衰退した。現在の境内は、かなり手狭になっていて、ほとんどの建物は明治時代以降のものであるが、旧境内は国の史跡に指定されている。近年、南大門の基壇が復元され、その上にあらたに南門がつくられた。また、杉山古墳の南側には、僧房の一部の基壇と礎石も復元されている。

本堂にまつられる木造十一面観音立像、嘶堂にまつられる木造千手観音立像(伝馬頭観音)、讃仰殿とよばれる鉄筋の宝物殿にまつられる木造不空羂索観音立像・木造楊柳観音立像・木造聖観音立像・木造四天王立像(いずれも国重文)などは、すべて奈良時代末期につくられた一木造の仏像である。

現在、大安寺はがん封じの寺として名高い。とくに、毎年1月23日の光仁会(がん封じ笹酒祭り)には、がん封じの祈禱が行われ、参拝者に温めた笹酒が振舞われる。

帯解寺(おびとけでら) ㊲
0742-61-3861 〈M▶P.2,57〉奈良市今市町734 ℗
JR桜井線帯解駅 🚶 3分

本尊「腹帯地蔵」安産祈願所で有名

帯解駅を出てすぐ東側にある道を北に進む。この道は上街道(上ツ道)とよばれ、古代から利用されてきた道である。近世には、奈良と吉野方面、また初瀬から伊勢(現、三重県)へと通じる参詣道と

56　奈良

帯解寺本堂

して栄えた。

　帯解寺(華厳宗)はまもなく左手にみえてくる。本尊は鎌倉時代の作とされる木造地蔵菩薩半跏像(国重文)で，左手に宝珠，右手に錫杖をもち，左足を踏みさげて岩座上に坐す。また腹部に結び紐があらわされるところから，「腹帯地蔵」として，安産祈願の対象としても信仰を集めてきた。

　寺伝によれば，文徳天皇の皇后染殿(藤原明子)が，春日明神のお告げにより，勅使を立てて「帯解子安地蔵菩薩」に祈ったところ，まもなく懐妊して惟仁親王(のちの清和天皇)が生まれた。そこで文徳天皇はこれに感謝して，858(天安2)年にこの地に伽藍を建立し，寺号を帯解寺と定めたといわれる。その後，この寺は1180(治承4)年の平重衡，1567(永禄10)年の松永久秀による2度の南都焼打ちに罹災し，焼失した。『多聞院日記』によると，1570(元亀元)年5月に地蔵菩薩が修復されたとある。

　江戸時代に入ると，2代将軍徳川秀忠が初め世継ぎに恵まれず，お江与の方が帯解寺に祈願したところ，竹千代(のちの3代将軍家

奈良の南郊の史跡

奈良の南郊

光)が生まれた。そこで秀忠は本堂の再建を援助し、仏像・仏具を寄進したという。ついで、3代将軍家光のときにも同じような話が伝わっていて、その後もしばしば将軍家や皇室の安産祈願の対象となり、現在も安産祈願に訪れる参拝者が後を絶たない。なお、山門を入った左手にある石の手水鉢は、4代将軍家綱から寄進されたものである。

帯解寺を後にして上街道を300mほど南に歩くと、正木坂に面して龍象寺（臨済宗）がある。寺伝によると、730（天平2）年に聖武天皇の勅願により、行基が創建したとされる。また、伝承では、広大寺池の畔にあったという光台寺（広大寺）の奥の院ともいわれている。本尊は木造地蔵菩薩半跏像で、子安地蔵尊ともよばれ、帯解寺と同様に安産祈願所として知られている。なお、帯解駅の南西にある広大寺池は、『古事記』『日本書紀』にみえる和珥池との伝承がある。また、聖徳太子が秦河勝に命じて築造させたともいわれる池である。池の底からは、弥生土器・土師器のほか、光台寺に関係すると思われる古瓦などが出土した。

円照寺 ㊳　〈M▶P.3,57〉奈良市山町1312
JR関西本線奈良駅・近鉄奈良線近鉄奈良駅🚌山村町行円照寺　🚶5分

大和三門跡寺院の1つ　華道山村御流の家元

帯解寺から東に約1.5km離れた森の中に円照寺（臨済宗）がある。円照寺バス停から東へ静かな参道をのぼっていくと、やがて黒木の門があらわれる。もう少し行くと山門があり、そこからは砂利がきれいに掃き清められ、その向こうに唐破風の玄関がみえる。

円照寺は法華寺・中宮寺とともに大和三門跡寺院の1つに数えられる尼寺である。1641（寛永18）年、後水尾天皇の第1皇女文智女王（梅宮）が、修学院（京都市左京区）に草庵を結んだが、後水尾天皇の修学院離宮の造営にあたり、1656（明暦2）年に後水尾天皇の中宮東福門院（2代将軍徳川秀忠の娘和子）から幕府への進言によって、寺領200石（のち300石）を得て、八嶋（現、奈良市八島町）の地に移転し、八嶋御所と称された。さらに1669（寛文9）年に現在地に移転した。以後、住持は7代まで皇族によって継がれたので、山村御所とよばれた。また現在、華道の山村御流の家元としても知られ

ている。

　本堂(県文化)は円通殿とよばれ，八嶋から移建されたと伝えられる。この建物は仏堂ではあるが，茅葺きで数寄屋風の草庵の趣が感じられる。本尊は木造如意輪観音像である。本堂正面の庭には砂が敷かれ，池に沿って聖衆二十五菩薩がかなでる楽器などをかたどった石が配されている。そのほか境内には，宸殿・表の間・奥御殿・葉帰庵などがあるが，すべて拝観は認められていない。

　黒木の門から山道を南に入り，里道に出たら東に進む。この道は，正暦寺に至るハイキングコースに通じている。五つ塚古墳群を過ぎて約100m行くと，左手に歴代門跡の墓地がある。なお，この付近一帯は，小円墳からなる円照寺墓山古墳群とよばれていて，銅鏡・甲冑・馬具などが出土している。ここから南西に約300m，西北に傾斜する標高110mほどの尾根上には，高さ42.5cmの流水文銅鐸が出土した山町銅鐸出土地がある。また，円照寺墓山古墳群から東方約150m，ドドコロ池の西の狭い谷間には，山村廃寺(ドドコロ廃寺)とよばれる寺の遺構がある。ここからは凝灰岩製の相輪の一部と金銅製風鐸などがみつかっていて，これらは大和国帯解山村廃寺出土品(国重文)とよばれ，円照寺が所蔵，奈良国立博物館に寄託されている。

　なお，円照寺バス停から南に約350m米谷町行きのバス通りを進み，バス通りが左に曲がる所をそのまま約250m直進し，突き当りを左折して約50m行った左手に，丘陵の南斜面を利用して築かれた黄金塚古墳がある。1辺約26mの2段築成の方墳で，塼(レンガ)状に加工した石材を積みあげた横穴式石室をもつ。終末期古墳の1つで，舎人親王の墓という伝承があり，現在，陵墓参考地となっている。

　円照寺バス停から北へ5分ほど歩いて右折すると，崇道天皇陵(八嶋陵)がある。桓武天皇の同母弟で非業の死を遂げた早良親王の霊を慰めるため，800(延暦19)年に崇道天皇と追号し，淡路島(現，兵庫県)からこの地に改葬したといわれる。陵墓は南面する円丘で，正面に木戸門が設けられ，周囲には土塀がめぐらされている。

奈良の南郊

正暦寺 ㊴ 〈M▶P.3, 57〉奈良市菩提山町157 Ｐ
0742-62-9569
JR関西本線奈良駅・近鉄奈良線近鉄奈良駅🚌米谷町行柳茶屋🚶30分

全山が紅葉で染まる寺
日本清酒発祥の地

　柳茶屋バス停で降りて，ゆるやかな坂道を東に約30分歩くと，菩提仙川上流の木立の中に，正暦寺（真言宗）がみえてくる。ただし，全山が秋の紅葉で染まる時期は，寺までの臨時バスも出ているが，そのほかの時期は，米谷町行きバスの便は極端に少ないので，注意が必要である。

　正暦寺は，992（正暦3）年，藤原兼家の子兼俊僧正によって，一条天皇の勅命を受けて創建され，寺号はその年号からつけられた。当初は堂塔・伽藍が86坊も立ち並び，偉容を誇っていたという。1180（治承4）年の平重衡による南都焼打ちで類火にあったことで，一時は荒廃した。その後，1218（建保6）年に興福寺別当の信円僧正によって，法相宗の学問所として再興され，興福寺の別院として栄えるが，以後も兵火による焼亡を繰り返した。明治時代の記録では，塔頭9カ院の名がみえるが，その後，衰退して，ついには福寿院のみとなった。境内に残された石垣から，正暦寺の盛時の姿を垣間見ることができる。

　福寿院客殿（国重文）は，1681（延宝9）年の建立で，屋根は南面入母屋造，北面切妻造・柿葺き，6間取りの客殿に台所が接する。上段の間は仏間になっている。客殿内部の襖・欄間には，狩野永納の描いた絵が残され，鎌倉時代の木造孔雀明王坐像（県文化）も安置されている。本尊の金銅薬師如来倚像（国重文）は，台座に腰をかける姿の仏像である。そのほか奈良時代の増壱阿含経巻第三十や，境内から出土した青磁鉢（ともに国重文）などが所蔵されている。

正暦寺福寿院客殿

福寿院から少し奥に進んで、急な石段をのぼった所に、本堂と鐘楼が立っている。また石段の近くには、塔頭跡に残された供養塔や石仏がたくさん集められていて、その両側に、鎌倉時代後期の十三重塔、上段に、鎌倉時代後期の宝篋印塔などが配されている。なお、室町時代には、菩提仙川の清流を利用して酒造りが行われていたので、参道入口近くには、「日本清酒発祥之地」と刻まれた石碑が建てられている。

弘仁寺 ❹
0742-62-9303

〈M▶P.3,57〉奈良市虚空蔵町46 P
JR関西本線奈良駅・近鉄奈良線近鉄奈良駅🚌米谷町行高樋町
🚶5分

＞高樋の虚空蔵さん 十三参りで賑わう寺

　柳茶屋バス停まで戻り、高樋町バス停までバス通りを南に約700m歩こう。高樋町バス停の所で右折し、まもなく右手にみえる虚空蔵山の坂道をのぼっていくと、約3分で「高樋の虚空蔵さん」とよばれる弘仁寺(真言宗)の山門に通じる。弘仁寺は毎年4月13日になると、13歳になった子どもが知恵を授かるために参詣する「十三参り」で賑わう。また、虚空蔵山の山頂には、鏡が埋められているとの伝承があり、鏡明神として古くから信仰の対象とされてきた。寺は、その山懐に抱かれるようにひっそりと立っているので、虚空蔵寺・虚空蔵山寺ともよばれる。寺伝では、814(弘仁5)年、嵯峨天皇の勅願により小野篁が建立したという。また一説には、弘法大師空海が、夜明けにこの山で明星が落ちるのをみて、この場所に堂を建てて、明星天子の本地仏である虚空蔵菩薩をまつったとも伝えられる。

　1572(元亀3)年、松永久秀の兵火にさらされ、多くの伽藍を焼失したが、本堂は半焼し、明星堂は難を免れた。山門をくぐった右手の高台にある本堂(県文化)は、その後、1696(元禄9)年に新しくつくり直された、重層寄棟造・本瓦葺きの堂々とした建物である。内部には、天井までとどく厨子に納められた本尊虚空蔵菩薩立像が安置される。本堂東側の明星堂は、宝形造・本瓦葺きの建物で、本尊は木造明星菩薩立像(国重文)だが、現在は奈良国立博物館に寄託されている。なお、本堂の外陣には、江戸時代後期に奉納された大きな算額が2面掲げられている。

奈良の南郊　　61

⑤ 佐保・佐紀

奈良盆地北端の東半を佐保，西半を佐紀といい，古墳から奈良時代の遺跡や，静かなたたずまいの寺が点在する。

佐保山に眠る天平時代の最高権力者たち

聖武天皇陵 ㊶ 〈M▶P. 2, 63〉奈良市法蓮町
JR関西本線奈良駅・近鉄奈良線近鉄奈良駅🚌加茂駅行・高の原駅行・西大寺駅行・航空自衛隊行法蓮仲町🚶4分

　近鉄奈良駅西側の高天交差点から北に約800m行き，法蓮仲町バス停北の交差点から一条通り（佐保路ともよばれたかつての平城京南一条大路）を東に約300m行くと，聖武天皇佐保山南陵と聖武天皇皇后天平応真仁正皇太后佐保山東陵（光明皇后陵）がある。この佐保山は，平城京左京の北に隣接し，奈良時代前半の元明・元正・聖武3代の天皇とその家族の陵墓が集中する，最高級の墓域であった。

　戦国時代の1561（永禄4）年頃，光明皇后陵東隣の眉間寺山に，松永久秀が多聞城を築いて大和国に君臨した。築城に際して，両陵は破壊され，陵を守護していた眉間寺も移転させられた。この平山城には，記録に残るものとしては，最初の天守閣（4層）が聳え立ち，奈良を訪れた宣教師もその壮麗さを絶賛した。この城から出陣した久秀と三好三人衆との戦いで，東大寺大仏殿などが焼亡したことは有名である。城は1576（天正4）年，筒井順慶によって破却された。城跡は現在，奈良市立若草中学校となり，遺構はほとんど残っていない。

　聖武天皇陵前に移転し復興した眉間寺は，幕末期の修陵と明治時代初期の廃仏毀釈で廃寺となり，寺宝は東大寺などに移され，今は眉間寺跡の石碑が聖武天皇陵西側麓に残るのみ

聖武天皇陵

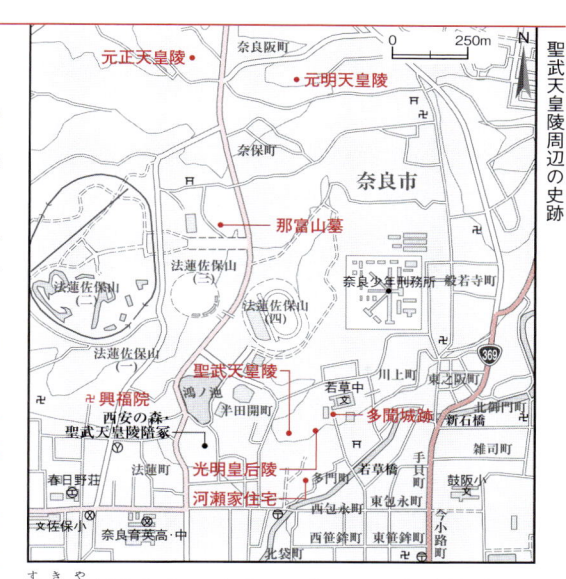

聖武天皇陵周辺の史跡

である。

　聖武天皇陵・光明皇后陵と佐保川に挟まれた多門町(たもんちょう)は、江戸時代には、奈良奉行所の与力・同心の屋敷地であった。光明皇后陵南隣にある河瀬家住宅主屋(かわせけじゅうたくおもや)・土蔵(どぞう)・表門(おもてもん)(旧東大寺薬師院門(やくしいんもん))・土塀(どべい)・南土塀(いずれも国登録)は、江戸時代後期の武家住宅を、1942(昭和17)年に数寄屋(すきや)風を加えて改造したもので、住宅前道路や光明皇后陵参道から外観をみることができる。

　聖武天皇陵の西約300m(鴻池(こうのいけ)バス停の南南東約150m)、奈良市鴻ノ池運動公園南端にある西安(せいあん)の森の頂上とその東の丘の頂上には、聖武天皇陵陪冢(ばいちょう)指定の古墳があり、藤原不比等(ふじわらのふひと)墓との伝承をもつ。

　西安の森から大仏鉄道跡の道を北へ約700m、ドリームランド前バス停の北側の丘をのぼって行くと、右手に聖武天皇皇子皇太子那富山墓(なほやまのはか)に治定(じじょう)された古墳がある。長方形の封土があり、その四隅に隼人石(はやといし)(犬石(いぬいし)・七匹狐(しちひきぎつね))とよばれる人身獣頭像を陰刻した4個の方柱石が埋められている。新羅(しらぎ)の古墳などにみられる十二支の守護神像の一部とも考えられ、貴重なものである。

　那富山墓治定古墳の約500m北、奈保山御陵(なほやまごりょう)バス停南の交差点の東約300mに元明天皇奈保山東陵が、西約100mに元正天皇奈保山西陵がある。両天皇陵はかつてウワナベ・コナベ両古墳に比定(ひてい)されていたこともあったが、江戸時代に元明天皇陵碑(りょうひ)(函石(はこいし))が発見され、幕末期に現在地に治定された。陵碑は奈良時代の石造墓碑(ぼ)として貴重なもので、現在は風化してほとんど判読不能であるが、鎌倉時代の東大寺文書の記述などから、その45文字全文が判明している。

佐保・佐紀　63

興福院(こんぶいん) ❷ 〈M▶P.2, 63〉 奈良市法蓮町881 P
0742-22-2890
JR関西本線奈良駅・近鉄奈良線近鉄奈良駅🚌西大寺(さいだいじ)駅行・航空自衛隊行佐保小学校🚶3分

拝観者の少ない静かな尼寺

　一条通りから春日野荘(かすがのそう)東側の参道を北へ200mほど行くと、法蓮山(ほうれんざん)興福院(浄土宗)に着く。この寺は、江戸時代前期まで唐招提寺の北方にあった。文献史料には、平安時代後期からその名がみえ、創建者として藤原百川(ふじわらのももかわ)・藤原広嗣(ひろつぐ)の妻ら奈良時代後期の藤原式家(しきけ)一門の人びとが伝えられている。戦国時代頃に廃寺となったが、天正年間(1573〜92)に、大和郡山城主(やまとこおりやま)豊臣秀長(とよとみひでなが)から寺領を寄進され、尼寺(にじ)として再興した。豊臣氏滅亡で一旦衰微するが、1636(寛永13)年、江戸幕府3代将軍徳川家光から再び寺領を与えられ、小堀遠州(こぼりえん しゅう)らの指導をうけて、現存の本堂・客殿(きゃくでん)・大門(だいもん)が造営された。1665(寛文5)年に、4代将軍徳川家綱から現在の寺地を寄進され、移転した。

　興福院の拝観には電話予約が必要で、拝観できない月や日も多く、注意を要する。四脚門(しきゃくもん)の大門(県文化)を入り、石段をのぼって行くと、正面に1642(寛永19)年建造で寄棟造(よせむねづくり)の本堂(県文化)がある。本堂安置の木心乾漆阿弥陀如来及両脇侍像(もくしんかんしつあみだにょらいおよびりょうわきじぞう)(国重文)は、再興に際して本尊に迎えられた、奈良時代に遡(さかのぼ)る仏像である。本堂西側奥の一段高い所には、徳川歴代将軍の位牌(いはい)を安置する、江戸時代前期建造の霊屋(たまや)がみえる。また本堂手前西側の一段下がった所には、檜皮葺(ひわだぶき)の屋根が美しい書院造(しょいん)の客殿(国重文)がある。そのほか、平安時代末期〜鎌倉時代初期の絹本著色阿弥陀二十五菩薩来迎図(ぼさつらいごうず)(国重文、東京国立博物館出品)、5代将軍徳川綱吉より側室瑞春院(ずいしゅんいん)への贈り物に添えられた江戸時代中期の豪華な刺繡袱紗(ししゅうふくさ)31枚(国重

興福院客殿

文，京都国立博物館寄託），『万葉集』の歌を分類した鎌倉時代の紙本墨書古葉略類聚鈔（国重文，奈良国立博物館〈奈良博〉寄託），戦国時代の高山(生駒市)の国人に伝わった鷹山家文書（県文化），江戸時代の住吉具慶筆の絹本著色都鄙図巻，渡辺始興筆の霊屋障壁画20面，金銅宝塔形舎利容器などの文化財が所蔵されているが，寺では公開されていない。

不退寺 ㊺
0742-22-5278

〈M▶P.2,67〉奈良市法蓮町517 P
JR関西本線奈良駅・近鉄奈良線近鉄奈良駅🚌西大寺駅行・航空自衛隊行一条高校前🚶3分

業平寺ともよばれる在原業平ゆかりの花の寺

　一条通りの一条高校前バス停（西大寺駅行・航空自衛隊行），不退寺口バス停（近鉄・JR奈良駅行）から北へ約300m行くと，金龍山不退寺（真言律宗）に着く。寺伝などによると，この地は平城復都を企てた平城太上天皇（上皇）が萱の御所を営んだ所で，その第1皇子阿保親王を経て，親王の第5子在原業平に伝えられ，847（承和14）年，仁明天皇の勅を得て不退転法輪寺としたという。文献史料上は，『日本三代実録』貞観二(860)年の条に，平城上皇皇子・皇女ゆかりの寺として登場するのが初見である。南都十五大寺の１つとして栄えたが，のち西大寺・興福寺の配下に入った。明治～大正時代には無住となって荒廃したが，昭和に入って，伽藍が復興された。

　入口の南門（国重文）は，和様に大仏様（天竺様）を加味した新和様（折衷様）の四脚門で，鎌倉時代後期の1317（正和６）年の建造である。本堂（国重文）は，寄棟造の新和様で，南北朝時代(14世紀)の建造と推定される。本堂須弥壇上の厨子に安置される本尊の木造聖観音立像（国重文）は，在原業平作の伝承もあるが，平安時代中期(10～11世紀)の作と推定される一木造の像である。須弥壇上の本尊

不退寺本堂

佐保・佐紀

両側に並ぶ木造五大明王像(国重文)は、いずれもヒノキの寄木造で、不動明王像は鎌倉時代、降三世明王・軍荼利明王・大威徳明王・金剛夜叉明王像は、平安時代後期の作と考えられる。内陣西小部屋には、ヒノキの寄木造で、室町時代の作と推定される木造阿保親王坐像(県文化)が安置されている。本堂の手前東側には、現在、一重・桟瓦葺き・宝形造の塔婆(国重文)がある。鎌倉時代後期の新和様の建築様式で、本来は2層・檜皮葺きの多宝塔だったが、幕末期〜明治時代頃に上層を失い、下層だけが残った。そのほか、鎌倉時代後期作の金銅舎利塔(国重文)があったが、1952(昭和27)年に盗難に遭い、それを収納する舎利容器(奈良博出品)のみが残る。また、庫裏の庭には、凝灰岩製の古墳石棺があるが、どの古墳から出土したものかはわからない。

不退寺の西側には、JR関西本線と国道24号線が通っているが、ここは、いにしえも不退寺越えとよばれた重要な交通路であった。国道24号線沿いの奈良市立一条高校東側には、芸亭伝承地の顕彰柱と案内板が立っている。万葉歌人・漢詩人としても有名な奈良時代の貴族石上宅嗣が、自分の旧宅を喜捨して阿閦寺とし、寺内の一隅に儒教書院を設けて芸亭と名づけ、好学の人に、自由に閲覧を許したと『続日本紀』にみえる。日本最初の公開図書館とされるが、ここにあった確証はない。

不退寺の東、一条通りの教育大附属中学校バス停から北へ300mほど行くと、狭岡神社がある。『日本文徳天皇実録』仁寿二(852)年の条に、狭岡神に従五位下の神階奉授の記事がみえ、『延喜式』に狭岡神社8座と記載される古社にあたるとされるが、異説もある。

狭岡神社から西側の道を北へ約300m、奈良教育大学附属中学校の裏山に、3基の円筒棺を主体とする那羅山3号墳がある。大人用の2基は陶棺風文様の専用棺、子ども用の1基は円筒埴輪の転用棺で、いずれも両端は朝顔形埴輪を転用して蓋としている。陪葬が普通の円筒棺が、このように独立して存在するのは珍しいが、この付近ではほかにも数基みられる。附属中学校の生徒によって発掘・復元され、覆屋が設けられて現地保存されており、事前に中学校に連絡して許可を得れば見学できる。

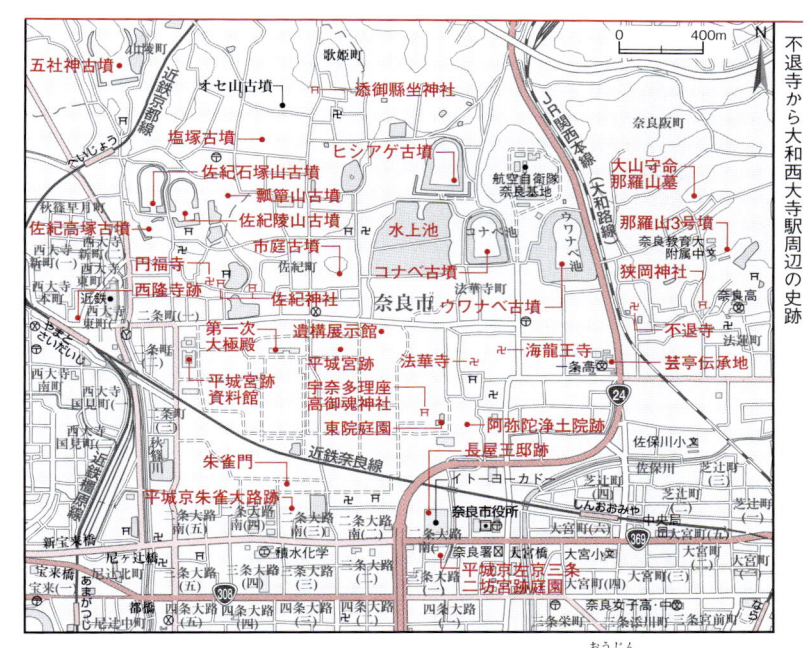

不退寺から大和西大寺駅周辺の史跡

　奈良教育大学附属中学校から約300m北へ行くと，応神天皇皇子
大山守命那羅山墓に治定された所がある。大山守命は，応神天皇
の死後に弟と皇位を争って宇治川で敗死し，那羅山に葬られたと，
『記紀』は伝えている。

海龍王寺 ㊹
0742-33-5765

〈M▶P. 2, 67〉 奈良市法華寺町897 Ｐ
JR関西本線奈良駅・近鉄奈良線近鉄奈良駅🚌西大寺駅行・
航空自衛隊行法華寺前🚶1分

天平文化の面影を残す謎多き古代寺院

　法華寺前バス停のすぐ北に，海龍王寺(真言律宗)の表門がみえる。
東に開くこの江戸時代前期建造の四脚門を入ると，天平時代の面影
を残す小さな伽藍がある。本堂は，中金堂跡に，江戸時代前期に再
建された。堂内には，本尊で鎌倉時代末期作の木造十一面観音立
像(国重文)や，鎌倉時代の作で，本来は帝釈天像と推定される木
造文殊菩薩立像(伝運慶作，国重文)，室町時代の1440(永享12)年
開眼の墨書銘がある木造愛染明王坐像，「海龍王寺」と彫られた木
造寺門勅額(伝聖武帝宸翰〈平安～鎌倉時代の復古作との説もあ
る〉，国重文)などが安置されている。寺にはこのほかに，平安時代

佐保・佐紀

海龍王寺西金堂

末期～鎌倉時代初期作の絹本著色毘沙門天像(国重文，奈良博寄託)，鎌倉時代の「正応三(1290)年七月」の銘がある鍍金舎利塔(国重文，奈良博出品)，光明皇后が亡父母の追善のため，743(天平15)年5月11日に発願した一切経(五月十一日経)のうちの1巻である自在王菩薩経，隅寺心経とよばれ，写経の手本として有名な奈良時代の般若心経10部1巻，鎌倉時代末期作の絹本著色仏涅槃図などが所蔵され，その一部は春秋の特別公開時に本堂で展示されることがある。西金堂(国重文)は，鎌倉時代に大仏様(天竺様)を取り入れて大改修を受けているものの，貴重な天平建築で，切妻造の簡素な仏堂である。西金堂安置の五重小塔(国宝)は，奈良時代の高さ約4mの小建築である。海龍王寺は小さな寺なので，本格的な塔にかえてこの小塔をつくり，西金堂はその鞘堂だったとも考えられる。東金堂は明治時代初期に失われて土壇と礎石を残すのみで，その南には，鎌倉時代の1288(正応元)年に叡尊が建立した経蔵(国重文)がある。また，寺の南隣には，明治時代初期の神仏分離まで鎮守であった春日社がある。

海龍王寺の創建には謎が多い。寺伝では光明皇后の創建というが，境内の発掘調査で，飛鳥時代末期～白鳳時代の瓦や建物跡が発見されており，平城遷都以前からここに寺院が存在したと考えられる。平城京造営に際し，寺の東側を通る東二坊大路がこの一画だけ東に約60mずらされ

海龍王寺五重小塔

たのも、ここにすでに海龍王寺前身寺院が存在し、それが右大臣藤原不比等邸の北東隅にそのまま取り込まれたためだという。文献史料には、天平年間(729〜749)から、角院・隅院・角寺・隅寺という名称で登場するが、それはこの寺が、藤原不比等邸を受け継いだ光明皇后宮の北東隅にあったので、そうよばれたと推測される。海龍王寺という寺号が文献史料に登場するのは、平安時代前期の868(貞観10)年が最初である。その後、衰退して興福寺の配下に入ったが、鎌倉時代に貞慶が修造を行い、続いて西大寺の叡尊が西金堂・五重小塔修造や経蔵建立などの復興を行って西大寺配下となった。戦国時代の兵乱で再び衰退し、江戸時代前期に、本堂・表門が再建されたものの、その後、講堂・東金堂を失うなど荒廃が続き、第二次世界大戦後ようやく伽藍の整備が行われた。

法華寺 ㊺
0742-33-2261

〈M▶P.2,67〉奈良市法華寺町882　P
JR関西本線奈良駅・近鉄奈良線近鉄奈良駅🚌西大寺駅行・航空自衛隊行法華寺前🚶3分

美しい仏像と庭園　光明皇后ゆかりの門跡尼寺

　法華寺前バス停南の変則交差点を西へ約200m行くと、法華寺(光明宗)がある。『続日本紀』によれば、ここはもと藤原不比等邸で、その娘の光明皇后の皇后宮を経て、745(天平17)年の紫香楽から平城への還都のときに宮寺とされた。747年頃、国分寺建立の詔(741〈天平13〉年発布)に基づく国分尼寺(法華滅罪之寺)にあてられて法華寺と改称し、造法華寺司が設けられて国家の力で大伽藍が造営された。平安時代に衰退し、鎌倉時代には、東大寺の重源や、西大寺の叡尊の手で復興されたが、戦国時代の兵火に罹り、1596(慶長元)年の地震では金堂が倒壊し、本尊が大破した。現在の境内(国史跡)は、慶長年間(1596〜1615)に豊臣秀頼が母淀君の意を受け、片桐且元を奉行として、旧境内の北寄りに現存の本堂・南

法華寺本堂

佐保・佐紀　69

門・鐘楼を再建したものである。その後，1707(宝永4)年の宝永地震で，東塔が倒壊した。

正門にあたる南門(国重文)は，講堂跡に立つ切妻造・本瓦葺きの四脚門である。袴腰付の鐘楼(国重文)は，創建時の位置に1602(慶長7)年に再建された。本堂(国重文)は，奈良時代の同規模の建物跡に，1601(慶長6)年に再建されたものである。本堂安置の本尊木造十一面観音立像(国宝)は，光明皇后の自作，あるいは皇后をモデルにしたなどの伝説をもつが，カヤの一木造に翻波式の衣文を刻む平安時代初期を代表する仏像で，年3回特別開扉される。本堂には，法華寺創建当初の金堂本尊を守護していた奈良時代の木造二天頭(伝梵天帝釈天，国重文)，奈良時代の乾漆維摩居士坐像，鎌倉時代に重源が再興した旧金堂本尊丈六盧舎那仏と推定される木造仏頭(ともに国重文)なども安置されている。

本堂横の中門を入ると，客殿・上の御方(県文化)と庭園(国名勝)があり，春と秋に公開される。客殿と上の御方は，ともに江戸時代前期の書院造で，京都の仙洞御所からの移築と伝えられる。現状では一体化しているが，もとは別の建物で，移築時に玄関が付加された。庭園は，中門から玄関に至る細長い前庭，客殿南側の小さな内庭，上の御方の南・西側の広い主庭の3区画からなり，仙洞写といわれる江戸時代前期の御所風庭園である。5月の特別公開時には，主庭のカキツバタがたいへん美しい。客殿の東方にある光月亭は，月ヶ瀬(奈良市)から移築された旧東谷家住宅(県文化)で，江戸時代中期の山村農家建築である。光月亭の南東には，光明皇后の千人施浴伝説で有名なカラブロ(国民俗)がある。鎌倉時代末期以降の文献史料にみえる浴室であり，今の建物は，江戸時代中期の1766(明和3)年の再建で，外に井戸が付属している。2003(平成15)年の解体修理できれいに復元された。

法華寺にはこのほかに，平安時代作の来迎図，絹本著色阿弥陀三尊及童子像(国宝，奈良博出品，秋に境内の慈光殿で公開)，鎌倉時代の法華寺縁起類(法華寺舎利縁起，法華滅罪寺縁起，法華寺結界記，法華滅罪寺年中行事，国重文)，叡尊自筆書状(法花寺宛，国重文)，絹本著色慈真和尚像，室町時代作の絹本著色青面金剛像

宇奈多理座高御魂神社本殿

などが所蔵されているが、通常は公開されていない。また門外南側には、『平家物語』ゆかりの横笛堂や、鎮守の法華寺神社がある。

法華寺から集落内の細い道を南・西に約300m行くと、法華寺の鎮守であった宇奈多理座高御魂神社がある。本殿(国重文)は三間社流造で、室町時代の建造である。『日本三代実録』貞観元(859)年・元慶三(879)年の条に、法華寺の薦枕高御産栖日神(従二位)・火雷神(正三位)・法華寺坐神(従四位上)の神階奉授記事があり、『延喜式』には大社として、宇奈太理坐高御魂神社の名がみえる。境内は平城宮跡(国特別史跡)の一画で、南東隣に平城宮東院庭園がある。

東院庭園東隣、法華寺旧境内の南西隅に、子院であった阿弥陀浄土院跡(国史跡)がある。761(天平宝字5)年の光明皇太后の一周忌がここで営まれたという記録が『続日本紀』にみえる。現状は草地・田畑だが、園池の景石らしい立石が残り、発掘調査で池を中心とした庭園跡が発見されている。奈良時代の阿弥陀浄土信仰や浄土庭園の実態を解明するうえで、重要な遺跡である。

平城宮跡 ㊻
0742-30-6753

〈M▶P.2, 67〉奈良市佐紀町・法華寺町・二条大路南2・3・4丁目 P
近鉄奈良線・京都線・橿原線大和西大寺駅🚶10分、またはJR関西本線奈良駅・近鉄奈良線近鉄奈良駅🚌西大寺駅行平城宮跡・佐紀町・二条町🚶すぐ、または近鉄奈良線近鉄奈良駅🚌学研北生駒駅行・赤膚山行二条大路南4丁目🚶1分

律令政治の中枢　世界文化遺産

近鉄奈良線大和西大寺駅と新大宮駅の間にみえる広大な広場は、奈良時代の国政の中枢であった平城宮跡(国特別史跡)である。天皇の居所・日常政務の場である内裏、重要な国家儀式・政務の場である大極殿・朝堂院、饗宴が行われた園池、多くの中央官庁などがかつて存在し、その広さは、約1km四方に750×250mの東張り出し部がつく、約130haである。

佐保・佐紀

平城宮跡(奈良国立文化財研究所「特別史跡 平城宮跡 一九九九」による)

　707(慶雲4)年，文武天皇は藤原京からの遷都を貴族に諮った。その遺志を継いだ元明天皇は，貴族の意見を容れ，708(和銅元)年，平城遷都の詔を発する。造宮省・造平城京司が設置されて，急速に造営が進められ，2年後の710年，建設途上の段階で，平城遷都が敢行された。その後，740(天平12)年，聖武天皇は平城宮を離れて恭仁宮・難波宮・紫香楽宮を転々としたが，745年，平城宮に還都し，その際，宮内の大改造が行われた。そして784(延暦3)年，桓武天皇が長岡京に遷都するまで，8代約70年間，都として栄えた。平安遷都後の810(弘仁元)年，平城上皇が平城復都を企てて敗れた後，宮跡は田畑と化し，忘れられていった。

　幕末期，伊勢国津藩(現，三重県津市)古市奉行所の役人で，添上郡古市村(現，奈良市)在住の北浦定政が，史料収集と実測調査に基づいて，平城宮・京の復元研究を行い，その後の研究の出発点となった。近年，北浦家から奈良文化財研究所(奈文研)に寄贈された北浦定政関係資料1095点(国重文)には，定政が1852(嘉永5)年に作成した『平城宮大内裏跡坪割之図』などの研究成果が含まれている。明治時代になり，関野貞が実地踏査に基づいて『平城京及大内裏考』を発表すると，それに触発された奈良の植木職棚田嘉十郎が保存顕彰運動に奔走し，平城宮址保存会を結成した。これが平城宮

跡保存運動の始まりとなり、1922(大正11)年、第二次大極殿など宮跡中心部が、国の史跡に指定された。1952(昭和27)年には特別史跡に指定され、また数次の追加指定により、現在は宮跡の大部分が指定地となった。

1959年からは奈文研による継続的な発掘調査が開始された。また近鉄検車区建設計画(1961年)、国道24号線奈良バイパス建設計画(1964年)による宮跡破壊の危機に際しては、ともに国民的保存運動がおこって守られた。1967年には、古都保存法によって、宮跡とその北側が歴史的風土特別保存地区に定められ、さらに1998(平成10)年には、平城宮跡を含む「古都奈良の文化財」がユネスコの世界遺産リストに登録されて、その保全が国際的責務となった。近年は宮跡地下を京奈和自動車道が通る案が出され、地下水位の変化による木簡への影響などが問題となっている。

平城宮跡へは、近鉄大和西大寺駅北口から東へ歩くのが便利であるが、駅の北東は、奈良時代後期、称徳天皇が造西隆寺司を設けて創建した尼寺、西隆寺の跡である。今その面影はまったくないが、駅北口前横断歩道を渡ったビル前に西隆寺説明板、ならファミリー北西出入口横に回廊跡、みずほ銀行裏駐車場に塔跡、ならファミリー店内1階北東エスカレーター横に東門跡の説明板がある。

一条通りを東へ進み、秋篠川を越えてさらに約250m行くと二条町交差点にさしかかるが、ここから東が平城宮跡である。交差点からさらに東へ約100m行くと、奈文研平城宮跡資料館の入口がある。資料館には、平城宮・京の出土品や復元模型などが多数展示され、平城宮跡散策マップなども手に入る。

資料館から東へ約400m行くと、第一次大極殿院がある。大極殿は、重要な国家儀式や外国使節をもてなす宴会を行うにあたり、天皇が出御するもっとも重要な場所である。正殿(2010年に復元)は、藤原宮大極殿正殿と同規模(正面幅44m・高さ25m)であることからその移築と考えられるが、740年の恭仁宮遷都のときに再び移築された。

第一次大極殿院の南は、儀式・宴会に際し、文武百官が整列する中央の朝堂院で、朝堂・南門・回廊の基壇が復原されている。さら

にその南には朱雀門がみえる。

　第一次大極殿北方，道路の北側に植栽で遺構が表示されている所は，大膳職(宮内省管下，全国から調などとして納められた食料品を保管し，儀式や宴会の食事を担当)で，1960年，ここから宮跡で初めて木簡が出土し(平城宮跡大膳職推定地出土木簡39点〈国重文〉)，それにより役所名が判明した。木簡はその後，平城宮跡内裏北外郭官衙出土木簡1785点(国重文)など続々と発見され，伝世の文献史料には記録されなかった政治・経済の実態を具体的に伝えるなど，古代史の解明に大変大きな役割をはたしている。大膳職北の集落内には，平城宮北限の北面大垣の一部が半立体復原されている。

　大膳職の西には，宮内の園池の1つと推定される佐紀池があり，その北の御前池の東西に，『延喜式』式内社佐紀神社2社がある。東の佐紀神社の北には，平安時代初期(9世紀)に平城上皇一族が創建したと考えられる超昇寺が明治時代初期まで存在した。江戸時代中期には，江戸幕府5代将軍徳川綱吉に絶大な影響を与えた大和国出身の僧隆光が，晩年に入寺して復興し，その墓が佐紀幼稚園裏に残っている。西の佐紀神社の西隣にある円福寺(融通念仏宗)の本堂は，興福寺塔頭から移築した建物で，近世初頭の興福寺の遺構として貴重である。

　第一次大極殿院・中央の朝堂院の約280m東には，内裏・第二次大極殿・東の朝堂院・朝集殿院が南北に連なる。内裏は，天皇の私的生活や日常政務の場であり，建物は檜皮葺きの掘立柱建築で，天皇の代替わりごとに改築された。その遺構が植栽で表示され，東端には，井戸も復原されている。内裏東隣の復原建物は，宮内省(天皇家の財政や庶務を担当)と推定されている。

　宮内省復原建物の北には案内広場が，案内広場の東には，

平城宮跡第二次大極殿跡

平城宮跡造酒司井戸

発掘調査で検出された内裏東方官衙の遺構を露出展示する遺構展示館が設置されている。遺構展示館の南端には、塼積基壇(せんづみ)の建物が半立体復原されているが、その構造の特殊性から、これを太政官(だいじょうかん)(国政全般を統括)とする説がある。遺構展示館の東からは、造酒司(ぞうしゅし)(宮内省管下、宮内で使用する酒や酢を醸造)が発見され、その井戸が復原されている。

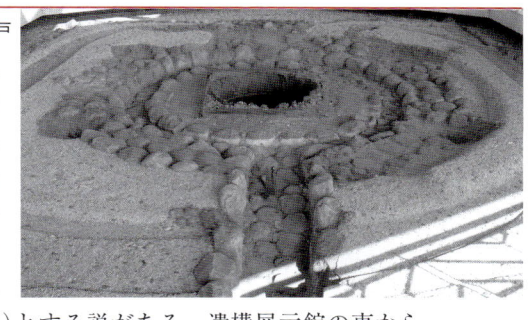

内裏の南は、745年の還都後に造営された第二次大極殿で、基壇が復原されている。この下層からは、平城宮建設に際して削平された前方後円墳(ぜんぽうこうえんふん)(神明野古墳、墳丘全長117m)も発見された。第二次大極殿の南は東の朝堂院(しめの)で、土壇で建物跡が表示されている。平城宮には当初から、中央(第一次大極殿の南)・東(第二次大極殿の南)の２つの朝堂院が並立していた。中央の朝堂院が４堂で、最初から瓦葺き・礎石建物であったのに対し、東の朝堂院は12堂で、最初は掘立柱建物だったのを、745年の還都後に瓦葺き礎石建物に改築している。またここの中央広場(朝庭)から、５回分の大嘗宮(だいじょうきゅう)(天皇が即位後、初めて神に米の収穫を感謝する大嘗祭を行う仮設の宮殿)跡がみつかっている。東の朝堂院の南は、毎朝、役人が集まる朝集殿院で、その東朝集殿は、唐招提寺講堂(とうしょうだいじ)(国宝)として移築され、現存唯一の平城宮建築物となった。

東の朝堂院・朝集殿院の約200m東には、小子部門(ちいさこべ)の復原基壇がある。国道24号線奈良バイパス建設にともなう発掘調査で、東一坊大路が通ると思われていたこの場所から、南向きのこの門が検出され、それによって、平城宮には、東張り出し部が存在することがわかった。そのため広範な保存運動がおこり、国道は急カーブで東に迂回するよう計画変更され、宮跡は保存された。

小子部門の東は東院庭園である。東院南東隅の東西80m・南北100mの敷地の中央に、東西・南北とも約60mの逆Ｌ字形の池を設け、数棟の建物と橋を配置した美しい庭園である。奈良時代中頃に

平城宮跡東院庭園

池の大改修が行われて、岸を洲浜敷とし、いくつかの出島・入江や石組築山を設けた複雑な形に改められた。日本庭園の原型となったその優美な姿が、建部門(東院南門)や南面・東面築地大垣とともに復原され、公開されている。東院庭園の北西には、宇奈多理座高御魂神社が鎮座している。

小子部門から約280m南へ行くと、朱雀大路につぐ約37mの幅があった二条大路が一部復原されている。復原二条大路を西へ約280m進むと、朱雀門につぐ重要な門であった壬生門の復原基壇がある。壬生門の北西には式部省(文官の人事や勤務評定を担当)が、北東には兵部省(兵士・兵器・軍事施設の管理や武官の人事を担当)がみつかり、半立体復原されている。その北方は、朝集殿院・東の朝堂院・第二次大極殿院・内裏と続く。

壬生門の西約280mには、平城宮の正門である朱雀門の巨大な姿がみえる。朱雀門の上屋構造を伝える直接資料はまったくないが、発掘調査で判明した平面プランと、『伴大納言絵巻』に描かれた平安宮朱雀門や、現存の法隆寺中門・薬師寺東塔・東大寺転害門などを参考に、正面幅25m・高さ20mの二重門に復原された。両側には、平城宮を囲んでいた高さ約5mの築地大垣の一部も復原されている。

朱雀門前の広場は、平城京朱雀大路跡(国史跡)である。平城京の中央、羅城門から朱雀門に至る約3.7kmを南北に貫

朱雀門

奈良

く幅71mのメインストリートで、その北端約200mが復原・整備されている。朱雀大路跡からは、7世紀に藤原京からまっすぐ北に延びて奈良盆地を南北に縦貫していた下ツ道跡が検出されており、その一部が路面に表示されている。朱雀大路は、下ツ道を3倍に拡幅してつくられ、平城京は下ツ道を中心に、占地・設計されたことがわかる。

朱雀門の北西約600mに玉手門の復原基壇が、玉手門の北約280mには佐伯門の復原基壇がある。ともに平城宮の西門である。

平城京左京三条二坊宮跡庭園 ❹

0742-34-4859（奈良市文化財課）

〈M▶P.2, 67〉奈良市三条大路1-5-37
近鉄奈良線新大宮駅🚶12分

市街地の中に残された古代貴族の宴のあと

平城宮が保存されているのとは対照的に、そのほかの平城京内の遺跡は開発によってつぎつぎと消滅している。長屋王邸跡はその代表例である。長屋王（左大臣 正二位）とその妻の吉備内親王（二品）夫妻の邸宅は、左京三条二坊一・二・七・八坪の4町（約6万m²）という広大な敷地を占め、大規模な正殿など、多くの建物が整然と配置されていた。また、ここからは、長屋王家木簡約4万点が偶然みつかり、その中には「長屋親王宮」と書かれ、ここが長屋王邸であることを決定づけたものや、ツルを飼育し、夏に都祁氷室から氷を運ばせていたという、奈良時代最上級貴族の生活を生々しく伝えるものなどがあり、多くの貴重な新情報をもたらした。さらに長屋王邸北を通る二条大路跡からも、数万点におよぶ二条大路木簡が出土し、729（神亀6）年におきた長屋王の変の黒幕の1人、藤原麻呂の邸宅が、その北に存在した可能性が出てきた。しかし、この重要遺跡の大部分はデパート建設で破壊され、大宮通り沿い（イトーヨーカドー南東入口前）と、第1平面駐車場南東隅に、説明板があるだけである。

長屋王邸跡の南にある平城京左京三条二坊宮跡庭園（国特別史跡・特別名勝）は、平城京内では開発計画を変更して、保存されたまれな例である。

庭園は、左京三条二坊六坪の地に、天平勝宝年間（749〜757）頃造営された。廃川跡を利用してつくられた深さ20cm・幅15m・延

佐保・佐紀

平城京左京三条二坊宮跡庭園

長55mのS字状の玉石敷曲池(まがりいけ)は,すぐ東の菰(こも)川から導水し,浄化施設を通った水が北から南に蛇行して,ゆっくりと流れるように設計されている。池の西には,南北に長い掘立柱建物が建てられていた。こうしたことから,この庭園では御蓋山(みかさやま)などを借景に,中国伝来の曲水宴(きょくすいのえん)が催されていたと考えられている。出土瓦が平城宮と同じであったことなどから,公的施設と推定され,宮跡庭園と名づけられて,池と建物1棟などが復元・公開されている。

宮跡庭園の北東,奈良市役所の場所からも,貴族邸宅跡が良好な状態で発見されたが,保存されなかった。市庁舎1階展示ホールには,1000分の1の平城京復元模型や出土遺物などが展示されている。

佐紀古墳群(さきこふんぐん) ❹⁸

ヤマト政権の発展を物語る巨大古墳群

〈M▶P. 2, 67〉 奈良市山陵町(みささぎちょう)・佐紀町・歌姫町(うたひめちょう)・法華寺町

近鉄京都線平城駅(へいじょう)🚶4分,またはJR関西本線奈良駅・近鉄奈良線近鉄奈良駅🚌航空自衛隊行終点🚶1分

平城宮跡の北側,奈良山(平城山)(ならやま)の南麓に,全国屈指の大古墳群の佐紀古墳群(佐紀盾列(たたなみ)古墳群)がある。ヤマト政権の大王墓と考えられる巨大前方後円墳の築造は,古墳時代前期前半に奈良盆地南東部の大和古墳群で始まり,前期後半(4世紀後半)に奈良盆地北部の佐紀古墳群西群に移動した。中期(5世紀)には,河内(かわち)平野の古市(ふるいち)古墳群に移動してさらに巨大化したが,佐紀古墳群でも東群が西群と同規模で築造され続けている。ヤマト政権の構造や発展過程などの解明に重要な役割をはたす古墳群だが,大型前方後円墳7基は,すべて宮内庁管理の陵墓または陵墓参考地とされ,墳丘への立ち入りも許されていないため,詳しいことはわかっていない。

近鉄平城駅の北,八幡神社をまつる丘の北側に,五社神古墳(ごさしちゅう)(仲哀(あい)天皇皇后神功(じんぐう)皇后狭城盾列池上陵(さきのたたなみのいけのえのみささぎ),前期後半)がある。丘陵の途中を断ち切って築造された3段築成の前方後円墳で,墳丘全長

佐紀古墳群全景(手前西群より東群方面, 右奥平城宮跡)

275m, 後円部径195m・高さ26m, 前方部幅155m・高さ19mで, 埴輪をともない, 鍵穴形の周濠をめぐらす。佐紀古墳群中, 最大で最古の古墳と推定される。後円部北西側に3基など, 陪冢とされる古墳がある。

　近鉄平城駅から奈良市が設定した「歴史の道」を東へ行くと, 佐紀石塚山古墳(いしづかやま)(成務天皇狭城盾列池後陵(せいむ)(いけじり), 前期後半)がある。墳丘全長204m, 3段築成の前方後円墳で, 後円部径132m・高さ23m, 前方部幅111m・高さ16m, 埴輪と葺石(ふきいし)をともない, 狭い鍵穴形の周濠をめぐらす。後円部北には, 陪冢に指定された3基の方墳がある。

　佐紀石塚山古墳の東隣は, 佐紀陵山古墳(みささぎやま)(垂仁天皇皇后日葉酢媛命狭木之寺間陵(すいにん)(ひばす)(ひめのみこと)(さきのてらま), 前期後半)である。墳丘全長203m, 3段築成の前方後円墳で, 後円部径127m・高さ21.3m, 前方部幅87m・高さ12.3m, 埴輪・葺石をともない, 周濠は盾形である。周濠の形状から, 西隣の佐紀石塚山古墳より先に築造されたことがわかる。大正年間に盗掘に遭(あ)い, 後円部頂に方形壇があり, 大型の器財埴輪・円筒埴輪が立て並べられ, その下の巨大な竪穴式石室(たてあな)(せきしつ)から銅鏡5面や石製品などが出土したことがわかっている。『日本書紀』は日葉酢媛命陵について, 有名な埴輪起源説話を伝えているが, この古墳の埴輪は最古のものではない。なお佐紀陵山古墳のすぐ北には, 墳丘径50m, 周濠・外堤を含めると径100m以上となる大型円墳のマエ塚古墳(えんぶん)(かく)(前期後半)があり, 粘土槨から銅鏡9面や150点以上の鉄製品が出土し注目されたが, 残念ながら宅地化で破壊されてしまった。

　佐紀石塚山古墳の南隣は, 佐紀高塚古墳(たかつか)(称徳天皇高野陵(たかの))である。墳丘全長127m, 後円部径84m・高さ18m, 前方部幅70m・高さ13mの前方後円墳で, 埴輪をともない周濠をめぐらす。

　佐紀陵山古墳の東には, 瓢箪山古墳(ひょうたんやま)(国史跡, 前期後半)がある。墳丘全長96m, 後円部径60m・高さ10m, 前方部幅45m・高さ7m

の前方後円墳である。史跡公園として復元・整備され，佐紀古墳群中で唯一墳丘に立ち入ることができる。盾形の周濠は，前方部南西側に隣接して，径45m・高さ6mの大型円墳，丸塚古墳（前期後半）が先に築造されていたため，その部分だけ途切れている。丸塚古墳からは，粘土槨から銅鏡14面・銅鏃19本・刀剣18口などの副葬品が出土している。また瓢箪山古墳東南には，聖武天皇が平城宮北方に松林苑(しょうりんえん)を造営した際に，築山として利用・改変したらしい，猫塚(ねこづか)古墳（前期後半）がある。推定墳丘全長120mの前方後円墳で，前方部の粘土槨から石釧(いしくしろ)21個，刀剣30口が出土した。

瓢箪山古墳の北東約200mに，塩塚(しおづか)古墳（国史跡，中期前半）がある。墳丘全長105m，後円部径70m・高さ9m，前方部幅55m・高さ現存2mの前方後円墳である。粘土槨が検出された後円部に比べて前方部はかなり低く，盾形の周濠も前方部は残っていない。これは松林苑に取り込まれて改変されたためと考えられ，前方部から奈良時代の瓦が大量に出土している。塩塚古墳の北東約100mには，墳丘全長65mの前方後円墳，オセ山古墳（中期）があり，後円部の墳丘・周濠がよく残っている。

オセ山古墳の北東約300m（歌姫町バス停の北約300m）に，添御縣坐神社(そうのみあがたにいますじんじゃ)がある。『日本三代実録』貞観元（859）年の条に，添御縣神に従五位上の神階奉授の記事があり，『延喜式』には大社として記載されている古社であるが，同名の神社が奈良市三碓(みつがらす)にもある。

神社前の南北の道は，平城京造営以前から存在し，下ツ道に続いていた歌姫越えである。歌姫越えを平城宮跡北端まで戻ると，東側にみえる丘が市庭(いちにわ)古墳（平城天皇楊梅(やまもも)陵，中期前半）である。現状は径105m・高さ13mの円墳となっているが，発掘調査によって，平城宮造営にともない破壊された前方部の痕跡が発見され，5世紀前半に築造された復元墳丘全長253mの大型前方後円墳であることが判明した。平城宮内裏北方官衙地区で検出された前方部南側周濠が石敷きで模式表示され，かつての規模を理解することができる。

市庭古墳の東には，東西・南北とも約360mの広大な水上(みずかみ)池がある。池の東の堤は平城宮東面大垣の延長線に，南の堤は北面大垣に

あたり，奈良時代の苑池(えんち)の遺構も発見されている。

水上池の北には，ヒシアゲ古墳(仁徳(にんとく)天皇皇后磐之媛命(いわのひめのみこと)平城(なら)坂上(さかのえ)陵，中期後半)がある。墳丘全長220m，後円部径130m・高さ15m，前方部幅150m・高さ13mの前方後円墳で，墳丘くびれ部東側に造出(つくりだ)しをもつ。盾形の周濠は，今は前方部側のみ2重となっているが，当初はすべて2重にめぐっていた。後円部北東側に，発掘調査で検出された周堤・外濠と，円筒埴輪列・葺石の一部を復元した遺跡公園がある。北〜東には，陪冢が4基現存している。

ヒシアゲ古墳の南東，水上池の東には，コナベ古墳(小奈辺陵墓参考地，中期前半)がある。墳丘全長210m，3段築成の前方後円墳で，後円部径130m・高さ21m，前方部幅135m・高さ19m，盾形の周濠と周堤がめぐり，周堤には大量の円筒埴輪が立て並べられていた。くびれ部両側に造出しをもつ整った墳丘は，明治時代初期に，大阪の造幣局の技師として招かれたイギリス人ゴーランドの実測図によって，海外に紹介された。この古墳の西側から北東側にかけては，10基の陪冢が規則正しく並んでいる。

コナベ古墳の東にはウワナベ古墳(宇和(うわ)奈辺(なべ)陵墓参考地，中期中葉)がある。墳丘全長260m，後円部径130m・高さ20m，前方部幅135m・高さ20mの3段築成の前方後円墳で，くびれ部西側に造出しをもち，盾形の周濠はもと2重にめぐっていた。東側の国道24号線は，古墳の周堤・外濠上を通っており，古墳保存上に問題を残した。また，ウワナベ古墳の北側とヒシアゲ古墳の東側(航空自衛隊構内)には，陪冢らしい多くの古墳が存在したが，戦後まもなく進駐軍の基地造成によって，ほとんど破壊されてしまった。その中には，遺体埋葬の痕跡がなく，鉄挺872点など1500点以上にもおよぶ大量の鉄製品が出土した径30mの円墳，大和6号墳(宇和奈辺陵墓参考地陪冢ろ号)もあった。

石(いし)のカラト古墳(こふん) ㊾

〈M▶P. 2, 82〉奈良市神功(じんぐう)1丁目，京都府木津川市兜台(かぶとだい)2丁目
近鉄京都線高の原(たかのはら)駅🚌兜台5丁目行・学園前駅行兜台3丁目🚶1分

奈良山に残る謎の終末期古墳

奈良山は，奈良時代の墓域の1つであった。

石のカラト古墳

　近鉄高の原駅の西約1.2km、兜台3丁目バス停のすぐ南東に、石のカラト古墳(国史跡)がある。珍しい上円下方墳であり、墳丘の高さ2.9m、下方部一辺13.8m、上円部径9.2mで、全面を川原石の葺石で覆っている。埋葬施設は奥行2.6m、高さ・幅ともに約1mの横口式石槨で、明日香村の高松塚古墳・キトラ古墳などと同様の7世紀末～8世紀前半の終末期古墳である。被葬者は誰か、興味深い古墳である。立地環境は大きく変化してしまったが、古墳は神功1丁目緑地(奈良市)・石のカラト古墳緑地(京都府木津川市)内に保存・復元されている。

　奈良山はまた、平城宮の瓦の生産地でもあった。

　石のカラト古墳の西約400m(押熊・神功バス停の北東約200m)に、6基の平窯が検出された押熊瓦窯跡があり、神功6丁目緑地内に保存・復元されている。

　高の原駅の東約700m(朱雀5丁目バス停の北東約200m)の歌姫近隣公園(奈良市朱雀4丁目)・音浄ヶ谷公園(木津川市相楽台7丁目)の中に、6基の平窯がみつかった歌姫西瓦窯跡と、4基の平窯などがみつかった音如ヶ谷瓦窯跡(京都府史跡)が保存・復元されている。

　JR平城山駅の北約300mには、6基の窯跡が検出された歌姫瓦窯跡(国史跡)があり、佐保台西町街区公園内に保存されている。

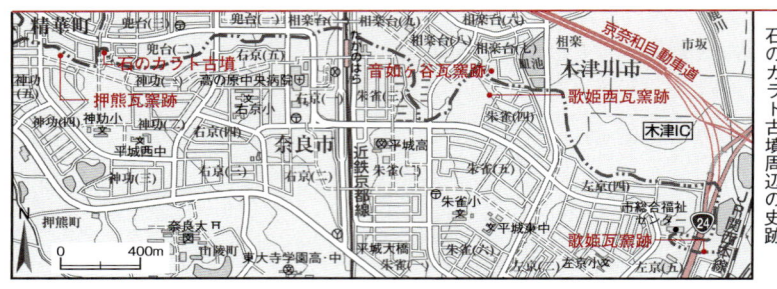

石のカラト古墳周辺の史跡

⑥ 西ノ京

気品と伝統あふれる名刹のまわりに，のどかな田園地帯が広がり，はるか天平の時代にタイムスリップさせてくれる散策路。

秋篠寺（あきしのでら）㊿
0742-45-4600

〈M▶P.2, 84〉奈良市秋篠町757　P
近鉄奈良線・京都線・橿原線大和西大寺駅🚶20分，または大和西大寺駅🚌押熊行秋篠寺🚶すぐ

美しく魅力的な伎芸天　こけむした閑静な境内

　大和西大寺駅から「奈良歴史の道」を北へ約1.4km，または東へ約300m進み，信号を北へ約1.2km進むと，奈良県営競輪場がみえてくる。やや秋篠の里の閑静なイメージとは印象が違うかもしれないが，その西隣に広がる森の中に秋篠寺がある。こけむした境内は，周囲の環境と一線を画し，静寂と心落ち着かせる雰囲気に満ちている。静寂を重んじるこの寺は，小・中学生の団体や多人数の団体による拝観はお断りしているとのこと。秋篠寺は光仁天皇の勅願で，奈良時代末期の776（宝亀7）年に創建され，桓武天皇の平安遷都（794年）とほぼ同時期に完成したといわれるが，地元の豪族秋篠氏の氏寺であったものを勅願寺にしたという説もあり，今のところはっきりしていない。宗派は当初法相宗であったようだが，平安時代以降は真言宗に転じ，真言密教道場として栄えた。明治時代初期には浄土宗に属したものの，現在は単立宗教法人として，既成の宗派に属していない。

　創建当初の伽藍は，平安時代末期に兵火に見舞われ，講堂ほか数棟を残して，金堂・東西両塔など主要な堂塔の大部分を失った。鎌倉時代以降に復興・造営するが，明治時代初期の廃仏毀釈によって寺域の大半を失い，かつての面影はみられない。しかし南門を入って右側の東塔跡には礎石が残っており，散乱する古瓦からも大伽藍の寺院であったことを，今に偲ばせている。

秋篠寺

西ノ京　83

西ノ京周辺の史跡

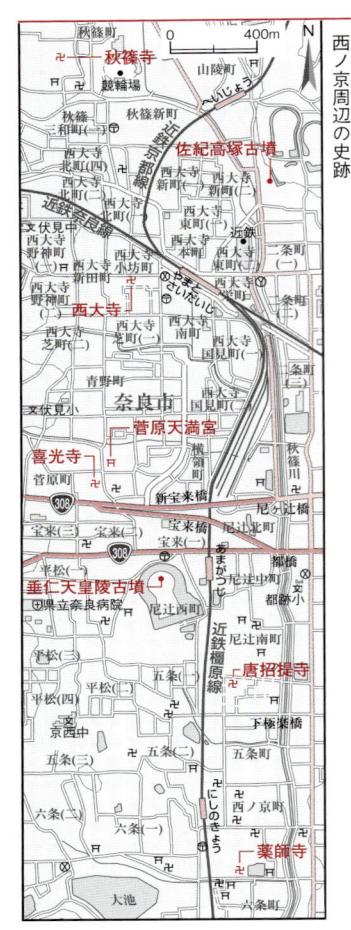

一重寄棟造の本堂(国宝)は,奈良時代の唯一残る建造物で,もともと講堂であったものを,鎌倉時代に改修して本堂としたものである。事実上は鎌倉時代の建築物といってもよいほどであるが,奈良時代の建築様式を残し,単純素朴のなかに,均整と落ち着きをみせる建築物として注目される。薄暗い本堂内には,寄木造の本尊木造薬師如来坐像(室町時代作,国重文)と,脇侍として一木造の木造日光・月光菩薩立像(平安時代作,国重文)が安置されている。秋篠寺の代名詞ともいえる木造伎芸天立像(頭部は乾漆造・天平時代作,体部は鎌倉時代作,国重文)は,伏目がちに頭をかしげ,口元に笑みをたたえた姿が美しい。梵天と1対をなして仏法の守護神として崇められる木造帝釈天立像(頭部は乾漆造・天平時代作,体部は寄木造・鎌倉時代作,国重文)は,上半身の引き締まった厳しさなどに鎌倉時代の特徴がみられる。一木造の木造地蔵菩薩立像(平安時代中期作,国重文)は,単純さのなかにも優雅で清楚な典型的な国風文化の趣をもっている。ほかにも堂内には,鎌倉時代の木造愛染明王坐像・木造不動明王立像,木造十二神将立像などがまつられている。

そのほかのおもな仏像としては,木造十一面観音立像(平安時代作,国重文,東京国立博物館に出陳中),木造伝救脱菩薩立像(国重文,奈良国立博物館に出陳中),木造梵天立像(頭部は乾漆造,国重文,奈良国立博物館に出陳中),木造地蔵菩薩立像(平安時代初期作,

国重文，京都国立博物館に出陳中)がある。

見学できる寺域は広くはないものの，大元堂には宮中においてのみ修められる大法大元帥御修法の本尊として重んじられ，国内唯一の像として伝わる秘仏(毎年6月6日のみ結縁開扉)の木造大元帥明王立像(鎌倉時代作，国重文)が納められ，香水閣は井戸から明王があらわれ，そこから湧き出る香水が，1871(明治4)年まで例年1月7日の御修法に際し，献泉の儀をつとめたという歴史をもつ。

秋篠寺のすぐ南には，崇道天皇ほか7柱をまつる八所御霊神社がある。本殿(県文化)の建立年代は明らかではないが，室町時代をくだることはないと考えられている。

また，この付近は，古代からすぐれた陶土と良水に恵まれた土地柄で，秋篠氏は，有力な土師部として栄えたと伝えられている。今では寺の南西隣に，陶芸家の今西洋が秋篠窯を開き，翠篁釉を施した美しい陶芸作品を生み出し，息子の方哉に受け継がれている。また，秋篠寺から南東にあるショッピングセンター奈良ファミリーのそばに，佐紀高塚古墳があり，道鏡を寵愛したことで有名な称徳天皇(孝謙天皇が重祚)の高野陵に比定されている。

西大寺 (51)

0742-45-4700

〈M►P. 2, 84〉奈良市西大寺芝町1-1-5 P
近鉄奈良線・京都線・橿原線大和西大寺駅 徒歩3分

南都七大寺の1つ
大茶盛で有名

西大寺(真言律宗)は，近鉄大和西大寺駅周辺の市街地の中にあり，駅の南出口から南に3分も歩けば東門の前に着く。また，秋篠寺から奈良市が定めた「歴史の道」を南にくだれば，徒歩20分ほどで到着する。西大寺は奈良時代，東の東大寺に対して西の西大寺と称されて，南都七大寺の1つに数えられるほどの官寺であり，寺域は面積31町(約31ha)という広大なものであった。764(天平宝字8)年，恵美押勝(藤原仲麻呂)の乱の後，聖武天皇と光明皇后の娘である称徳天皇(孝謙天皇が重祚)が，鎮護国家と平和祈願のために金銅四天王像の造立を発願し，その翌年に7尺(約212cm)の金銅四天王像を鋳造してまつったのが，西大寺の始まりとされている。伽藍の建立は780(宝亀11)年頃まで続けられ，薬師金堂と弥勒金堂，東西両塔，四王堂院，十一面堂院など百十数の堂舎が立ち並び，まさしく東大寺に対する西の大寺に相応しいものであった。しかし，平

西大寺本堂・東塔跡

安時代には再三の災害に遭い、衰微の一途をたどったという。それを復興したのが鎌倉時代の名僧、叡尊である。叡尊は、当時おろそかになっていた戒律の教えを尊重し、創建当初とは面目をあらたにした真言律宗の根本道場として伽藍を復興した。現在の西大寺は、その頃の伽藍配置を伝えているという。室町時代には、再び兵火で多くの堂塔を失ったが、江戸時代に諸堂の再建が進められ、真言律宗の総本山として叡尊以来の法灯が受け継がれて、今日に至っている。

本堂(国重文)は1752(宝暦2)年に建立され、土壁を施さない総板壁となっている。本尊の木造釈迦如来坐像(鎌倉時代作、国重文)は叡尊の発願により、1249(建長元)年に、京都嵯峨清涼寺の釈迦如来像を模刻したものである。木造騎獅文殊菩薩像及脇侍像(鎌倉時代作、国重文)は、叡尊の十三回忌にあたる1302(正安4)年に、弟子たちによってつくられた文殊五尊像である。文殊菩薩は叡尊が信仰した特色ある仏の1つであったが、現存するものは少なく、像内には弟子たちの経巻文書類が奉納されていた。木造弥勒菩薩坐像は、1307(徳治2)年の弥勒講堂焼失後、1322(元亨2)年に再興された丈六の大像である。

奈良時代の創建当初には、8角7重の東西両塔を計画して8角の基壇がつくられたが、途中に計画が変更されて4角の基壇に改められ、高さ約46mの東西両塔が建立された。しかし、創建当初のものは、両塔ともに平安時代に焼失してしまう。その後、東塔については鎌倉時代に再建されたものの、これも1502(文亀2)年にまたもや焼失してしまっている。現在、本堂の南面に残る4角基壇は創建当初のものであり、周囲の8角の敷石は、最初につくられた8角基壇跡である。

聚宝館は1961(昭和36)年に竣工され、国宝・重要文化財などの寺

宝を収蔵しており、その一部が陳列されている。木心乾漆造の木造阿弥陀如来・釈迦如来・阿閦如来・宝生如来坐像(奈良時代作、国重文)は、もとは塔の四方仏であり、奈良時代後期の作風をもつ点で貴重である。乾漆吉祥天立像(奈良時代作、国重文)は、奈良時代の作であり、木造大黒天立像(鎌倉時代作、国重文)は別名を摩訶伽羅天とよばれ、叡尊が1276(建治2)年につくらせた尊像で、多くの奉籠物からなる像内納入品も国の重要文化財に指定されている。また、木造行基菩薩坐像(江戸時代作、国重文)は、もともとは喜光寺に伝えられていたという。

愛染堂は、京都の近衛家の政所御殿を、1762(宝暦12)年に移建した寝殿造の仏堂である。愛染堂の本尊厨子入木造愛染明王坐像(鎌倉時代作、国重文)は、小作りながらも迫力があり、1247(宝治元)年に叡尊の念持仏としてつくられた、鎌倉時代の代表的な愛染明王像である。木造興正菩薩坐像(鎌倉時代作、国重文)は、1280(弘安3)年に叡尊80歳の寿齢に際して弟子たちがつくらせたもので、興正菩薩とは叡尊の諡号である。写実的な像内には、弟子たちの多くの奉籠物(像内納入品、国重文)が納められていた。

四王堂は唯一創建時の由緒を伝えるが、現在の堂は1674(延宝2)年の建立である。安置される四天王立像(奈良時代・平安時代作、国重文)は、再三の災禍のなかで邪鬼のみが創建時のもので、多聞天(木造)をのぞく3体(銅造)の大部は後世の再鋳となっているが、見事な造形は、はるか天平の時代を彷彿させ、見逃せない。本尊の木造十一面観音立像(平安時代作、国重文)は、1289(正応2)年に亀山上皇の院宣により京都から移されたもので、右手に錫杖を握り、左手に華瓶を捧げた長谷様式となっている。

そのほかにも西大寺には多くの寺宝があるが、絵画では絹本著色十二天像(国宝)が平安時代初期密教絵画の傑作であり、ほかにも、絹本著色文殊菩薩像・絹本著色釈迦三尊像・絹本著色吉野曼荼羅図(いずれも鎌倉時代作、国重文)などがある。工芸品では、金銅宝塔・舎利瓶5具・金銅透彫舎利塔・鉄宝塔(いずれも鎌倉時代作、国宝)、金銅舎利塔2基(南北朝時代・室町時代作、国重文)などがある。また、創建当初の金光明最勝王経10巻や大毘盧遮那成仏

西大寺大茶盛

神変加持経7巻(ともに奈良時代作,国宝)など,膨大かつ重要な経巻文書類を所蔵している。

本堂の南に位置する鐘楼は,幕末期に摂津(現,大阪府・兵庫県の一部)の多田院(現,多田神社)から移されたもので,寛文年間(1661〜73)に建てられたと考えられている。奈良市の指定文化財となっている。

毎年1・4・10月に行われている大茶盛はよく知られる。1239(延応元)年より750年近く伝わる特異な茶儀で,叡尊が修正会の結願のお礼参りに西大寺鎮守八幡神社に茶を献じ,そのおり参拝者に振舞ったことに始まるといわれている。西大寺では,戒律で飲酒が禁じられていたため,「酒盛」のかわりに「茶盛」が宴会で行われたという。現在は直径40cmほどの大茶碗で,まわりの人に助けられながらなごやかに茶を飲むが,この雰囲気はまさしく和合である。

道鏡は西大寺を創建した称徳天皇に寵愛された僧として知られるが,境内には道鏡を守る会が孝謙天皇(のちに重祚して称徳天皇)の歌碑を建てている。

境内の北側の道路を西へ450m余り行くと,奥の院(体性院)がある。1290(正応3)年に90歳でこの世を去った叡尊は,ここで荼毘にふされて葬られたという。石造五輪塔は,叡尊死後に弟子たちによって建てられたと言い伝えられている。

喜光寺 52
0742-45-4630
〈M▶P.2,84〉奈良市菅原町508 P
近鉄橿原線尼ヶ辻駅🚶15分,または近鉄奈良線学園前駅🚌JR奈良駅行菅原神社前🚶すぐ

優雅な裳階つきの本堂ハスの花に包まれた境内

西大寺から徒歩圏内(約15分)ではあるが,最寄駅は尼ヶ辻駅となる。尼ヶ辻駅から西に向かって800mほど歩くと,阪奈道路の菅原交差点の北側に,立派な本堂をもつ喜光寺(法相宗)がみえてくる。現在,薬師寺の末寺となっている。寺の創始については,721(養老

喜光寺本堂

5)年に寺史乙丸(土師氏の一族で菅原氏の祖先)が、平城京右京三条三坊の屋敷を寄進して行基により創建されたとする説や、元明天皇の勅願で、行基により715(霊亀元)年に創建されたとする説などがある。
行基自身は晩年喜光寺に隠棲し、749(天平21)年に亡くなったといわれている。748(天平20)年、聖武天皇が参詣した際に、本尊から不思議な光明が放たれたことにより、喜光寺と改めたと伝えられるが、この地は菅原道真で有名な菅原氏の本拠地といわれることから、かつては菅原寺ともよばれていた。また、行基が喜光寺の金堂を参考に、これを10倍の規模に拡大して東大寺の大仏殿の造営にあたったとの伝承から、「試みの大仏殿」ともよばれていた。

　創建当初の堂塔は1499(明応8)年に焼失し、1544(天文13)年に再建されている。本堂(室町時代、国重文)は、薬師寺のように裳階をもった美しい復古建築物で、上層支輪の辺りに天窓がつくられ、西方の光を取り入れ、阿弥陀如来の来迎をイメージするようになっている。本堂内の寄木造の木造阿弥陀如来坐像(平安時代作、国重文)は、像高が2.33mあり、金箔仕上げの名残りがあり、穏やかな表情をしている。微笑を浮かべた脇侍の観自在菩薩坐像・勢至菩薩坐像は、像高1.6mで南北朝時代の作である。

　境内に散在していた不動明王・観音菩薩・地蔵菩薩・阿弥陀如来などの47体の魅力的な石仏が1カ所に集められているが、これらは江戸時代につくられたもので、一見の価値がある。また、石川郎女の詠んだ『万葉集』の歌碑があるほか、夏には参道と本堂のまわりに並べられたさまざまな種類のハスの花が見事である。喜光寺西隣には、宮内庁管轄となっている一乗院宮墓があるが、これは、晩年を喜光寺ですごした興福寺一乗院宮の陵墓である。

　喜光寺の東の道路を北に約100m行くと、菅原天満宮があり、小規模ながらも『延喜式』式内社である。この付近は前述のとおり、

西ノ京

菅原氏と改名した土師氏の居住地であることから、菅原氏の祖先にあたる天穂日命（あめのほひのみこと）と野見宿禰（のみのすくね）のほか、菅原道真をまつっており、地元では道真誕生の地との伝承もある。

垂仁天皇陵古墳（すいにんてんのうりょうこふん） ❺❸
0742-34-4859（奈良市文化財課）
〈M▶P.2, 84〉奈良市尼辻西町11 P
近鉄橿原線尼ヶ辻駅 ➡ 5分

全国20番目の巨大古墳伝説あふれる垂仁天皇

尼ヶ辻駅のすぐ西側に、山のように大きく聳（そび）え立ち、満々と水をたたえた濠に囲まれた巨大な古墳をみることができる。学術的には蓬萊山（ほうらいさん）古墳と命名されるこの**垂仁天皇陵古墳**は、尼ヶ辻駅のすぐ西側

垂仁天皇陵古墳

に位置し、垂仁天皇の菅原伏見東陵（ふしみのひがし）に比定されている。5世紀前半の築造と考えられる前方後円墳（ぜんぽうこうえんふん）で、全長は227mあり、後円部は径123m・高さ17.3m、前方部は幅118m・高さ15.6mの規模をもつ。

垂仁天皇については、『日本書紀（にほんしょき）』の中に、皇后の日葉酢媛命（ひばすひめのみこと）が亡くなった際に、人道的見地から殉死（じゅんし）として生きた人を埋める風習をやめさせ、野見宿禰（土師氏の祖）の意見を取り入れて、初めて埴輪（はにわ）をつくらせたとの逸話が記されている。また、垂仁天皇は田道間守（たじまもり）に命じて、常世国（とこよ）に遣わし、不老不死をもたらす「非時香果（ときじくのかぐのみ）」を求めさせたが、このとき田道間守が持ち帰ったのがタチバナであり、日本の柑橘類（かんきつ）の始まりとなったという伝説がある。ちなみに、田道間守が出発から10年かけて常世国から「非時香果」を持ち帰ったとき、すでに垂仁天皇は亡くなっており、これを知って嘆き悲しんだ田道間守は、垂仁天皇の陵墓を訪れ、泣き叫びながらそのまま絶命したという。現在、垂仁天皇陵古墳の濠の東南にぽっかりと浮かぶ小島が、田道間守の墓とされている。

なお、垂仁天皇陵古墳から西へ約1kmの阪奈道路宝来（ほうらい）ランプの南側に、菅原伏見西陵（にし）があるが、この陵墓は倭（わ）の五王（ごおう）のうち、興（こう）と

考えられる安康天皇陵に比定されている。

唐招提寺 54
0742-33-7900

〈M▶P.2,84〉 奈良市五条町13-46 P
近鉄橿原線西ノ京駅 🚶 6分

天平文化の宝物館　鑑真和上ゆかりの寺

　西ノ京駅を出て，東へ約80mの薬師寺與楽門から玄奘三蔵院伽藍を右手にみながら，まっすぐ北へ5分ほど歩くと，松林と土塀に囲まれたおごそかな唐招提寺（律宗）に至る。律宗の総本山であるこの寺は，759（天平宝字3）年に，鑑真が天武天皇の第7皇子新田部親王の旧邸宅を与えられて，寺としたのが始まりとなっている。唐招提寺では，国宝が17件，重要文化財は200余件を数えるなど，多くの堂塔・仏像を抱え，まさに天平文化の宝物館の様相を呈している。もう1つの唐招提寺の魅力は，広大な寺域に堂宇がかもし出す古刹としての閑静さと落ち着きにあり，ここには薬師寺境内のような華やかさはないが，時空を越えて伝わってくる清浄な天平時代の趣があり，是非とも訪れたい寺院である。

　710（和銅3）年の平城遷都後，わが国では仏教は隆盛の一途をたどっていたが，それと並行して僧尼令に違反する僧尼の数が増加し，さらには勝手に僧になる私度僧もふえていた。当時の中国仏教界では，登壇受戒して具足戒を受けなければ僧尼とは認められず，朝廷は唐の受戒制度や戒律の研究の必要性を痛感しており，733（天平5）年，第9次遣唐使派遣に際し，高名な僧であった鑑真に，日本への僧の派遣を要請した。すでに55歳に達していた鑑真は，みずから渡海を決意したが，そこから5回企てられた渡海の試みは，ことごとく失敗した。そして，6度目の753（天平勝宝5）年12月に，ようやく薩摩（現，鹿児島県）に漂着した。平城京に入ったのは翌年2月のことで，67歳の鑑真は，このとき，渡海の苦労などにより失明していたという話は，あまりにも有名である。

唐招提寺金堂

西ノ京　91

754年4月，鑑真は大仏殿の前に戒壇を築き，聖武上皇・光明皇太后・孝謙天皇らに菩薩戒を授けて「大和上」の称号を与えられ，その後，大仏殿の西に戒壇院を築いて登壇受戒の制度を整えた。763年にこの地で，76歳の生涯を閉じた。

　寺号の「招提」とは，仏の下で修行する人たちの場という意味で，戒律を軸として教学に励むわが国最初の寺であったことから，「建初律寺」とも称したという。

　1960(昭和35)年に奈良時代の天平様式で再建された南大門から一歩境内に入ると，奈良時代の金堂として唯一現存し，エンタシスの膨らみをもつ8本の円柱の列に支えられた大棟の金堂(奈良時代，国宝)が迎えてくれる。

　堂内には，中央に厳しい表情に厚い胸をもつ本尊の乾漆盧舎那仏坐像，左右に木心乾漆千手観音立像，木心乾漆薬師如来立像(いずれも奈良時代作，国宝)の大きな像が立ち並び，これらの像を守るように，木造梵天・帝釈天立像，木造四天王立像(いずれも奈良時代作，国宝)が並び，創建以来の天平仏が安置される内陣は，厳粛な雰囲気に満ち，身の引き締まる思いになる。

　金堂の北側に建つ講堂(国宝)は，平城宮の東朝集殿を賜って760年代初めに移築した建物であり，現存する唯一の平城宮遺構となっている。移築に際しては，屋根を切妻から入母屋に改めた以外は，もとの形のまま移したと伝えられている。ただし，鎌倉時代の解体修理で，建物の外観は鎌倉建築風に改められた。

　講堂の中には，本尊の木造弥勒菩薩坐像(鎌倉時代作，国重文)を中心に，木造持国天・増長天立像(奈良時代作，国重文)が左右に配されている。

　唐招提寺には，ほかにもみるべき建物が多い。金堂の東側にある重層建造物は，1240(仁治元)年に再建された鼓楼(鎌倉時代作，国宝)で，今は舎利殿になっており，舎利容器(鎌倉時代，国宝)が安置されている(非公開であるが，毎年，10月21・22・23日の釈迦念仏会の際に公開されている)。また，ここで毎年5月19日にうちわまき(梵網会)が行われているが，これは鎌倉時代に寺の再興に努めた覚盛が，弟子たちへの講義中，蚊に血を与えるのも仏の道であ

るとして、蚊が刺しても動じなかったことから、覚盛の遺徳を偲んでハート型の珍しい形のうちわが撒かれるようになったといわれ、毎年この日には、うちわを求める多くの参拝客が訪れている。

　鼓楼の東にある長大な建物は、鎌倉時代に建てられた三面僧房東室の遺構で、現在は礼堂（国重文）となっているが、かつては多くの僧が厳しい戒律の下で起居した場所であった。

　さらにその東には、天平時代の２つの校倉が並んでいる。北が宝蔵、南が経蔵（いずれも奈良時代、国宝）で、とくに経蔵は現存最古の校倉とされている。宝蔵の西に、1970（昭和45）年に新宝蔵が完成したが、ここには「唐招提寺のトルソー」とよばれる木造如来形立像（平安時代作、国重文）を始め、破損仏10数体を含む諸仏・絵画・工芸品・経典などが収蔵されており、春と秋に特別公開される。

　新宝蔵をさらに北奥へ進むと、御影堂がある。この建物は、1647（正保４）年に建てられた興福寺旧一乗院門跡宸殿（江戸時代、国重文）遺構を、1964（昭和39）年に移築したもので、堂内には東山魁夷作の壁画があり、乾漆鑑真和上坐像（奈良時代作、国宝）が安置されている。

　この像は、鑑真の弟子たちが師匠の没後まもなくつくらせたもので、鑑真晩年の姿をよく伝えており、毎年６月６日（命日の旧暦５月６日を新暦の６月６日にあてる）を中心に、前後３日間公開されている。御影堂のさらに東奥へ進むと、静かな林に囲まれて鑑真和上廟所があり、その前にある蓮池では、７月初め頃から見事なハスが咲き揃う。

　一方、講堂の西側には、鐘楼があり、かかっている梵鐘（平安時代作、国重文）には、この地が右京の地であるのにもかかわらず、「南都左京」という後世の追刻銘がある。完全な誤刻である。

　鐘楼の西には、三師七証によって僧の受戒を行う戒壇が設けられているが、石造３段の豪壮なものとなっており、最上層にインド・サーンチーのストゥーパを模した宝塔が奉安されて、受戒の場としての粛然たる厳格さを伝えている。境内各所には、松尾芭蕉の句碑や北原白秋の歌碑も散在している。

西ノ京

薬師寺 (55)

0742-33-6001

〈M►P. 2, 84〉奈良市西ノ京町457 P
近鉄橿原線西ノ京駅 1分

国宝の東塔と薬師三尊
現代によみがえる白鳳伽藍

西ノ京駅を出るとすぐ目の前に，東西両塔を備えた壮大な寺院が目に飛び込んでくる。東へ向かうとすぐに朱塗りの與楽門があるが，これが薬師寺の北入口になる。薬師寺(法相宗)は，都が飛鳥にあった頃，天武天皇が皇后(のちの持統天皇)の病気平癒を祈念して発願したのが始まりとなっている。当初は藤原京(現，橿原市)に建立されたが，平城遷都とともに，現在の地に建立された。薬師寺式伽藍配置とよばれる，中央に金堂・講堂を，その両脇に東西両塔をもつ壮大な寺院であったが，973(天延元)年の火災で金堂・東西両塔以外の建築物を焼失し，1528(享禄元)年の兵火では，東塔をのぞくほとんどの伽藍を失ってしまった。しかし，1967(昭和42)年に，写経勧進の浄財による薬師寺白鳳伽藍の復興が発願され，金堂(1976年)・西塔(1981年)・中門(1984年)・回廊(1991年)が，そして2003(平成15)年には大講堂が復興された。こうして475年ぶりに見事な白鳳伽藍がほぼ取り戻され，裳階を施した美しさから「龍宮造」とよばれる建築美を，今によみがえらせている。

律動的な美しさから，アメリカの東洋美術評論家フェノロサが「凍れる音楽」とたたえた現存の東塔(奈良時代作，国宝)は，移築論と非移築論で長い間議論されてきたが，近年になって本薬師寺跡を発掘調査した結果，藤原京の本薬師寺伽藍と平城京の薬師寺の伽藍は，奈良時代以降も並存していた可能性が強まり，平城遷都による伽藍の移築の可能性は低いことがわかってきた。東塔は各層に裳階がついているので6重にみえるが，実際は3重の塔であり，相輪の頂上に取りつけられている水煙(東僧坊に複製が展示)には，24

薬師寺金堂・東塔

薬師寺東塔

体の飛天が透彫りされている。1981(昭和56)年に再建された西塔は，東塔にくらべ幾分高いが，100年後には，建材に使用した木の収縮により，東塔と同じ高さにまで縮むという。現代の宮大工による粋な工夫がうかがわれる。

再建された金堂内には，和辻哲郎が「とろけるような美しさ」と評した銅造薬師如来及両脇侍像(奈良時代作，国宝)がある。薬師如来を中央に，向かって右が日光菩薩，左が月光菩薩で，両脇侍をあわせて薬師三尊というが，豊かな体つきと微妙な変化ある姿勢でやわらかく表現され，初唐文化の影響を受けている。薬師如来の台座には，古代ギリシア起源の葡萄唐草文や青龍・白虎・朱雀・玄武の四神，インド地方の小神像を模したともいわれる鬼形像が浮き彫りされている。また，仏足石・仏足跡歌碑(ともに奈良時代作，国宝)が外陣に安置されている。

東塔の東に位置する東院堂(鎌倉時代作，国宝)は，奈良時代の養老年間(717〜724)に，吉備内親王が元明天皇の冥福を祈って建立したことに始まる。もともとの東院伽藍は，さらに東側の観音池の地にあったが，973(天禄4)年の火災で焼失し，1285(弘安8)年に現在地に再建された。奈良時代に建造された堂内は，通常，土間となっているが，鎌倉時代の禅宗の影響からか，床板が敷かれている。堂内に安置される銅造聖観音菩薩立像(奈良時代作，国宝)は，直立で均整がとれ，量感に満ちた体つきは，若々しさを感じさせるとともに，気品をただよわせている。

古代の伽藍では，講堂が金堂より大きいのが通例となっており，これに基づき，2003年に再建された大講堂は，正面41m・奥行20m・高さ17mの薬師寺伽藍最大の建造物となっている。講堂に安置される本尊の銅造弥勒菩薩両脇侍像(奈良時代作，国重文)は，様式や造立年代などに不明な点が多い。この三尊像は，1852(嘉永5)年に仮講堂が再建された際に，当時の西院弥勒堂から移され，薬師三

西ノ京

尊像とされていたが，2003年に講堂が再建された際に補修を受けて，弥勒三尊像と改称された。つまり，弥勒菩薩像に向かって右側が法苑林菩薩，向かって左側を大妙相菩薩とよぶことになった。

また，大宝蔵殿にある寺宝の麻布著色吉祥天像(奈良時代作，国宝)は，天平美人をそのまま写し取った感のあるふくよかな美形であり，絹本著色慈恩大師坐像(平安時代，国宝)とともに，春・秋・年始に特別公開される。

與楽門から道路を隔てた北側には，玄奘三蔵院伽藍があり，法相宗の祖にあたる玄奘三蔵の遺骨を，真身舎利として奉安している。大唐西域壁画殿に描かれた壁画は，平山郁夫が30年の歳月をかけて，玄奘三蔵求法の旅を描いたもので，7場面13枚で構成される壮大なものとなっている。

なお，話し上手な薬師寺僧の法話と境内の案内は，楽しくわかりやすいと評判になっている。団体予約で受付してくれるので，僧侶の心温まる愉快な話を聞いてみるのもよい。

薬師寺の南門を出ると正面に，薬師寺を守護する休ヶ岡八幡宮がある。寛平年間(889〜898)に，大分県宇佐から現在地に勧請され，現在，小高い石組みの壇上に立っている社殿(桃山時代作，国重文)は，1603(慶長8)年に建てられた。中には，40cm弱の小像である，木造僧形八幡神坐像・神功皇后坐像・仲津姫命坐像(平安時代作，国宝)がまつられている。前庭の西側にある座小屋は修復が多いものの，社殿とほぼ同じ時期の建物で，中世に始まった宮座が受け継がれている貴重な歴史文化遺産となっている。ほかにも境内には，休ヶ岡若宮社社殿(鎌倉時代作，国重文)がある。

薬師寺から西側に歩いて7分ほどの所に大池があるが，若草山や大仏殿を背景とした大池から眺める薬師寺の伽藍は壮大であり，多くのカメラマンが訪れている。また，駅のすぐ西側に「がんこ一徹長屋」があり，ここには，赤膚焼・トンボ玉などのすぐれた技をもつ6人の工芸職人が，伝統文化を守り育てるために集っている。なお，大塩昭山ほかの赤膚焼窯元は，西ノ京駅から西に1.5kmほどの所に数軒ある。

7 奈良の西郊

富雄川沿いに散在する古刹と，駅周辺の近代的な美術館の折りなす対照の妙は，時間を超えたくつろぎを与えてくれる。

王龍寺 ㊶　〈M▶P. 2, 98〉奈良市二名6-1492　P
0742-45-0616　　近鉄奈良線富雄駅🚌10分

大和随一の石仏
世俗と離れた静寂の寺

　交通の便は決してよいとはいえないが，近鉄富雄駅から富雄川沿いに，県道7号線を北へ遡り，杵築神社の参道の前で左折し，ゴルフ場の中を通る道を西へ1.5kmほど進むと，道の右側に「石仏観音岩屋大黒天王龍寺」の石碑が立っており，海龍山王龍寺（黄檗宗）の山門がみえてくる。ホトトギス・ウグイスの声を聞くことができる寺であり，かつては，マツタケの名所として名高かったといわれる。

　中国風の立派な山門には「門開八字森々松檜壮禅林（門は八の字に開き，森々として松檜禅林に壮んなり）」の書があり，山門をくぐると，薄暗く深い森の中に，こけむした石畳と石段の長い参道が続いており，人里離れた山寺の雰囲気に包まれている。

　王龍寺は聖武天皇勅願寺と伝えられ，昔は多くの僧坊を抱え，「僧坊千軒」といわれるほど栄えたが，のちに衰退し，中世には筒井氏の兵火で焼失し，廃絶された。しかし1689（元禄2）年，大和郡山藩主の本多下野守忠平が，黄檗宗の開祖隠元禅師の孫弟子，梅谷和尚を招いて菩提寺として，再建開山して再興された。その際に山門と本堂が寄進され，今日に至っている。

　本堂内は真っ暗で，床は禅寺特有の黒の瓦敷き，外陣には本多忠平の正室が寄進したと伝える黄檗流の羅漢像が並び，厳粛さに包まれている。本尊は高さ4.5m・幅5.5mもある巨石に刻まれた，高さ2.1mの十一面観音立像で，「建武三(1336)年丙子二月十二日

王龍寺山門

奈良の西郊　　97

奈良市西郊の史跡

大願主僧千貫行人僧千歳」の銘がある。また，本尊に向かって右脇にも，高さ約1mの不動明王が刻まれており，銘は「文明元(1469)年十月」となっている。これらの像は，この地区に残る数少ない磨崖仏の1つで，なかでも十一面観音立像は，光背を彫りくぼめたなかに半肉彫りされ，下には蓮華台が浮き彫りにされて，慈愛あふれる。顔・胸・腰の線などもきわめて肉感的で，優雅な美しさは，大和の石仏の中でも随一といえる見事なものであり，南北朝時代の様式をよく伝えた貴重なものとなっている。

　1336(建武3)年は，楠木正成が湊川(現，兵庫県神戸市)で討死して，後醍醐天皇が足利尊氏に追われるなど，南北朝抗争の時期にあたり，この付近でも両勢力が争い，一時期，南朝の勢力下にあったといわれている。温顔な石仏に刻まれた珍しい南朝の年号は，歴史の証人であるとともに，平和への願いを観音像に託した当時の声であったともいえる。本尊右脇の不動明王に刻まれた「文明元年」

98　奈良

は，応仁の乱(1467～77年)の真っ最中であり，ここにも平和への願いの強さを感じ取ることができる。

また鐘楼には，楠木正行が四条畷の戦い(1348年)に使った陣鐘とされる鐘がかかっているほか，1749(寛延2)年12月に，王龍寺から奈良奉行所に出された古文書に，「後醍醐天皇に味方した楠木正成が赤坂城落城の後，王龍寺に一時身を隠した」との記述があり，楠木氏一族とのつながりをうかがい知ることができる。

王龍寺境内の裏門の脇には，今もたくさんの葉が繁るヤマモモの大木が植えられているが，昔は参詣した賓客に，ヤマモモの果実を出してもてなしたという。王龍寺のヤマモモは，奈良市の指定文化財にもなっており，樹高約11m，樹幹の内部がすでに朽ちて空洞になっているものの，目通り約2.7mの堂々とした大木で，樹幹の基部での周囲は約5mある。樹齢は約300年で，本堂が創建された1689年以降に植えられたものと考えられる。

大和文華館 ㊼ 〈M▶P.2, 98〉奈良市学園南1-11-6 P
0742-45-0544　　近鉄奈良線学園前駅🚶7分

東洋美術のエッセンス／自然を残す美しい庭園

学園前駅南口を出て，信号を東に渡って約250m進む。Y字路を右に進んで，さらに100mほど行って左折すると，大和文華館がある。

大和文華館は，1946(昭和21)年5月に，当時の近畿日本鉄道株式会社社長種田虎雄を代表発起人として発足した美術館である。美術館設立を委嘱された初代館長矢代幸雄が十数年間，日本・東洋の美術品の収集に努めた結果，国宝・重要文化財を含む重要なコレクションができあがり，1960年10月，近畿日本鉄道株式会社の創立50周年記念事業の1つとして，奈良市学園南の蛙股池畔の丘陵地に美術館が建てられて開館した。所蔵品の点数はおよそ2000点で，古代から近代に至る日本・中国・朝鮮を主とした東洋の絵画・書蹟・彫

大和文華館

奈良の西郊　99

刻・陶磁器・漆工品・金工品・染織物・硝子（ガラス）などの美術工芸品を収集・保管し，展示内容に応じて公開している。この中には，紙本著色寝覚物語絵巻（平安時代），紙本著色・墨書一字蓮台法華経（平安時代），紙本金地著色風俗図（六曲屏風，松浦屏風，江戸時代），絹本著色帰牧図（李迪筆，南宋）の国宝4件を始め，紙本著色三十六歌仙切（小大君，佐竹家伝来，鎌倉時代）・高麗青磁九竜浄瓶（高麗）など，30件以上の重要文化財が含まれる。

所蔵品の中からテーマごとに展示する平常展を年7回，特定の主題のもとに，館内外の美術品を展示する特別展を年1回開催している。また毎週土曜日には，展示室において学芸員による陳列品の解説が行われるとともに，日曜美術講座などの講座も展覧会ごとに開催している。

本館建物は，松林に囲まれ静かな環境にある現代的な建物で，外壁は土蔵や城郭をイメージした海鼠壁に，青緑色のモザイクタイルが張られており，タケの中庭のある数寄屋風の展示室は，柔らかな外光が差し込むなど，日本的な建築様式を取り入れて，自然と調和した建築美となっている。ほかにも，講堂，図書室，映写室などの施設が整っている。

また，当館は野趣に富んだ美しい自然園「文華苑」に囲まれており，「ササユリ」「七福神の梅」「三春の瀧桜」など，四季折々の花々で彩られるとともに，松林には野鳥がさえずり，1年中訪れる人びとの目と耳を楽しませてくれる。

大和文華館から蛙股池を挟んで対岸の閑静な住宅街の中には，建材に吉野産のアカスギを使った中野美術館がある。ここでは，近代日本美術界を代表する須田国太郎・富岡鉄斎・横山大観・村上華岳・入江波光・村山槐多，萬鉄五郎・岸田劉生らの近代絵画作品のほか，高村光雲の彫刻，長谷川潔らの銅版画など，名品を鑑賞することができる。また学園前駅から北へ約2kmには，上村松園・松篁・淳之の3代にわたる画業を紹介する松伯美術館がある。

霊山寺 ⓢ 〈M▶P. 2, 98〉奈良市中町3879 P
0742-45-0081　近鉄奈良線富雄駅🚌若草台行霊山寺前🚶すぐ

霊山寺（真言宗）を訪れると，ゴルフバッグをかついだ軽装の人が

霊山寺本堂

境内を歩くのに出会う。ここは洋風バラ園、ゴルフ練習場、食事処、薬草風呂などを併設して経営しているため、一風かわった印象を与えるが、聖武天皇勅願で多くの寺宝をもつ天平の古刹である。

風格ある国宝の本堂　新旧の見どころあふれる寺

　736(天平8)年に聖武天皇の勅命で、行基が伽藍を建立したのが始まりとされる。インドの婆羅門僧菩提僊那がインドの霊鷲山に似ていることから霊山寺と名づけた。境内には菩提僊那の墓がある。鎌倉時代には、執権北条時頼の帰依を受けて、多くの寺領を与えられるなど保護され、本堂の改築や伽藍の大修理が行われた。その後も、豊臣秀吉・徳川家康らから寺領を寄進され、江戸幕府の御朱印寺として栄え、21カ坊を数えるようになった。しかし、明治時代初期の廃仏毀釈のなかで伽藍規模は半減し、200体の仏像焼却の憂き目に遭った。その後、昭和・平成の時代を通じて再び隆盛するようになり、今日に至っている。

　深い北山スギの木立の中、朱塗りの灯籠の並ぶ参道を分け入って行くと、風格のある本堂(鎌倉時代、国宝)と鐘楼(室町時代、国重文)にたどり着く。本堂には、黒漆厨子(鎌倉時代、国重文)に納められ、貞観時代から藤原時代への過渡的な特徴をもつ秘仏である本尊の木造薬師如来及両脇侍像(平安時代、国重文)があるが、ほかにも木造阿弥陀如来坐像(平安時代、国重文)、木造十二神将立像(鎌倉時代作、国重文)などの秘仏を安置する。これらの秘仏は、毎年5月第3日曜日の薔薇会式と、10月23日〜11月第2日曜日の秘仏公開宝物展で拝観することができる。本尊が秘仏であるので、これを補うために、銅製薬師三尊懸仏(南北朝時代作、国重文)がつくられたが、盤径約1mあり、これほど大きな懸仏は少ない。また、堂塔の内壁を飾るためにつくられた土製の仏像である珍しい三尊甎仏(奈良時代作、国重文)は、白鳳時代の作ともいわれている。

　本堂から谷を越えた南側には、檜皮葺きの端正な三重塔(室町

奈良の西郊　　101

霊山寺三重塔

時代，国重文)がたたずみ，三重塔の初重内部には，巨勢金岡筆と伝わる極彩色の壁画が全面に描かれている。

　本堂の西側には，仏聖観音を本尊とする弁天堂と，近年新しく建立された黄金殿・白金殿があり，豪奢な造りに圧倒される。ほかにも，本堂から1kmほど山をのぼった所には奥之院があり，弘法大師空海を本尊とする開山大師堂のほか，10面の地獄絵が描かれた地獄洞を始め，八十八カ所霊場や八体仏霊場などが並び，まさしく山全体が霊場である。

　霊山寺は先述のとおり，多くの施設をもっており，その中に入浴施設として薬師湯殿がある。これは，1300余年前，右大臣小野富人(通称鼻高仙人)が，湯屋に薬師三尊仏をまつり，薬草風呂を設けて諸人の病を治したのがきっかけという伝説をもつ。またバラ園の美しさは広く知られており，人生の輪廻をテーマにした1200坪(約4000m^2)のバラ園には，色鮮やかな約150種類2000株のバラが植えられ，甘い香りとともに，5月中旬から11月までが見ごろとなっている。

Ikaruga
Ikoma

斑鳩・生駒

法起寺三重塔

往馬大社

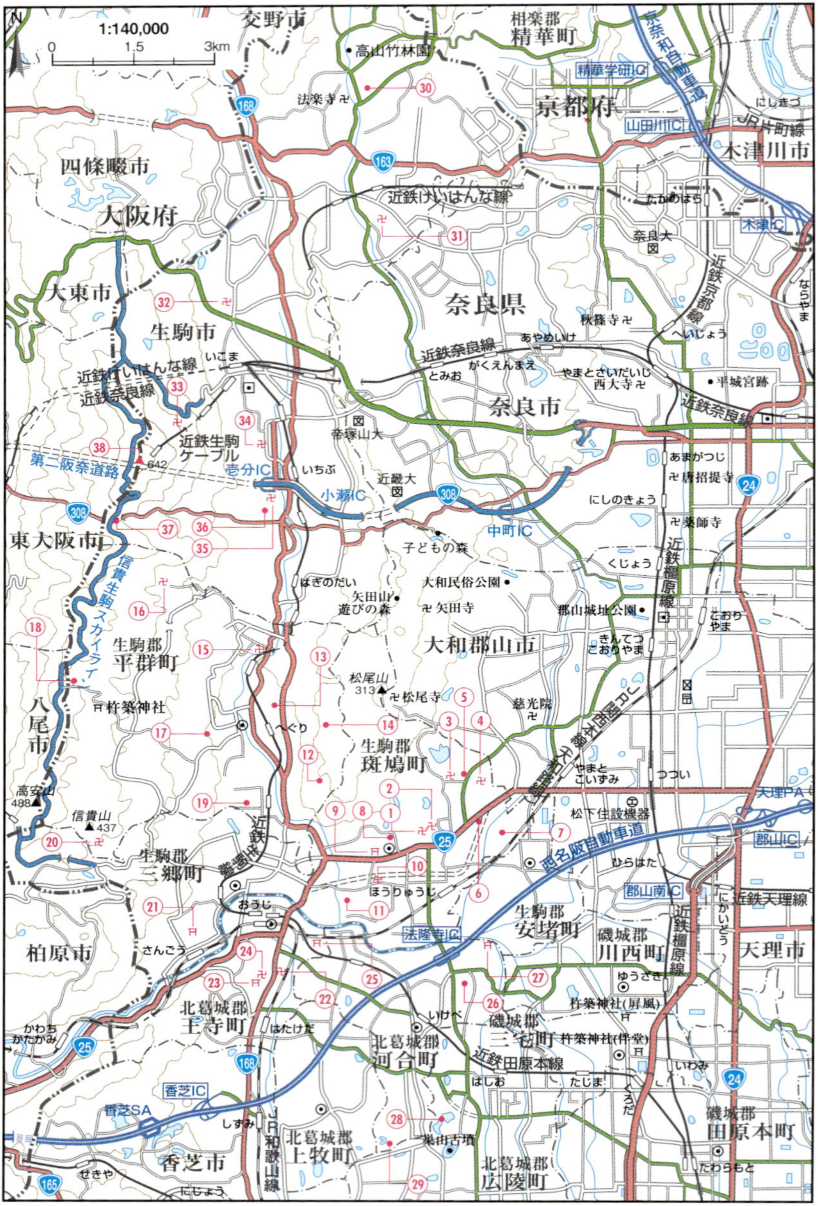

N
1:140,000
0
1.5
3km
交野市
相楽郡
精華町
高山竹林園
精華学研IC
京奈和自動車道
法楽寺
京都府
にしきづ
JR片町線
山田川IC
木津川市
四條畷市
大阪府
近鉄けいはんな線
たかのはら
木津IC
奈良大
ならやま
大東市
奈良県
近鉄京都線
秋篠寺
生駒市
あやめいけ
へいじょう
近鉄奈良線
いこま
とみお
がくえんまえ
やまとさいだいじ
西大寺
平城宮跡
近鉄けいはんな線
近鉄奈良線
奈良市
近鉄奈良線
近鉄生駒
ケーブル
帝塚山大
642
第二阪奈道路
壱分IC
いちぶ
近畿大
あまがつじ
唐招提寺
小瀬IC
にしのきょう
東大阪市
中町IC
薬師寺
子どもの森
信貴生駒スカイライン
くじょう
はぎのだい
大和民俗公園
矢田山
遊びの森
矢田寺
郡山城址公園
近鉄橿原線
こおりやま
生駒郡
平群町
大和郡山市
きんてつ
こおりやま
八尾市
松尾山
313
松尾寺
杵築神社
慈光院
JR関西本線(大和路線)
へぐり
生駒郡
斑鳩町
やまと
こいずみ
つつい
高安山
488
信貴山
437
松下住設機器
天理PA
西名阪自動車道
郡山IC
近鉄生駒線
生駒郡
三郷町
ほうりゅうじ
ひらはた
郡山南IC
近鉄天理線
おうじ
にかいどう
生駒郡
安堵町
柏原市
法隆寺IC
さんごう
磯城郡
川西町
天理市
ゆうざき
杵築神社(屏風)
北葛城郡
王寺町
はたけだ
いけべ
磯城郡
三宅町
杵築神社(伴堂)
かわち
かたかみ
北葛城郡
河合町
近鉄田原本線
いわみ
香芝IC
はしお
たじま
くろだ
香芝SA
しずみ
JR和歌山線
巣山古墳
磯城郡
田原本町
北葛城郡
上牧町
香芝市
北葛城郡
広陵町
たわらもと
せきや
にじょう

◎斑鳩・生駒散歩モデルコース

斑鳩の里コース　　JR関西本線法隆寺駅_20_法起寺_10_三井瓦窯跡_15_法輪寺_5_三井_15_中宮寺_5_法隆寺東院_5_法隆寺西院_15_藤ノ木古墳_20_龍田神社_15_吉田寺_20_三室山_20_JR関西本線王寺駅

平群・三郷・王寺・河合コース　　1. 近鉄生駒線信貴山下駅_10_朝護孫子寺_10_信貴山下駅_4_近鉄生駒線竜田川駅_5_烏土塚古墳_20_宮山塚古墳_20_竜田川駅_3_近鉄生駒線平群駅_15_十三塚_13_藤田家住宅_35_三里古墳_15_長屋王墓_10_平群駅_2_近鉄生駒線元山上口駅_10_千光寺_45_金勝寺_5_近鉄元山上口駅

2. 近鉄生駒線元山上口駅_12_近鉄生駒線・JR関西本線王寺駅_3_JR関西本線三郷駅_5_龍田大社_5_JR三郷駅_3_JR王寺駅_3_達磨寺_5_片岡神社・放光寺_3_JR王寺駅_15_舟戸神社・西安寺跡_15_JR王寺駅・近鉄田原本線新王寺駅_9_近鉄田原本線池部駅_15_川合大塚山古墳・大塚山古墳群_15_広瀬神社_45_馬見丘陵公園_17_近鉄大阪線大和高田駅

生駒コース　　近鉄奈良線富雄駅_30_高山八幡宮前バス停（高山の里）高山八幡宮前バス停_6_上大北バス停_3_高山竹林園_3_上大北バス停_15_真弓橋バス停_3_長弓寺_12_円証寺_5_出垣内バス停_13_富雄駅_5_近鉄奈良線生駒駅_10_北条バス停_10_長福寺_10_北条バス停_10_生駒駅_2_近鉄ケーブル鳥居前駅_5_近鉄ケーブル宝山寺駅_12_宝山寺_12_宝山寺駅_7_近鉄ケーブル生駒山上駅（生駒山）生駒山上駅_12_鳥居前駅_2_生駒駅_4_近鉄生駒線一分駅_7_往馬大社_20_竹林寺_5_円福寺_7_興山往生院_5_美努岡萬墓_50_暗峠_60_近鉄生駒線南生駒駅

①法隆寺	⑫宮山塚古墳	㉒達磨寺	㉛長弓寺
②中宮寺	⑬長屋王墓	㉓片岡神社	㉜長福寺
③法輪寺	⑭三里古墳	㉔放光寺	㉝宝山寺
④法起寺	⑮金勝寺	㉕舟戸神社・西安寺跡	㉞往馬大社
⑤三井瓦窯跡	⑯千光寺		㉟竹林寺・行基墓
⑥駒塚古墳	⑰藤田家住宅	㉖川合大塚山古墳・大塚山古墳群	㊱美努岡萬墓
⑦上宮遺跡	⑱十三塚		㊲暗峠
⑧藤ノ木古墳	⑲烏土塚古墳	㉗広瀬神社	㊳生駒山
⑨龍田神社	⑳朝護孫子寺（信貴山寺）	㉘馬見丘陵公園	
⑩吉田寺		㉙佐味田宝塚古墳	
⑪県立竜田公園	㉑龍田大社	㉚高山の里	

斑鳩の里

1

聖徳太子一族が築いた飛鳥文化をたどりながら、いにしえの里をめぐってみよう。

法隆寺 ❶
0745-75-2555

〈M▶P.104, 109〉生駒郡斑鳩町法隆寺山内1-1 P
JR関西本線法隆寺駅🚌法隆寺門前行終点🚶すぐ

世界遺産に登録された世界最古の木造建築物

　法隆寺門前バス停で降りると、参道の松並木の向こうに、法隆寺（聖徳宗）の建築物の甍が目に入ってくる。また、JR法隆寺駅から歩いても20分ほどなので、斑鳩の町の景観や歴史を楽しみながら行くのもよい。この場合は、法隆寺駅の北出口の前の道を50mほど直進し左折、広い道を右折して800mほどまっすぐに進み、法隆寺東交差点を左折して、国道25号線を約200m行く。

　法隆寺は聖徳太子ゆかりの寺院としてよく知られるが、北の矢田丘陵の南東麓に寺地を占め、金堂や五重塔など、世界最古の木造建築物が甍を並べるとともに、世界に誇るべき美術品などを多数伝えることでも重要な寺院である。現在、国宝・重要文化財に指定されているものを約200件所蔵し、また、参道から西院・東院におよぶ範囲は、法隆寺旧境内として国史跡に指定されている。1993（平成5）年には、法隆寺地域の仏教建造物（法起寺を含む）は、世界遺産として登録された。

　法隆寺は、金堂・塔を中心とする西院伽藍と、夢殿を中心とする東院伽藍に区画されるが、それらの周辺部には多数の子院が存在し、これらを囲んだ築地塀が長く延びる。西院伽藍は、法隆寺再建・非再建論争の末、670年の焼失後に再建されたものと考えられるに至った。飛鳥時代創建当初の伽藍は、西院の南東方で発掘されており、若草伽藍とよばれ、塔と金堂が南北に並ぶ四天王寺式伽藍配置をと

法隆寺南大門

法隆寺西円堂

る。

　東院伽藍は、739（天平11）年、聖徳太子の斑鳩宮の故地の荒廃を嘆いた僧行信が、太子の冥福を祈って上宮王院を創立したもので、平安時代に法隆寺の管理下に入り、東院とよばれるようになった。発掘調査により、斑鳩宮の跡であることが明らかになった。

［西院伽藍］　法隆寺参道の松並木を通り抜けると、正面は法隆寺総門の南大門（室町時代、国宝）である。平安時代中頃、中門の南の石段の上にあったものを現在地に移し、室町時代に焼失したのを再建したものである。門の空間からは、塔や金堂がすっぽりと収まり、大変美しくみえる。南大門の左右に延びる西院大垣、南大門から中門への参道両側の西院東南隅子院築垣・西南隅子院築垣（いずれも江戸時代、国重文）は立派である。参道左側には子院の地蔵院・西園院が並び、ここには現在、本坊がおかれている。

　つぎに東西大門を結ぶ道に出て、左折してしばらく西へ進み、右折して境内の北西隅の小高い場所にある西円堂（鎌倉時代、国宝）に向かう。鎌倉時代再建の八角円堂で、本尊は高さ2.44mの巨像の乾漆薬師如来坐像（奈良時代、国宝）。峰の薬師として信仰を集めてきた。2月1日から3日間薬師悔過の修二会があり、3日の結願の夜には鬼追いの行事が行われる。西円堂から石段をおりると、南北に細長い建物があるが、南側が三経院（鎌倉時代、国宝）で、北側が西室（鎌倉時代、国宝）である。三経院は勝鬘・維摩・法華の三経を講讃する所で、西室は西の僧坊である。三経院の前の弁天池の島には、玄嶋弁財天がまつられている。池畔の休憩所では、お茶の無料接待がある。

　続いて、西院伽藍の中心である塔・金堂がある回廊内に入る。飛鳥時代の建築物は残らないが、670年に焼失後、金堂・塔・中門・回廊が計画的に順次造営されて、8世紀の初めに、今日みる寺観が

斑鳩の里

整備されたものと考えられている。再建当初は法隆寺式伽藍配置で，中門から左右に延びる回廊に囲まれた中に，東に金堂，西に五重塔を配置し，回廊の北側に講堂をおき，その東西の斜め前に鐘楼・経蔵が配された。さらにこれらを取り囲むように，回廊東側に東室，西側に西室，講堂の両側に北室がおかれた。東方の食堂・綱封蔵の位置する所には，太衆院や倉院があったという。金堂や中門などの建築には，柱の胴張り（エンタシス），軒を支える雲斗・雲形肘木，上層の高欄の卍崩しの組子・人字形の割束など，細部に中国南北朝時代の影響を受けたといわれる飛鳥時代の特徴を残している。

　正面の中門（白鳳時代，国宝）は，正面中央に2つの入口が設けられ，左右両端に塑造金剛力士立像（奈良時代作，国重文）が安置される。一般的に門の入口は1つか3つの奇数で，2つはほかに例がない。現在の入口は西側回廊に設けている。回廊内の東には金堂がある。金堂（飛鳥時代，国宝）は，寺院の本尊をまつる中心的な建造物である。二重基壇の上に立つ重層の入母屋造で，初重には奈良時代に後補された裳階がつく。金堂内部の中央内陣に須弥壇が築かれ，中の間に，聖徳太子のために止利仏師がつくった本尊の銅造釈迦如来及両脇侍像（釈迦三尊像，飛鳥時代作，国宝），東の間には，用明天皇のためにつくられた銅造薬師如来坐像（飛鳥時代作，国宝），西の間には，金銅阿弥陀三尊像（中尊・左脇侍は鎌倉時代作，右脇侍は白鳳時代作，いずれも国重文）を安置し，それぞれに木造天蓋（国重文）を吊る。釈迦三尊像の後ろには地蔵菩薩像，四隅に木造四天王立像（飛鳥時代作，国宝）がおかれる。釈迦三尊像は，面長な顔，杏仁形の目，仰月形の唇，裾広がりの二等辺三角形で左右対称な像様など，中国北魏時代の影響がみられる典型的な飛鳥仏である。これらの仏像を囲む金堂内外陣の側壁には，大小の壁画（白鳳時代作）が描かれ，世界的に有名であったが，1949（昭和24）年に火災によって焼損した。現在は，1968年に再現模写した壁画をパネルに仕立てて嵌め込んでいる。金堂では毎年1月8日から14日までの1週間，修正会の吉祥悔過が営まれる。

　金堂西側には，わが国最古の五重塔（飛鳥時代，国宝）が聳える。

二重基壇の上に建てられた安定感のある塔で、初重のみに裳階がつく。また初重の心柱の周囲には、土でつくられた須弥壇・須弥山が築かれており、東面は文殊菩薩と維摩居士が問答している情景、南面は弥勒菩薩が説法している情景、西面は釈迦の舎利（遺骨）を仏弟子たちが分ける情景、北面は釈迦の入滅の様子を描いたものである。とくに北面には、悲嘆にくれる比丘たちを巧みにあらわしており、「法隆寺の泣き仏」として知られる。これらは、塑造塔本四面具として国宝に指定されている。

　金堂・五重塔の後方には、大講堂（平安時代、国宝）が立つ。講堂は僧侶の研鑽道場である。創建時のものが焼失後、990（正暦元）年に再建されたもので、講堂の前を通っていた回廊も屈曲させて、講堂両側に接続した。本尊の木造薬師如来及両脇侍坐像（国宝）と木造四天王立像（国重文）は、いずれも平安時代の再建の頃の作である。大講堂の西の回廊の中に、経蔵（奈良時代、国宝）が立つ。経巻を納

法隆寺聖霊院

めた蔵である。西の経蔵に相対して、東に鐘楼(平安時代、国宝)が立つ。寺僧に時を知らせた施設である。講堂と同時に焼失し、のちに再建されたものである。正岡子規の「柿食えば　鐘が……」の句に出てくる梵鐘は、これではなく西円堂にあるものという。中門の左右から延び、大講堂の両側につながる回廊(白鳳時代、国宝)は、創建当時は経蔵・鐘楼の前で閉じていた。経蔵・鐘楼の手前の回廊の柱はエンタシスであるのに対して、講堂に近い方の柱は、講堂再建時のもので、円柱になっている。大講堂の裏には上御堂(鎌倉時代、国重文)がある。

　回廊を出るとすぐ東側に鏡池があるが、かつてここに茶店があり、子規はここで柿の名句を詠んだといわれ、句碑が立つ。回廊の東側、西室に相対する位置に、南北に細長い建物があるが、後ろが僧坊の東室(奈良時代、国宝)で、前が聖霊院(鎌倉時代、国宝)である。聖霊院内部の大きな厨子には、45歳の太子が勝鬘経を講義する姿をあらわした聖徳太子坐像と4人の侍者像(木造聖徳太子・山背王・殖栗王・卒末呂王・恵慈法師坐像、平安時代作、国宝)を安置する。太子の命日の3月22日から3日間お会式が行われ、太子像も特別に開扉される。お会式の供物(大山立)も見事である。東室の東側に並行して付属の妻室(国重文)がある。ここから少し東に行くと高床の綱封蔵(奈良時代、国宝)があるが、双倉という形式で、1つの棟の前と後ろに倉を設け、中央部を吹き抜けにしている。綱封蔵の奥には、僧侶の食堂であった食堂(奈良時代、国宝)と吹き抜けの細殿(鎌倉時代、国宝)が、軒を接して立っている。こうした建て方を双堂形式という。

　1998(平成10)年に完成した大宝蔵院百済観音堂へは、綱封蔵の横を通り奥に入る。百済観音堂は、7世紀後半の建築様式に基づいて建てられたもので、外観は木造、内部は耐火建築となっている。正

法隆寺百済観音像

面の中門を入ると、蓮池文塼瓦を敷き詰めた中庭があり、その向こうに宝形造の百済観音堂が立つ。中門から左の入口を入ると、中に法隆寺の代表的な宝物が展示されており、まさに圧巻である。西宝蔵には玉虫厨子(飛鳥時代作、国宝)・夢違観音像(銅造観音菩薩立像、白鳳時代作、国宝)、百済観音堂には百済観音像(木造観音菩薩立像、飛鳥時代作、国宝)、東宝蔵には銅造阿弥陀如来及両脇侍像(伝橘夫人念持仏)木造厨子(白鳳時代、国宝)・木造百万小塔(奈良時代、国重文)など、わが国を代表する古美術品を一堂に見学できる。なお、これまでの大宝蔵院は、新しく発見された宝物の収蔵庫となっている。大宝蔵院を出て東院に行く途中に、東大門(奈良時代、国宝)がある。

[東院伽藍] 東大門から石畳の参道を進むと、塔頭の宗源寺の四脚門(鎌倉時代、国重文)などがあり、正面に宝珠のある夢殿の屋根がみえてくる。東院は金堂に相当する夢殿を中心に、南に礼堂、北に絵殿・舎利殿があり、それらを回廊が囲み、その北に、講堂に相当する伝法堂が配置される。正面の南門(室町時代、国重文)は不明門といわれ、いつも閉ざされている。西門の四脚門(鎌倉時代、国重文)が通常の出入口である。

夢殿(奈良時代、国宝)は、二重基壇の上に立つ八角円堂で、円堂は故人の供養のための堂である。堂内中央の八角形の須弥壇に、本尊救世観音像(木造観音菩薩立像、飛鳥時代作、国宝)が安置される。クスノキの一木造で、太子の等身像ともいわれ、杏仁形の目、左右に鰭状に広がる天衣などは、北魏様式を示す。長く秘仏であったが、1884(明治17)年にフェノロサ・岡倉天心の努力によって、開扉されたことはよく知られている。毎年、春と秋に特別公開がある。ほかに上宮王院を創立した乾漆行信僧都坐像(奈良時代作、国宝)、平安時代に、荒廃した東院の再興に尽くした塑造道詮律師坐像(平安時代作、国宝)、聖徳太子孝養像(鎌倉時代作)がある。

斑鳩の里

法隆寺夢殿

夢殿の南には礼堂（鎌倉時代，国重文）が立つ。奈良時代には中門であったが，鎌倉時代に建て替えられ，礼堂になったという。夢殿を礼拝する所である。また，1691（元禄4）年までは，現在，大講堂で行っている聖霊会（10年に1度行われる太子の大法要）は，礼堂で行われていた。

夢殿の周囲は回廊（鎌倉時代，国重文）が取り囲むが，創建当初は北側は舎利殿に取りつかず，夢殿の後ろで一直線に閉じていた。夢殿後方には細長い建物があるが，間口7間のうち，中央の1間が馬道（通路）になっており，東側が舎利を安置する舎利殿（鎌倉時代，国重文），西側が太子の一代の事績を描いた『聖徳太子絵伝』を飾った絵殿（鎌倉時代，国重文）で，絵殿の本尊は夢違観音である。もと絵殿の壁を飾ったものは，法隆寺献納宝物（国宝）として，東京国立博物館蔵となっている。現在は，写本が絵殿を飾る。この建物の裏には，伝法堂（奈良時代，国宝）が位置する。聖武天皇の夫人である橘古那可智（橘夫人）の住宅が寄進されたもので，奈良時代の貴族の住宅遺構として貴重である。

回廊の北出口を出た所に，東院の鐘楼（鎌倉時代，国宝）が立つ。袴腰のつくものとしては最古例の1つである。内部の銅鐘（奈良時代，国重文）には，「中宮寺」の陰刻があり，中宮寺から移されたものと考えられる。

このほか，法隆寺境内には，寺僧の居住する子院が数多くあるが，公開されていない。江戸時代の建物がほとんどであるが，注目したいものである。

中宮寺 ❷
0745-75-2106

〈M ▶ P. 104, 109〉生駒郡斑鳩町法隆寺北1-1-2
JR関西本線法隆寺駅🚌法隆寺門前行中宮寺前🚶8分

法隆寺東院の北方に位置する北室院と伝法堂の間を通って東へ行くと，中宮寺（聖徳宗）がある。中宮寺前バス停からは，バス停のあ

聖徳太子の母后の温雅な表情の半跏像寺

る中宮寺前交差点を左折して北に約400m行くと着く。中宮寺は尼寺で、境内は落ち着いた静寂さがあり、大和の三門跡寺院の1つ（ほかは法華寺と円照寺）である。

中宮寺は、聖徳太子が母の穴穂部間人皇女（用明天皇皇后）のために、皇女の宮があった場所に建てたと伝えられ、聖徳太子建立七カ寺の1つとされる。鵤尼寺・法興尼寺ともいわれ、創建当初の寺地は、現在地から東方約550mの幸前小字旧殿にあった。1963（昭和38）年や1984年などの発掘調査で金堂跡や塔跡などがみつかり、四天王寺式の伽藍配置であることが明らかになった。創建年代については諸説あるが、古瓦の出土状況から、飛鳥時代の建立と考えられる。

鎌倉時代には興福寺の信如尼が来往して、荒廃した寺の復興を図り、1274（文永11）年、法隆寺綱封蔵から飛鳥時代の天寿国繡帳残闕（国宝）を発見している。永正年間（1504〜21）頃に、寺地を現在地に移したといわれる。天文年間（1532〜55）に、伏見宮貞敦親王の皇女尊智大王（慈覚院宮）が入寺してから、皇女が入寺する慣例になって門跡寺院となり、中宮寺御所または斑鳩御所とよばれた。宗派は中世以来真言宗であったが、1953（昭和28）年聖徳宗となった。1968年に新本堂を建て、本尊の飛鳥時代の伝如意輪観音像（木造菩薩半跏像、国宝）や天寿国繡帳残闕などを納めている。

本尊の観音像は、寺伝では如意輪観音といわれるが、弥勒菩薩として造立されたものと考えられる。クスノキの細材を組んで釘留めしてつくられている。表情は温雅で肌が黒く光るが、当初は彩色が施されていた。また、金銅透彫りの宝冠・胸飾り・腹当・釧などの装飾品をつけていた痕跡が残る。

天寿国繡帳は日本最古の刺繡である。聖徳太子の死後、妃の橘大郎女が太子を

中宮寺伝如意輪観音像

斑鳩の里　113

偲び，太子が往生した天寿国の姿をつくらせたという。この帳は当初2張あり，それぞれの大きさは横幅4m・縦2mほどと推定されている。現在のものは，残った断片を約1m四方に雑然と縫いあわせて，額装したものである。

法輪寺 ❸
0745-75-2686
〈M ► P. 104, 109〉 生駒郡斑鳩町三井1570　P
JR関西本線法隆寺駅🚌小泉駅行法起寺前🚶10分

太子ゆかりの三井と寺
よみがえる昭和の名塔

　法起寺前バス停から160mほど戻ると信号がある。そこを右折し，西へ約450m行くと，前方右手に法輪寺(聖徳宗)がみえてくる。法輪寺は法林寺・法琳寺とも書き，地名から三井寺(御井寺)ともよばれた。門をくぐると左側に三重塔，右側に金堂，正面にコンクリート造りの講堂があったが，現在は板葺きの形に修復されている。西門(県文化)は1間(約1.8m)の大きさで，もとは上土門である。

　法輪寺の創建には2つの説がある。1つは，622年聖徳太子が病気平癒を祈って，その子の山背大兄王と孫の由義王に命じて建立させたというもの。もう1つは，670年の斑鳩寺(若草伽藍)炎上後に，百済の開法師・円明法師・下氷新物らが合力して造立したものと伝えられる。

　1950(昭和25)年の発掘調査の結果，伽藍配置は法隆寺式で，規模は法隆寺の約3分の2であったことがわかった。平安時代の仏像・仏具が多数残っていることから，その頃が隆盛期であったと推定される。しかし寺運は衰退し，平安時代末期には，興福寺一乗院の末寺となった。鎌倉時代に荒廃したため，1441(嘉吉元)年に諸堂の修理をした。その後，豊臣秀吉が祈願寺とし，1587(天正15)年にに南門の前に下馬石を建てた。さらに1645(正保2)年，大風のため金堂を始め諸堂が倒壊したが，元文年間(1736〜41)に再興され，現在に

法輪寺

法輪寺三重塔

　至っている。宗派は明治時代は真言宗であった。

　三重塔は，法隆寺の五重塔，法起寺の三重塔とともに斑鳩三塔の1つであったが，1944(昭和19)年，落雷により炎上し，その美しい姿が消えた。以来31年間にわたり塔の再建計画が進められ，作家幸田文らの尽力もあり，1975年に飛鳥様式そのままに復元され，再び斑鳩にその姿がよみがえった。

　講堂の本尊は，弘仁・貞観時代の作である木造十一面観音立像(国重文)で，像高が360cmあるスギの一木造の像である。ほかに，木造虚空蔵菩薩立像・木造薬師如来坐像・木造吉祥天立像・木造聖観音立像・木造地蔵菩薩立像(いずれも国重文)がある。このうち虚空蔵菩薩像は，寺伝により虚空蔵菩薩とされるが，法隆寺の百済観音像と同様に，左手に水瓶をもつことなどから，本来は観音菩薩であると考えられる。また，飛鳥時代の鴟尾残闕(国重文)は，創建当初の講堂跡から出土したもので，百済様式の流れを汲む，7世紀頃の作とされる。

　西門を出て右手の細い道を4分ほど歩くと，簡単な覆屋に覆われた三井(国史跡)がある。この地は法輪寺の旧境内で，聖徳太子がわが子の産湯を使うために3つの井戸を掘り，このことにちなみ，この地を三井とよぶようになったという。現在ある井戸はその1つで，赤染井と称する。深さ約4.24m・口径90cm，中膨らみの円筒形で，底部から1.15mまでは乱石積，その上3mは，扇形の塼(レンガの一種)を約700枚積んでいる。古代朝鮮と同じ形式で，技術史上貴重な井戸である。現在でも水が湧き出している。

　法輪寺の西方は丘陵地帯で，水田となっている。この水田の中に仏塚古墳がある。一辺の長さが23mの方墳で，高さは4.6m。花崗岩の自然石を積んだ両袖式の横穴式石室が，南に開口している。石室内からは，陶棺の破片を始め，飛鳥・奈良時代の遺物，中世の仏像・仏具などが出土しており，長期間にわたって信仰の場として使

斑鳩の里

われたと推定されている。

法起寺 ❹ 〈M▶P.104, 109〉生駒郡斑鳩町岡本1873 P
0745-75-5559　JR関西本線法隆寺駅🚌近鉄郡山駅行法起寺前🚶すぐ

山背大兄王建立の寺　創建当時を伝える三重塔

　法起寺前バス停のすぐ前に法起寺(聖徳宗)がある。その所在地から岡本寺または池後寺ともいう。創建については,『聖徳太子伝私記』に三重塔の露盤銘の全文が掲載されている。露盤は現存していないが,銘文によると,山背大兄王が聖徳太子の遺命によって,太子の宮であった岡本宮を寺にしたという。このため,法隆寺・中宮寺などとともに,聖徳太子建立七カ寺の1つに数えられている。その後,638年に福亮僧正が弥勒像1体と金堂を造立し,685年に恵施僧正によって三重塔の建立が行われ,706(慶雲3)年に完成したとされる。1262(弘長2)年に大修理が行われたが,その後火災に遭い,江戸時代になって堂舎が再建され,現在に至っている。近年の発掘調査で,地下から現在の法起寺と異なる建物群跡が発見されており,岡本宮とみられる建築物の存在が明らかになった。

　伽藍配置は,塔を東に金堂を西におく法起寺式で,法隆寺とは塔と金堂の位置が逆である。三重塔(国宝)は,唯一現存する創建当時の建造物で,1重の基壇の上に建てられており,基壇も含めた高さは24.27mあ

る。胴張り(エンタシス)の柱や雲斗・雲形肘木, 深くて勾配のゆるやかな屋根などは, 法隆寺五重塔とよく似た建築様式である。1972(昭和47)年に塔の解体修理が始まり, 1975年に創建当時の形に復元された。三重塔としては日本最古・最大で, 飛鳥時代の様式を今に伝えている。

　仏像では像高350cmの木造十一面観音立像(国重文)がある。平安時代初期の作で, 下半身は木目があらわれているが, 上半身は黒漆(くろうるし)の上に金箔が残っている。また, 寺では虚空蔵菩薩と伝えられている銅造菩薩立像(国重文)は, 飛鳥仏である。

三井瓦窯跡(みいがようあと) ❺
0745-74-1001(斑鳩町教育委員会)

〈M▶P. 104, 109〉生駒郡斑鳩町三井
JR関西本線法隆寺駅🚌近鉄郡山駅行法起寺前🚶5分

法隆寺や法輪寺の屋根瓦を焼成

　法起寺前バス停から南西に160m余り行った, 信号の手前の細い道を北に約230m行くと, 右手の丘陵の上に三井瓦窯跡(白鳳時代, 国史跡)がある。周辺の丘陵は, 果樹園などとして開かれている。丘陵西斜面の中腹に築かれた登窯(のぼりがま)で, 焚口・燃焼室・焼成室・煙道(どう)からなる。覆屋で保存されているが, 窓から内部をみることができ, 登窯の構造がよくわかる。法隆寺や法輪寺で使用された瓦を焼成していたことが知られている。

　窯跡の北東の尾根上には, 瓦塚(かわらづか)1号墳(前方後円墳, 全長約97m, 古墳時代中期), その南に瓦塚2号墳(前方後円墳, 全長約95m, 古墳時代中期), 瓦塚3号墳(円墳)(えんぷん)がある。1号墳は斑鳩地方最大の古墳であり, また, 墳長が100m近い古墳が, 2基近接して築かれているのは珍しい。

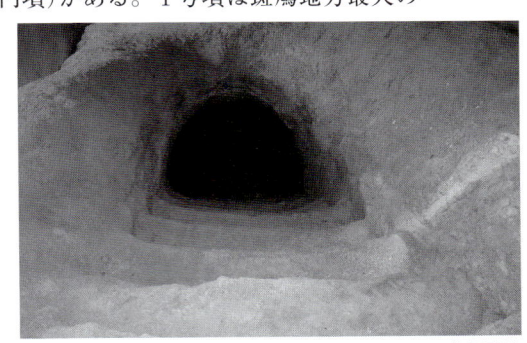

三井瓦窯跡

斑鳩の里　117

駒塚古墳・上宮遺跡 ❻❼
0745-74-1001（斑鳩町教育委員会）

〈M▶P. 104, 109〉生駒郡斑鳩町東福寺／斑鳩町法隆寺南3

JR関西本線法隆寺駅🚌近鉄郡山駅行法起寺口🚶すぐ、または法隆寺駅🚶15分

聖徳太子愛馬の墓と宮殿の推定地

　法起寺の西側を通るバイパス道（県道9号線）をまっすぐ南に行くと、国道25号線と交差するが、そこからすぐ南の家並みの中に、こんもりとした駒塚古墳の墳丘がみえる。前方後円墳であるが、国道25号線に接しており、墳丘の破壊は激しい。発掘調査の結果、埴輪列なども検出され、古墳時代中期に築造された、全長約55mの古墳であることが明らかになった。墳丘上には、晩年駒塚に居住し、天誅組に参加して捕らえられ刑死した、幕末の志士で、国学者の伴林光平の辞世の歌を刻んだ歌碑が立てられている。また、駒塚古墳の南方約100mの水田の中に、円墳の調子丸古墳がある。2つの古墳は、聖徳太子の愛馬黒駒とウマを引いた調子丸の墓と伝えられてきた。

　調子丸古墳から南側の道に出て、右折して150mほど行くと、住宅地のはずれに上宮遺跡公園がある。この公園は、発掘調査によって明らかになった上宮遺跡の上につくられたもので、井戸枠などの遺構の復元が行われ、また、園内には、万葉歌碑が立てられており、散策もできる。

　上宮遺跡の南にある成福寺は、聖徳太子の葦垣宮所在地との伝承がある所である。上宮遺跡の発掘調査では、奈良時代の大型の掘立柱建物群が7棟、井戸2基がみつかり、また、平城宮使用と同笵の軒瓦が出土している。『続日本紀』の神護景雲元（767）年の条などに記される、称徳天皇が行幸した飽波宮の一部と推定されている。飛鳥時代の土器も多く出土するところから、葦垣宮もこの付近に存在した可能性が高いといわれている。

藤ノ木古墳 ❽
0745-74-1001（斑鳩町教育委員会）

〈M▶P. 104, 109〉生駒郡斑鳩町法隆寺西2-1

JR関西本線法隆寺駅🚌法隆寺門前行終点🚶10分

　法隆寺門前バス停すぐの法隆寺南大門前の道を西に行き、法隆寺西側の通称西里の集落を抜けると、藤ノ木古墳（国史跡）がある。斑鳩町役場前からだと、役場の東側の道を北へ約300m行くと、古墳

の前に出る。法隆寺から直線距離では、約350mの至近距離の所にある。

　1985(昭和60)年に第1次、1988年に第2・3次発掘調査が実施された。調査の状況は新聞やテレビなどマスコミで、画期的な扱いで報道され注目を集めた。内部の横穴式石室はみることができないが、藤ノ木古墳の東南約200mにある斑鳩文化財センターでは、朱塗りの石棺模型や副葬品のレプリカを展示している。

　巨大な横穴式石室を設けた、6世紀後半に築造されたと推定されている古墳である。墳丘は、直径50m・高さ9mほどの円墳と考えられている。横穴式石室は南東に開口する両袖式で、全長14.2m、玄室の長さ6.14m・幅2.73m・高さ4.32m、羨道の長さ8.06m・幅1.78m・高さ2.5mである。石室の壁面の石材は、ほぼ垂直に積み上げられ、天井は高い。玄室・羨道部とも、床面には礫を厚く敷き、その下には、玄室内から羨道を通り、墳丘の裾まで続く排水溝を設けている。

　玄室奥壁に近接して奥壁と並行する形で、全面に朱が塗布された家形石棺が安置されていた。石棺は二上山白色凝灰岩を用いた刳抜式で、蓋の傾斜面の長辺両側に縄掛突起が2個ずつつく。石棺の長さ約2.3m、幅は最大部で1.3m、高さは最大部で1.54m。玄室入口付近には、須恵器・土師器が多量におかれ、玄室奥壁と石棺の間からは、馬具や挂甲札・鉄鏃が出土した。馬具には、金銅製と鉄地金銅張製の2種類があり、鞍に取りつける金具、心葉(ハート)形鏡板付轡、壺鐙、障泥の縁金具、歩揺付辻金具、棘葉形の杏葉が出土した。金銅装鞍金具には、龍・象・鳳凰などの禽獣文や鬼神像、パルメット文を透彫りにし、後輪には、金細工を施した半球状のガラスを両端に嵌めた把手がつく。東アジア世界で

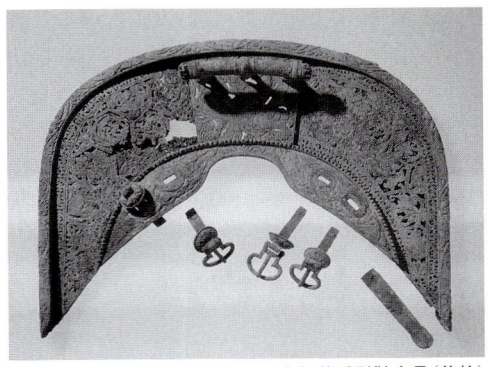

大陸文化の色彩の濃い、未盗掘の横穴式石室

金銅装透彫鞍金具(後輪)

斑鳩の里

も，すぐれた意匠や彫金技術を施した一級品であるという。

　石棺内は埋葬当時のまま残っており，豪華な副葬品とともに，棺内のその配置状態がわかる貴重な例である。被葬者は頭部を東側に2体仰向けに並び，北側の人物は，17〜25歳のやや大柄の男性であると推定され，南側の人物は年齢は特定できないが，男性の可能性が高いとされている。北側人物の頭部付近からは，画文帯神獣鏡(がもんたいしんじゅうきょう)など鏡3面，銀製耳環一対と首飾り，頭部から背部にかけて，ガラス玉を玉簾(たますだれ)状に連ねたもの，体の右側からは柄に三輪玉(みわ)と魚佩(ぎょはい)をつけた玉纒大刀(たままきたち)と剣，足元から金銅製冠と履(くつ)1足が出土した。南側人物の頭部付近からは，獣帯鏡(じゅうたい)1面とガラス玉，頭部上から筒形銅製品，金製耳環一対と首飾り，腰部から粟玉(あわ)，体の左側から4振の大刀(最上部は三輪玉と魚佩をつけた玉纒大刀)，足元から金銅製飾履(しょくり)と銅製大帯(おおおび)，足首からガラス製の連珠が出土している(出土品は国宝)。被葬者については，斑鳩とその近隣の豪族であった膳(かしで)氏・山部氏(やまべ)・額田部氏(ぬかたべ)，中央豪族の蘇我氏(そが)・物部氏(もののべ)らとする説があるが，特定するには至っていない。

龍田神社(たつたじんじゃ) ❾
0745-75-3163

〈M ▶ P. 104, 109〉生駒郡斑鳩町龍田1-5-3 Ｐ
JR関西本線・近鉄生駒線王寺駅(おうじ)，または近鉄田原本線新王寺(たわらもと)(しん)駅🚌奈良行龍田神社前🚶すぐ

法隆寺の鎮守　坂戸座発祥の地

　法隆寺西方の龍田の町は，奈良街道に沿って，中世から市場が発達した所であるが，町の中央付近で街道に面して，龍田神社(祭神 天御柱命(あめのみはしらのみこと)・国御柱命(くに))が鎮座する。龍田神社前バス停からは，北に約70m行くと着く。本殿左右に，龍田彦神社(ひこ)・龍田比売神社(ひめ)・滝祭宮(たきまつりのみや)をまつる。社伝によると，聖徳太子が法隆寺創建にあたり，伽藍の守護神としてまつったという。三郷町(さんごう)立野の龍田大社を本宮(ぐう)というのに対して龍田新宮(しんぐう)と称し，本宮から勧請(かんじょう)したとする説と，もともと法隆寺創建以前から，龍田大社の風神としての2座ではない神がまつられていたとする説もある。神仏習合(しんぶつしゅうごう)以降，法隆寺の寺僧が神主をつとめ，龍田神人(じにん)とよばれ，造替えも寺家の手で行われた。また，当社は中世から郷として発達した法隆寺東・西両郷の中心となり，両郷が隔年で神事に勤仕し，その長である大行事(だいぎょう)は，神社の運営に大きな権限をもっていた。

龍田神社

13世紀頃から、法隆寺や龍田神社の境内では、猿楽が盛んに演じられたことが、『嘉元記』や『法隆寺寺要日記』によって知ることができる。法隆寺においては、神仏を供養する法楽として、大和四座の1つである坂戸座の猿楽が演じられた。なお、坂戸座は、南北朝時代後期から室町時代初頭において、「金剛大夫」および「金剛座」とよばれるようになった。

吉田寺 ⑩
0745-74-2651
〈M▶P.104, 109〉生駒郡斑鳩町小吉田1-1-23 Ⓟ
JR関西本線・近鉄生駒線王寺駅、または近鉄田原本線新王寺駅
🚌奈良行龍田神社前 すぐ

俗に「ぽっくり寺」という阿弥陀信仰の寺

龍田神社から南に出て、国道25号線を渡ると竜田郵便局がある。その南側に吉田寺(浄土宗)の駐車場があり、すぐ寺の境内に入る。
　寺の創建は天智天皇の時代ともいわれ、また、987(永延元)年恵心僧都源信の開基ともいわれる。俗に「ぽっくり寺」ともいわれ、本尊の木造阿弥陀如来坐像(平安時代後期、国重文)に祈れば、寝たきりにならず、往生できるといい、信仰を集めている。阿弥陀如来坐像は、像高225.8mの寄木造で、「大和のおおぼとけ」の別名をもつ丈六の像で、平安時代後期の定朝様の優美な作品である。本尊のほかに、恵心僧都像・薬師如来像などがある。
　境内には、本堂のほか多宝塔(室町時代、国重文)や鐘楼などがある。多宝塔は方3間2層の本瓦葺きで、奈良県内に残る数少ない多宝塔の1つである。内部には、秘仏の大日如来が安置されており、毎年9月1・2日と11月1～3日に特別開扉される。
　また、本堂の西には、間人内親王(天智天皇の妹)の陵墓である龍田清水墓と伝える塚がある。

斑鳩の里

県立竜田公園 ❶
0745-74-6800(斑鳩町観光協会)

〈M▶P. 104, 109〉 生駒郡斑鳩町龍田・龍田南ほか P

JR関西本線王寺駅🚌奈良方面行竜田大橋🚶すぐ

古歌の歌枕として知られる竜田川

　斑鳩町の西端付近を竜田川が流れ、大和川に合流する。竜田川上流は、生駒山地と矢田丘陵に挟まれた構造谷である平群谷である。龍田神社や吉田寺からだと、西に約700m行くと竜田川畔に出る。この付近の竜田川沿いの川辺は、県立竜田公園として整備されている。カエデを中心に約1万本の紅葉樹が植樹され、紅葉の名所として名高い。総延長約2kmの都市公園として、三室山のサクラ・新緑とともに、秋の紅葉と自然に親しむことができる。竜田川は『古今和歌集』などにも詠まれた名高い川であるが、古歌に詠まれた竜田川は、下流の大和川本流であると考えられている。

　竜田川に架かる国道25号線の竜田大橋から南に、竜田公園に沿って約800m進むと、右岸に三室山(82m)がある。三室山も『後拾遺和歌集』などに詠まれたことで知られるが、斑鳩町の当地と三郷町の両地にあり、古歌に詠まれた地の比定については両説がある。平安時代以降、竜田川や三室山は、歌枕として紅葉とともに数多くの和歌に詠まれ、なかでも在原業平の「ちはやぶる　神代もきかず　竜田川　からくれなゐに　水くくるとは」(『古今和歌集』)、能因法師の「嵐吹く　三室の山の　もみぢ葉は　竜田の川の　錦なりけり」(『後拾遺和歌集』)が有名で、現在、三室山の登り口には、この2つの和歌の歌碑がある。三室山には5分ほどでのぼれる。頂上は公園になっており、眺望もよい。

2 平群・三郷・王寺・河合

竜田川・大和川沿いのこの地域は，古代以来，大和と大坂を結ぶ交通の要衝として栄えた。

宮山塚古墳 ⑫
0745-45-2101（平群町教育委員会）

〈M ▶ P. 104, 127〉 生駒郡平群町椿井1505
近鉄生駒線竜田川駅🚶20分

平群でもっとも初期の古墳／椿井の井戸

　竜田川駅から東に進み，協和橋を渡り椿井の集落に入ると，鎌倉時代につくられた線刻の笠石仏如来像がある。像の手前の脇道をさらに東に行けば，平群氏春日神社に着くが，鳥居の左手に宮山塚古墳（椿井宮山古墳，県史跡）がある。平群谷でもっとも古く，5世紀後半に築造された直径約20m・高さ約4mの円墳で，近畿地方で最初期につくられた横穴式石室があることで知られている。石室は，持ち送りといって，小さい石を徐々に内側に積み上げて天井を狭くしている。羨道入口には柵がめぐらされ，内部には入れない。

　平群氏春日神社の裏山には宮裏山古墳がある。横穴式石室をもつ円墳で，古墳時代後期に築造された。また，神社近くには椿井井戸もある。伝説では，物部守屋との戦いに苦戦した平群神手将軍が，戦勝を祈願し，この場所にツバキの杖を刺した。すると清水が湧き，井戸になったという。

宮山塚古墳

長屋王墓・三里古墳 ⑬⑭
0745-45-2101（平群町教育委員会）

〈M ▶ P. 104, 127〉 生駒郡平群町梨本756／三里958
近鉄生駒線平群駅🚶10分／🚶15分

皇親政治家の古墳／石棚のある三里古墳

　平群駅から北へ約300m行くと，約180mの距離を隔てて，長屋王墓と吉備内親王墓が並ぶ。どちらも小さな円墳である。

　長屋王は天武天皇の孫，高市皇子の子で，藤原不比等の死後に右大臣，左大臣になり，政治の実権を握った。しかし藤原氏の光明子立后を阻止したため，王は左道により国家を傾けようとした

長屋王墓

との密告を受け、后の吉備内親王や王子とともに自害に追い込まれた。これを長屋王の変(729年)といい、藤原氏の陰謀による事件と考えられている。

　長屋王墓から東へ進み、三里交差点で国道168号線を横断すると、三里古墳(県史跡)に着く。三里古墳は6世紀後半の築造である。墳丘はこわされ、本来の形は不明であるが、横穴式石室をもつ前方後円墳の可能性が考えられている。玄室には家形石棺が納められ、羨道には箱形石棺が追葬されていた。また、木棺も数回追葬されたと考えられている。副葬品に、杏葉・鏡板などの金銅製馬具や須恵器・土師器などがある。

　三里古墳の特異な点は、玄室奥に石棚という1枚の板状の石がつけら

三里古墳

れていることである。石棚は、岩橋千塚古墳群(和歌山県和歌山市)などの紀ノ川流域の古墳の横穴式石室によくみられ、被葬者と紀ノ川流域の古代豪族の紀氏との関係が考えられる。

金勝寺 ⑮
0745-45-0110　〈M▶P. 104, 127〉生駒郡平群町椣原53　P
近鉄生駒線元山上口駅🚶10分

竜田川沿いの寺　磨崖仏

　元山上口駅から竜田川に沿って、国道168号線を500mほど北に行くと、川の西岸に金勝寺(真言宗)がある。寺の境内にはモミジなどが植えられ、紅葉の時期になると拝観者の目を楽しませてくれる。

　金勝寺は寺伝によれば、746(天平18)年に行基が開いたとされる。その後、36の塔頭を擁する大寺院として栄えたが、天正年間

金勝寺磨崖仏

(1573〜92)に松永久秀の焼打ちに遭い，寺領も没収された。本堂は1666(寛文6)年の再建で，本尊薬師如来坐像(平安時代後期作)などを安置する。

本堂前には，鎌倉時代の十三重石塔(10層が現存)，本堂西には鎌倉時代の五輪塔がある。さらに西の崖には，線刻不動明王像や地蔵菩薩像など，室町時代から江戸時代にかけて刻まれた14体の磨崖仏がある。これらには，1456(康正2)年や1588(天正16)年に石仏が刻まれたことを示す銘文がみられる。また竜田川を

金勝寺綱掛け神事

挟んだ対岸にある共同墓地にも，1553(天文22)年の十三仏石仏や鎌倉時代の十三重石塔などの石造物が現存する。

民俗行事として綱掛け神事がある。毎年1月3日に，椣原地区の人びとが境内で大綱をつくり竜田川にかけるもので，綱掛けを行う場所には龍穴があり，そこには寺を守る龍が住むという伝承がある。

千光寺 ⑯
0745-45-0652
〈M▶P.104〉生駒郡平群町鳴川188　P
近鉄生駒線元山上口駅🚶50分，または🚗10分

役小角の開基　緑ゆたかな山寺

金勝寺前の国道168号線をさらに北へ約50m行き，椣原大橋西詰交差点を左折すると，しだいに新興住宅地から緑の山々に景観がかわっていく。千光寺までは約3kmの道のりであるが，途中から鳴川渓谷に入るこのコースは，ハイキングには最適である。

道沿いには石造物が多い。修験道の行場である鳴川の滝の岩面には，3m近い高さの地蔵菩薩像が線刻されている。清滝八尺地蔵磨崖仏とよばれる鎌倉時代の優作である。鳴川の滝の近くには，

平群・三郷・王寺・河合

千光寺梵鐘

五尊磨崖仏(鎌倉時代作)や貝吹地蔵(室町時代作)といった磨崖仏もある。さらに鳴川集落内には、頭上に方形の笠石を載せたゆるぎ地蔵がある。ゆるぎ地蔵は、祈願すると病気がゆるぐ(よくなる)として信仰されており、「弘安四(1281)年」の銘がある。隣には「天文二十(1551)年」の銘がある十三仏板碑がある。

千光寺(真言宗)は、寺伝によれば、天智天皇の時代に役小角(役行者)によって開かれたという。役小角が大峯山を開く前にここで修行したので、元山上ともよばれる。かつて寺領が500石あり繁栄したが、戦国時代に兵火や寺領没収で衰退し、塔頭蔵之坊だけが現存する。

本堂には本尊十一面千手観音立像を、行者堂には前鬼・後鬼を従わせた役行者像を安置している。本堂前の鐘楼の梵鐘(県文化)には、「大和国平群郡千光寺元仁二年乙酉四月日」の銘文がみられ、1225年に鋳造されたことがわかる。ほかに、石造宝塔(鎌倉時代前期)と十三重石塔(鎌倉時代後期)が本堂裏にある。

千光寺は今も修験道の霊場として、4月3日に戸開式、10月3日に戸閉式を行う。また、鳴川渓谷には、蛇腹石・西ののぞき・蛙石など多くの行場がある。

藤田家住宅 ⑰
0745-45-0240

〈M ▶ P. 104, 127〉生駒郡平群町福貴1523
近鉄生駒線平群駅 🚶 15分

重要文化財の大和棟民家 道詮律師ゆかりの福貴の里

平群駅から西に約300m歩くと、右に中央公民館がみえる。中央公民館すぐ北の道をさらに西に進んで行くと、右手の福貴団地の敷地内に、ツボリ山古墳(県史跡)がある。古墳は6世紀後半につくられ、原形は不明だが、円墳か方墳と考えられている。柵越しに横穴式石室の内部が見学でき、玄室と羨道それぞれに家形石棺を確認することができる。

さらに坂道をのぼると、藤田家住宅(国重文)がある。大和棟が美

平群駅周辺の史跡

しいこの住宅は、元禄年間(1688〜1704)に建てられた。当初は茅葺きの入母屋造であったが、18世紀末の改修で現状の大和棟にかわった。外見は段違いの棟で、主屋の屋根が切妻造、茅葺き、妻は高塀造本瓦葺き、庇は桟瓦葺きになっている。釜屋・土間などの炊事や作業を行う場所の屋根は切妻造本瓦葺きで、薪を焚いた際の煙を外に逃がすための煙出しがついている。内部では、柱組が豪快なことや、土間に入る内玄関のみでなく、「みせのま」へと通じる外玄関があることなどが特色としてあげられる。なお、見学希望者は事前連絡が必要である。

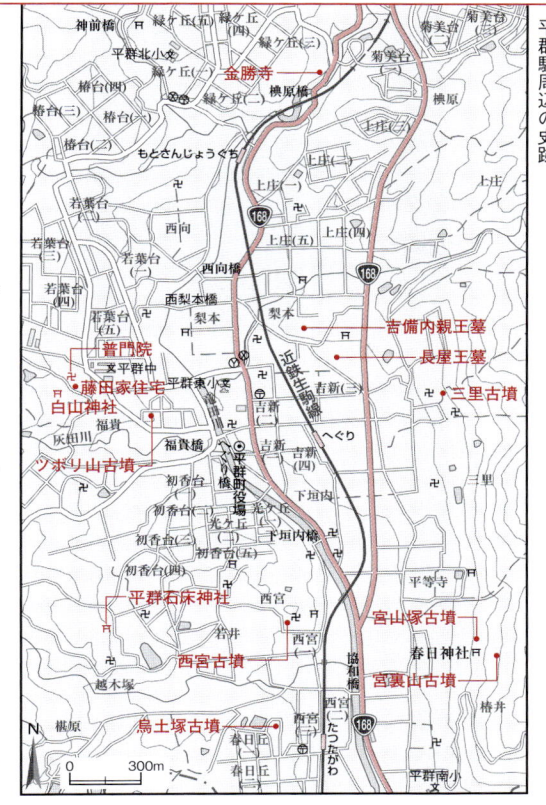

　福貴の集落には、普門院(聖徳宗)と白山神社がある。福貴にはかつて福貴寺という寺院があり、9世紀に法隆寺東院伽藍を再興した道詮律師が、世をさけて静かに暮らしたとされる。白山神社境内には、江戸時代に建てられた道詮律師の墓がある。また普門院には、平安時代前期彫刻の木造聖観音立像(国重文)が安置されていたが、近年法隆寺に移されている。

十三塚 ⓲
0745-45-2101(平群町教育委員会)
〈M ► P. 104〉生駒郡平群町福貴畑
近鉄生駒線平群駅🚗15分

　平群駅の西にある中央公民館から向かって左の坂道を行くと、平

平群・三郷・王寺・河合

十三塚

重要有形民俗文化財
杵築神社の深沙大将立像

群西小学校に出る。ここの交差点を右折し，約6km坂道をのぼって行く。途中の斜面には，キクなどの花畑が続いている。やがて生駒信貴スカイラインと立体交差している十三峠に着く。

古来，十三峠越え街道は竜田越えといわれ，北にある暗峠とともに，河内（現，大阪府）と大和を結ぶ大切な道であった。また，『伊勢物語』に書かれた，「昔ありける男（在原業平）」が，河内高安の女のもとへ通った道ではないかともいわれている。

十三峠には，名前の由来となった生駒十三峠の十三塚（国民俗）がある。大きな親塚を中心に，南北にそれぞれ6つの子塚が一直線に並び，親塚の前には祭壇状の石組の跡が確認されている。つくられた時期は不明だが，『河内鑑名所記』(1679年)には記されているので，江戸時代初期には遡るのだろう。神武天皇の皇后の墓や非業の死を遂げた女性の墓との言い伝えがあり，安産祈願・雨乞い祈願の地として信仰されてきた。

十三塚は全国に300以上確認され，民俗学者柳田国男も関心を寄せていた。この十三峠の十三塚は，完全な形で残された貴重なものである。

なお，十三峠に行く途中で福貴畑の集落を通るが，ここに杵築神社（祭神素戔嗚尊）がある。神社石段の左には，1石に7体の仏を彫った，1568（永禄11）年作の一観音六地蔵石仏がある。また境内の観音堂には，本尊聖観音坐像と木造深沙大将立像（県文化）が安置されている。聖観音坐像は像高87cm，1548（天文17）年に宿院仏師源次によりつくられた。宿院仏師は，戦国時代に奈良の宿院町に住んだ俗人の仏師たちのことで，明快な作風の仏像を残した。一方，深沙大将立像は約2mの像高で，鎌倉時代後期の作と考えられている。深沙大将は大般若経の守護神で，唐の玄奘がインドに赴く際，

斑鳩・生駒

砂漠で玄奘の危機を救ったとされる。頭髪は怒りのために逆立ち，蛇を左腕に巻きつけ，象の頭をひざにつけている。

烏土塚古墳 ⑲
0745-45-2101（平群町教育委員会）
〈M▶P.104, 127〉生駒郡平群町春日丘1-4
近鉄生駒線竜田川駅🚶5分

平群谷最大の巨石古墳
終末期古墳の西宮古墳

竜田川駅から約200m西に行き，春日丘公民館前の角を右折した住宅地の中に，石垣で囲まれた丘があるが，これが烏土塚古墳（国史跡）である。生駒山地の尾根の先端に，6世紀なかばに築造された前方後円墳で，全長60.5m，後円部径32m，前方部幅31mあり，平群谷では最大規模の古墳である。

後円部には横穴式石室が開口している。巨石を積み上げてつくった石室は全長14.2m，奈良を代表する巨大な石室といえる。なかでも玄室の高さは4.3mもあり，天井の高いことが特徴である。玄室内には蓋を失った組合せ式の家形石棺が残されているが，石棺側面には，斜格子状の線刻が施されている。また羨道にも，組合せ式石棺が安置されていたらしい。玄室からは，金銀装太刀・金銅装馬具・獣形鏡・須恵器・土師器などが出土している。さらに石室の入口周辺からは，形象埴輪・子持高杯などがみつかり，墓前の祭祀儀礼が明らかになった。

石室は施錠されているが，平群町中央公民館で鍵を借りることができる。

竜田川駅から北へ約1kmの所に平群中央公園がある。公園内に西宮古墳（県史跡）がある。3段に築かれた1辺36mの方墳で，7世紀なかばに築造された終末期古墳である。横穴式石室は，表面を平らに整えた切石でつくられ，とりわけ玄室は，奥壁・側壁・天井がそれぞれ1枚の切石からなっている。玄室と羨道の境には，凝灰岩を刳り抜いた家形石棺の棺身のみが残っている。

西宮古墳から西へ約700m向かった所にある，越木塚集会所のすぐ奥に，平群石床神社（祭神剣刃石床別命）がある。この社

烏土塚古墳

平群・三郷・王寺・河合

平群石床神社は，細い道を南に5分ほど歩いた所にある旧社地から，1924（大正13）年に遷座されたものである。旧社地には，当初から本殿や拝殿がなく，神体は中央に亀裂が入った高さ6m・幅10m余りの巨石である。原始的な自然物崇拝の名残りを伝えると考えられている。

朝護孫子寺（信貴山寺）⑳
0745-72-2277

〈M ▶ P. 104, 131〉生駒郡平群町信貴山2280-1
P
近鉄生駒線信貴山下駅🚌信貴山行終点🚶10分

毘沙門天信仰と信貴山縁起絵巻 松永久秀と運命をともにした山城

信貴山は生駒山地南部にあり，標高は437mである。この山頂付近に朝護孫子寺（信貴山真言宗）がある。信貴山バス停で降り，千体地蔵をみながら仁王門をくぐり，奉納された多くの石灯籠が並ぶ参道を進むと，巨大な張り子の世界一福寅や日本一地蔵尊が目に入る。朝護孫子寺は「信貴の毘沙門さん」として親しまれる，庶民信仰の寺でもある。厄除け・開運祈願のため，関西一円から参詣者が集まり，とくに初寅の日には，本尊の銅造毘沙門天立像（県文化）への参詣者が多い。本尊を安置する本堂は懸造で，ここから眺める大和盆地はじつに美しい。

創建は未詳である。寺伝によれば，聖徳太子が物部守屋征討に向かう際，この地で毘沙門天を感得した。戦いの後，太子はこの地に毘沙門天像を安置し，「信ずべき貴ぶべき山」

朝護孫子寺

すなわち信貴山とよんだのが，寺のおこりという。

　また，『今昔物語集』『宇治拾遺物語』などによれば，信貴山に住む聖の命蓮が，醍醐天皇の病を祈願によって治癒させた。そして「朝廟安穏，守護国土，子孫長久」の願文に由来する朝護孫子寺を賜ったという。命蓮は，信貴山中興の祖として伝えられている。

　時代を経るにしたがって，朝護孫子寺は，外敵退散・悪魔降伏を祈る武人の信仰を集めた。楠木正成はこの寺に祈願して生まれ，本尊の毘沙門天の別名である多聞天から，幼名を多聞丸と名づけられたという。また元弘の変(1331年)では，大塔宮護良親王はこの山に陣を張ったという。戦国時代には，甲斐(現，山梨県)の武田信玄の信仰も篤かったが，1577(天正5)年に織田信長が信貴山城を攻めたとき，諸堂も兵火に遭い，焼失した。その後，1602(慶長7)年，豊臣秀頼が本堂などを修復した。

　寺宝は霊宝館に展示されている。「延長七(929)年」の銘がある金銅鉢(国重文)や楠木正成奉納の武器類(国重文)などが見学できる。その中でも逸品は，紙本著色信貴山縁起(信貴山縁起絵巻，国宝)

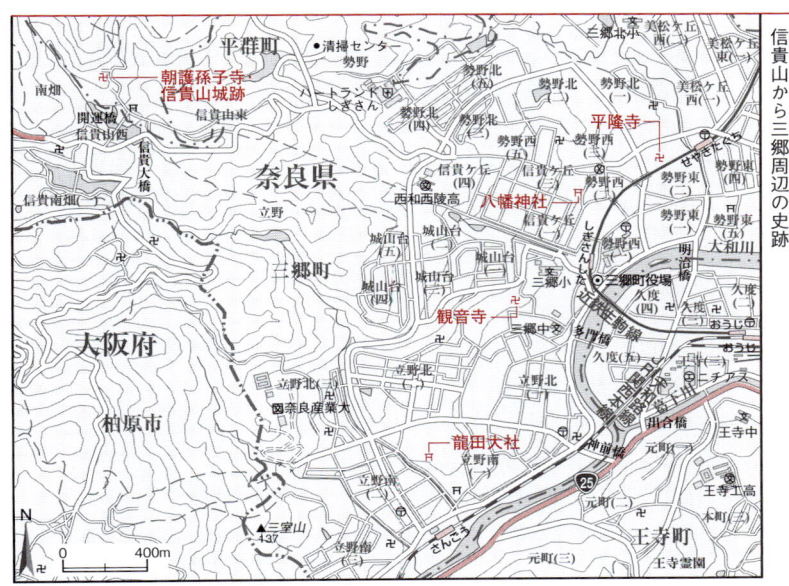

信貴山から三郷周辺の史跡

である。絵巻は3巻からなり，「飛倉の巻」には命蓮が法力で山崎長者の米倉を信貴山まで飛ばす逸話，「延喜加持の巻」には，命蓮が剣の護法童子を宮中に遣わして醍醐天皇の病を治す逸話，「尼公の巻」には，尼公が東大寺大仏の啓示により，弟の命蓮と再会する逸話が描かれており，社寺縁起絵巻でありながら，説話絵巻の要素が強い。平安時代末期に制作され，作者は不詳である。絵巻は毎年秋に特別公開されるが，普段は奈良国立博物館に寄託され，霊宝館には模本が展示されている。

行者堂脇の階段をのぼって行くと，命蓮ゆかりの空鉢御法堂に着くが，その横に信貴山城跡を示す石碑が立つ。ここが奈良県内で最大規模の中世城郭であった信貴山城の本丸跡である。下には城郭や土塁・空堀の跡が残る。信貴山城は，河内の畠山氏の家臣で，河内国守護代の木沢長政が，1536（天文5）年に築き，1559（永禄2）年に，大和国に入った戦国大名松永久秀が大修築を行った。しかし，1577（天正5）年，松永久秀は仕えていた織田信長に信貴山城を攻められて敗死し，落城した。

また，信貴山北西には高安山（488m）があり，ここにはかつて，高安城があったと考えられている。高安城は畿内唯一の朝鮮式山城で，日本が663年に，朝鮮半島の白村江で唐・新羅連合軍に敗北してから，防備をかためるため築城された。しかし，情勢の変化により重要性が失われ，701（大宝元）年には廃城になっている。平群町久安寺では，高安城の6棟分の倉庫跡と考えられる礎石が発見されている。

龍田大社 ㉑
0745-73-1138

⟨M▶P. 104, 131⟩ 生駒郡三郷町立野南1-29-1 Ｐ
JR関西本線三郷駅 🚶 5分

風水の難をのぞく風の神 滝祭りが有名

三郷駅の北方に，龍田大社（祭神 天御柱命〈志那都比古〉・国御柱命〈志那都比売〉）がある。

龍田大社は斑鳩町の龍田神社の本宮にあたる。『日本書紀』の天武天皇四（675）年の条に，風神を龍田の立野にまつらせ，大忌神を広瀬の河曲にまつらせたという記事があり，北葛城郡河合町の広瀬神社とともに，朝廷の祭祀を受けた神社である。龍田大社の祭神は風の神で，風水害をのぞいて穀物の豊作を祈る風神祭が毎年行わ

龍田大社

れる。『延喜式』では、名神大社とされ、国家の重大事に奉幣使(神に幣帛を捧げるための使者)が遣わされる二十二社に数えられる重要な神社であった。中世には衰退したが、江戸時代に朱印領が安堵され、明治時代になると官幣大社に列せられた。

例年4月4日に執行される祭礼は「滝祭り」とよばれ、前日に大和川で梁を張ってとった川魚を神前に供えた後、大和川に放流するというものである。また、7月4日の風鎮祭には、地元のみではなく、県外各地からも多くの参詣者がある。

当社に残された宝相華彩絵奚婁鼓胴(国重文)は、胸にかける楽器で太鼓の一種である。直径約21cm・ヒノキ製黒漆塗で、藤原時代の作である。胴のところに、宝相華唐草文などが描かれている。現在は、奈良国立博物館に寄託されている。

龍田大社から北東に10分ほど歩くと、観音寺(融通念仏宗)がある。サツキが美しく、「さつきの寺」とよばれている。寺蔵の木造地蔵菩薩立像(国重文)は、ケヤキの一木造で像高は121cm、藤原時代初期の作である。

また、近鉄生駒線勢野北口駅から県道236号線を西に400mほど歩いた所に、平隆寺がある。平隆寺は、聖徳太子建立46寺院の1つと伝えられ、寺域は県の史跡に指定されている。平隆寺の西南約400mの所にある八幡神社の本殿(国重文)は、一間社春日造の檜皮葺きで、棟木の墨書銘によれば、室町時代の建築で、細部にわたる技巧がすぐれ、この時代の特徴をよく残している。

達磨寺 ㉒　〈M▶P.104, 134〉北葛城郡王寺町本町2-1-40 P
0745-31-2341　JR関西本線・近鉄生駒線王寺駅、または近鉄田原本線新王寺駅
明神1丁目行・白鳳台2丁目行張井 すぐ

張井バス停で降りると、道路の東側に、2004(平成16)年に新築されたばかりの達磨寺(臨済宗)の本堂がみえる。中世の大和では、興

達磨寺本堂

聖徳太子ゆかりの寺　片岡山飢人伝承が有名

福寺の勢力が強かったため、禅宗寺院は少ないが、達磨寺はその中でも、由緒ある寺院である。境内に入ると、右手に方丈（県文化）がある。県内でも数少ない禅宗方丈遺構で、棟札などから1667（寛文7）年の建立とわかる。

当寺の草創の由緒は、『日本書紀』の推古天皇二十一（613）年の条にみえる「片岡山飢人」の物語である。聖徳太子が片岡山遊行の途中、道に寝ている飢えた人をみて、救いの手をさしのべ、姓名を問い、飲食を与え、さらには衣を脱いで与えた。その後、この飢人が死んだので手厚く葬らせた。太子はこの飢人が真人（聖）であることに気づき、使者を遣わして調べたところ、死体はすでになく、太子の与えた衣が棺の上にたたまれて残っていたという。人びとはこれを達磨の化身と信じて墓をつくり、達磨塚と名づけ、寺を建てて太子作の達磨像を安置したという。この伝承は『日本霊異記』などに語り継がれ、太子信仰が高揚するなかで、太子のみた飢人は達磨だという伝説が生まれ、片岡の地の古墳に達磨寺が建立されたと考えられる。

王寺駅周辺の史跡

境内にある古墳は、古墳時代後期の円墳で、大和低地部の古墳として注目されるもので、本堂の下に横穴式石室がある。ほかに境内には2基の古墳があり、達磨寺境内古墳群といわ

れる。

　達磨寺には，木造達磨坐像・木造聖徳太子坐像・絹本著色涅槃図（奈良国立博物館に陳列中）・達磨寺中興記石幢（いずれも国重文）がある。達磨坐像は，南都仏師椿井集慶の作，画僧周文の塗装になるもので，1430（永享2）年に，室町幕府6代将軍足利義教の命でつくられたものといわれ，京都円福寺・松島瑞巌寺（宮城県）の達磨像とともに，日本三大達磨として知られる。また，本堂西側にこの地の土豪で，片岡城主であった片岡春利の墓がある。

　『万葉集』には聖徳太子が竜田山に死人をみたときの作として，「家にあらば　妹が手まかむ　草枕　旅にこやせる　この旅人あはれ」とある。難波（現，大阪府）と大和を結ぶ要路のこの地は，人びとの往来も盛んで，そのなかには悲惨な死を遂げた人もあったことだろう。また，斑鳩と河内国磯長（現，大阪府太子町）を結ぶ聖徳太子ゆかりの地というこの地の性格があいまって，飢人伝承を生んだと考えられる。

片岡神社と放光寺 ㉓㉔
0745-72-3710（放光寺）

王寺町の総鎮守　聖徳太子ゆかりの寺院

〈M▶P.104, 134〉北葛城郡王寺町本町2-6-1　🅿
JR関西本線・近鉄生駒線王寺駅，または近鉄田原本線新王寺駅🚌明神1丁目・白鳳台2丁目行張井🚶5分

　達磨寺から出て国道168号線を渡り，岩松寺の角を右折して約80m先の片岡山麓に，片岡神社が鎮座する。境内は王寺小学校の北側に隣接している。『延喜式』神名帳に，「片岡坐神社」とあるのがこの神社であると考えられている。祭神は，当初建角身命であったが，のち豊受大神・天照大神・八幡大神・住吉大神・清滝大神をまつり，五社大明神と称した。この地方の惣社の地位を占めた神社である。境内社の1つに大原神社があり，門部王命をまつる。

放光寺

平群・三郷・王寺・河合

百済系渡来人大原氏の氏神で，この地方の仏教文化の伝播に貢献した渡来人の存在を示す。

　片岡神社の社殿の南隣に放光寺（黄檗宗）がある。現在は小さな堂であるが，かつては聖徳太子建立46寺院の１つとされた片岡王寺（片岡僧寺）の跡であり，南面の四天王寺式の伽藍であったとされている。片岡王寺は，王寺町の町名の由来ともなった寺である。

　「法隆寺伽藍縁起 并 流記資財帳」によると，598年，播磨国（現，兵庫県）から水田を布施されたとき，聖徳太子はこれを，斑鳩寺・中宮寺と片岡王寺に分賜したとの記事がある。寺運はその後変遷し，1572（元亀３）年，松永久秀の兵火を受け，寺跡を残すのみとなった。放光寺の額は隠元の書で，片岡神社は放光寺の鎮守社であった。王寺町と南接する香芝市にある尼寺という地名は，片岡僧寺に対する片岡尼寺の存在を示す地名と考えられる。

　また，県立王寺工業高校の運動場と接して孝霊天皇片丘馬坂陵がある。非常に大きな陵墓で，なだらかな円墳である。

舟戸神社と西安寺跡 ㉕

〈M ▶ P. 104, 134〉北葛城郡王寺町舟戸2-4189
JR関西本線・近鉄生駒線王寺駅，または近鉄田原本線新王寺駅🚶15分

道路・旅人を守る神　聖徳太子ゆかりの寺院

　王寺駅から東へ15分ほど歩いた山裾に，ささやかな神社がある。久那戸大神をまつる舟戸神社である。久那戸大神は，道路や旅人などを守る神であり，流通の要衝にあったこの地の守護神として信仰を集めた。

　この神社の周辺が，古代寺院西安寺の跡地である。西安寺は聖徳太子建立46寺院の１つといわれ，後世，興福寺の末寺となったが，その創建年代や伽藍配置には不明な点が多い。出土瓦は，飛鳥・白鳳・天平の各時代にわたっており，往時の繁栄が偲ばれる。

川合大塚山古墳と大塚山古墳群 ㉖
0745-57-0200（河合町教育委員会）

〈M ▶ P. 104, 137〉北葛城郡河合町川合・穴闇
近鉄田原本線池部駅🚶15分

県内有数の前方後円墳群　古墳時代中期の古墳

　池部駅から県道５号線を北東に15分ほど歩くと，道路東側に川合大塚山古墳の小山のような墳丘がみえる。この古墳を中心として，川合城山古墳ほか計８基の古墳が，大塚山古墳群（国史跡）を形成し

川合大塚山古墳

ている。川合大塚山古墳は、前方部を南に向ける大型の前方後円墳で、全長195m、古墳群中最大規模である。墳丘は3段に築成され、葺石や埴輪がめぐらされていたと考えられる。墳丘の周囲は現在水田になっているが、馬蹄形の周濠の形がよくわかる。また、周濠跡の外側には外堤が残る。

大塚山古墳西側の県道5号線を挟んだ向かい側に九僧塚古墳がある。1辺約30mの方墳である。大塚山古墳の北東約500m、川合集落の東端には川合城山古墳が位置する。全長109mの南面する前方後円墳で、周濠は水田化している。大塚山古墳の北方、県道36号線を渡った住宅街の中には径48mの円墳丸山古墳がある。

大塚山古墳の北西の集落の中に、高山塚1号古墳（中良塚）がある。北東を向く前方後円墳で、全長88m、周濠がめぐる。高山塚1号古墳の西側にも高山塚2・3・4号古墳とよぶ小円墳が3基ある。

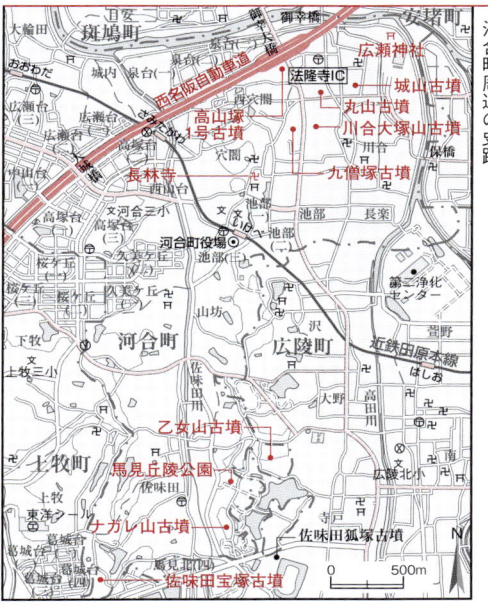

河合町周辺の史跡

大塚山古墳群の8基はいずれも未発掘で、詳しい内容は明らかでないが、古墳時代中期に築造されたものと推定されている。

また、川合大塚山古墳から350mほど南に行き、穴闇交差点を右折して直進し、県道132号線を渡った所に、聖徳太子建立46寺院の

平群・三郷・王寺・河合

1つという伝承のある長林寺(黄檗宗)がある。現在の寺は江戸時代中期に建立されたものであるが、塔の心礎が境内にあり、もとは寺の南にあったものが移されたと考えられる。発掘調査の結果、金堂と講堂の跡が確認され、法起寺式の伽藍配置、7世紀前半の飛鳥時代の創建で、主要伽藍は、7世紀後半の白鳳時代に完成したと推定されている。

広瀬神社 ㉗
0745-56-2065

〈M▶P.104,137〉北葛城郡河合町川合1206　P
近鉄田原本線池部駅🚶30分

広瀬神社

河川の氾濫を防ぐ水神「砂かけ祭り」が有名

　川合大塚山古墳の北東、曾我川が大和川と合流する位置に、『延喜式』式内社(名神大社)の広瀬神社が鎮座する。崇神天皇の時代の創祀と伝える古社で、水田を守り、河川の氾濫を防ぐ水神として古くから信仰されている。大和川の対岸にある、風神をまつる龍田大社とともに、『日本書紀』にもしばしば登場する。祭神は若宇加能売命で、龍田大社とともに五穀豊饒を祈る神として篤く崇敬され、国家の重大事に奉幣使が遣わされる二十二社の1つであった。本殿(県文化)は、一間社春日造の檜皮葺きで、桁行3.1mの豪壮な社である。1711(正徳元)年の建造と考えられている。

　広瀬神社の御田植祭は、俗に「砂かけ祭り」といい、例年2月11日に行われる。拝殿での神事の後、境内での神事では、参詣者も入りまじって砂をかけ合う。

馬見丘陵公園 ㉘
0745-56-3851(馬見丘陵公園館)

〈M▶P.104,137〉北葛城郡河合町佐味田2202　P
近鉄大阪線大和高田駅🚌竹取公園東 行終点🚶すぐ

　竹取公園東バス停で降りると、すぐ北側が馬見丘陵公園で、馬見古墳群の資料などを展示する馬見丘陵公園館がある。公園内の「中央エリア」南東にあるナガレ山古墳(国史跡)は全長約105m、南面

大和川の水運

コラム

大和と大坂を結んだ大和川の水運

　奈良県は海のない県で、大河もないが、舟運がまったくなかったわけではない。奈良盆地では、四周から流れ出る諸河川を利用した川舟が運行していた。『古事記』『日本書紀』では、古代の難波津から大和川を遡った外国の使節が初瀬川に入り、三輪山の南西麓にあったという海石榴市に至り、ここから飾馬に迎えられて飛鳥の都に入ったと伝える。近世の大和でも、平野を蛇行する河川に川舟が、あるいは肥料や塩を満載して遡行し、あるいは米や綿花を積んでくだっていた。この川舟は魚梁船といい、近世大和の経済活動のうえで大きな働きをしている。

　奈良盆地の水は初瀬川を本流に、北から富雄川・佐保川・寺川・曾我川・葛城川・葛下川などが合流し、大和川となる。王寺町で、亀瀬の峡流が、生駒・葛城の山地を横切り、河内平野を経て大阪湾にそそぐ。下流の河内側は大坂の剣先船が、上流の大和側は魚梁船が就航した。

　魚梁船の通船区域は亀瀬の上流に限られ、初瀬川筋は嘉幡（現、天理市）、寺川筋は今里、曾我川筋は松本（ともに現、田原本町）、佐保川筋は筒井（現、大和郡山市）まで遡行していた。就航は春に、油粕・干鰯や塩が上流に運ばれ、秋には米・木綿などの生産物が下り物として運ばれた。夏は川水が農業用水に利用され、冬は渇水で舟運はあまり利用できなかったが、農民の生活とのかかわりが深い。そのため運送の遅延や運賃の値上げをめぐって、よく訴訟がおきた。

　もともと亀瀬の上流をヤナといい、ヤナで魚をとり、龍田大社の滝祭りに供えていたらしい。大和川の舟運は、古くは龍田大社の管理に属したとされるが、1601（慶長6）年に、片桐且元が平群郡内に所領をもったとき、年貢米を大坂に運ぶために亀瀬の峡流を広げ、龍田大社の神人である安村信安に魚梁船をつくらせた。以来、安村氏は片桐氏の保護の下に、魚梁船による物資運送業を独占した。1694（元禄7）年の片桐氏改易後、安村氏の魚梁船支配権は奪われ、幕府により平群郡立野村の惣百姓に川舟支配権が与えられた。のち、訴訟が繰り返され、安村氏の既得権は回復されたが、このため家産を傾け、以来、親戚筋の森氏や宇治（現、京都府）の喜多氏とこの権利を折半して就航権を握った。

　近世大和の物資の運送に活躍した魚梁船も、近代に入り大阪鉄道（現、JR関西本線）の開通によって、その役割を終えた。

平群・三郷・王寺・河合

ナガレ山古墳

古墳を中心とした公園 帆立貝式古墳が集中

する前方後円墳で、5世紀初頭の築造とみられる。数次にわたる発掘調査により、円筒埴輪列や葺石が良好な状態で検出されたほか、勾玉などの玉類や刀などの鉄製品、刀などの石製模造品などが出土している。

　馬見古墳群には帆立貝式古墳が多く、なかでも公園内「中央エリア」の北西にある乙女山古墳（国史跡）は、全長約130mで、全国最大規模を誇る。前方部を南東に向け、周囲の水田と溜池の形から周濠も確認できる。出土遺物から、5世紀前半頃の築造と推定されている。このほかにこの地域の帆立貝式古墳として、佐味田狐塚古墳など計5基がある。

佐味田宝塚古墳 ㉙
0745-57-0200（河合町教育委員会）
〈M▶P.104, 137〉北葛城郡河合町佐味田
近鉄大阪線大和高田駅🚌竹取公園東行終点🚶15分

前期の前方後円墳 多数の銅鏡が出土

　馬見丘陵公園の南端、タダオシ池すぐ北側の道を、しみず大橋を渡って15分ほど西に歩くと、馬見丘陵の中央部に位置する屋根上に、佐味田宝塚古墳（国史跡）がある。4世紀後半の前方後円墳で、全長は112m。前方部は北東を向いている。1881（明治14）年に発掘され、勾玉などの玉類、銅鏡・巴形銅器、石釧などの石製品ほか、多数の副葬品が出土しているが、とくに36面の銅鏡の出土は圧巻である。出土遺物は、現在、東京国立博物館と宮内庁に所蔵されている。

　銅鏡は、四神四獣鏡などの舶載鏡とともに仿製鏡もあり、なかでも家屋文鏡とよばれる鏡は、4棟の建物（竪穴式住居・高床倉庫・高殿・平地式建物）が描かれ、当時の人びとの生活が偲ばれる貴重なものである。

　なお、河合町穴闇の馬見丘陵から、絶滅動物のシガゾウとシカマシフゾウの化石（県天然）が出土し、現在、奈良県立橿原考古学研究所附属博物館に保管されている。

斑鳩・生駒

③ 生駒山麓

奈良と大阪の県境にあたる生駒の史跡は、古来の交通の要地としての賑わいと、人里離れた寂しさを今に伝える。

高山の里 ⑳
0743-79-3344（高山竹林園）

〈M▶P.104, 142〉生駒市高山町 P
近鉄奈良線富雄駅🚌庄田・傍示行高山八幡宮前🚶すぐ

茶筅の里 伝統工芸を今に伝える

　高山八幡宮前バス停で降りると、高山八幡宮（祭神足仲彦命・誉田別命・息長帯比売命）がある。749（天平勝宝元）年、東大寺大仏殿の落慶の際に、筑紫国の宇佐八幡宮（大分県宇佐市）を平城京に勧請したとき、ここを頓宮（仮宮）としたことが八幡宮の始まりと伝えられている。本殿（国重文）は、室町時代の1572（元亀3）年に建立されている。間口4.8mの三間社流造・檜皮葺きで、40～50年ごとに修理され、修理の年代を示す棟札（本殿の附指定）が20枚残っている。この高山八幡宮の付近一帯に広がる集落が、茶筅などの伝統工芸を今に伝える高山の里である。現在は、約20軒が茶筅づくりを行っている。

　高山はもともと鷹山といい、この地名は、興福寺一乗院衆徒鷹山氏一族の本拠地であったことに由来する。鷹山氏は、室町時代中期以降半世紀余りが全盛期であった。現在の高山町地区の北部にある小高い山が、鷹山氏の居城であった高山城跡と伝えられる。鷹山氏は、1551（天文20）年に死去した鷹山頼春の代に、姓を高山に改めたといわれるが、これにはつぎのような茶筅にかかわる由来がある。

　高山宗砌は、一説では鷹山城2代城主大炊介源頼秀の弟、民部丞入道宗砌といわれる。この宗砌が奈良の称名寺にいた、侘茶の創始者村田珠光と親交を通じ、茶の指導を受け、茶筅を考案した。この茶筅を後土御門院に献上したところ、好評を博して「高穂」の銘

高山八幡宮

生駒山麓　　141

高山の里の史跡

を賜り、以後、村名を鷹山から高山に改めたという。高山町前田にある法楽寺(真言宗)の境内入口左側の前庭には、1934(昭和9)年に茶筌業組合によって、高山宗砌の碑が建立された。

近世に入ると、高山氏は没落し、一族や家臣の一部は離村するが、この地に残った家臣は、帰農して無足人座を結成し、茶筌製作を業とし、その技を今日に伝えた。この座は、高山八幡宮の宮座の1つとして、今も続いている。

高山八幡宮前バス停から庄田・傍示方面に向かって2つ目の上大北(高山竹林園前)バス停から、東側の鷹山の大橋を渡ると高山竹林園がある。1989(平成元)年に完成した資料館と、竹林に囲まれた公園が整備されている。資料館の中には、400年来の伝統を有する茶筌を始めとした高山の茶道具が、製造工程に沿って展示されている。この公園内には円楽寺跡がある。円楽寺は鷹山氏の菩提寺として、盛時には広大な敷地を有したが、明治時代初期の廃仏毀釈で境内が取り壊され、今は、鷹山氏一族の墓塔として、五輪塔二十数基が残されているのみである。

円楽寺跡

長弓寺 ㉛

〈M▶P. 104, 142〉生駒市上町4445 P
近鉄奈良線富雄駅🚌庄田・傍示行真弓橋🚶3分

聖武天皇ゆかりの長弓寺　郊外に遷寺した円証寺

　真弓橋バス停から富雄川に沿って，下流へ少し戻ると橋がある。その橋を渡れば，長弓寺（真言宗）の参道に至る。長弓寺の創建については諸説あるが，「長弓寺縁起」によれば，聖武天皇が鳥見郷の地で狩りをするときにつくらせた弓を真弓と称したので，この地の山を真弓山，寺を長弓寺と称した。また，本尊の頭部の仏面を弓でつくり，残りを埋めてこれを真弓塚とよんだという。真弓塚は寺の境内から離れており，本堂横の細い道を1kmほど東へ行き，住宅地を抜けた山手奥にある。

　この寺は聖武天皇の勅願により，730（天平2）年，行基が開いたともいう。延暦年間（782～806）に藤原良継が伽藍を中興し，中世は寺勢盛んであったが，1473（文明5）年の山名宗全の落人による寺宝の破壊や，1577（天正5）年，織田信長による寺領没収により衰退した。

　本堂（国宝）は，内陣裏手の天井に保管されている棟木の墨書銘から，1279（弘安2）年の建立であることがわかる。間口5間（約9m）・奥行6間（約10.8m），単層・入母屋造で向拝1間（約1.8m），檜皮葺きの屋根のゆったりとした曲線が優美な，和様仏堂の代表作である。本堂の内部を見学するには法華院で受付をする必要がある。

　本堂内陣に安置されている鎌倉時代の黒漆厨子（国重文）は長方体で，扉板に曼荼羅が描かれている。この厨子の中に，本尊の木造十一面観音立像（国重文）がまつられているが，正月などの数日間だけ公開される秘仏である。像高120cmで一木造，藤原時代の作である。表情には深い慈悲と気品がある。本堂手前の石段下の左側には，鎌倉時代に僧が使用した，石風呂を転用した手水鉢がある。

長弓寺本堂

生駒山麓　143

円証寺本堂

長弓寺から真弓橋バス停(富雄方面行き)まで戻り、3つ目の出垣内バス停で降りる。富雄川沿いに北へ戻ると、すぐに信号があるので右折して、急な坂道を200mほどのぼると、右手に円証寺(真言律宗)がある。普段は門が閉ざされており、拝観は事前に予約が必要である。円証寺は戦国時代の豪族筒井氏の菩提寺で、16世紀中頃の天文年間(1532〜55)末期に、奈良市林小路町に建立された。しかし、寺域周辺の市街地化による環境変化のため、1985(昭和60)年に現在地に遷寺した。重要文化財に指定された建築物の移転はきわめて珍しい。本堂(国重文)は間口3間(約5.4m)・奥行3間で、室町時代末期の様式を残す重要なものである。筒井順慶の父順昭の墓塔である石造の五輪塔(国重文)には、「天文十九(1550)年六月二十日」の忌日が刻まれている。客仏の木造文殊菩薩騎獅像・普賢菩薩騎象像(ともに国重文)は、藤原時代末期の作である。

長福寺 ㉜
0743-73-2563　〈M▶P.104〉生駒市俵口町841
近鉄奈良線生駒駅🚌生駒台循環北条 🚶10分

伝聖徳太子創建の長福寺 精緻な金銅能作生塔

北条バス停から少し戻ると左側に病院がある。そこを通り過ぎて少し行くと、右側に入るやや太い道がある。その道を直進すると、正面に長福寺(真言律宗)がある。この寺は寺伝では、聖徳太子の創建と伝えられる。鎌倉時代に荒廃したので、実詮律師により弘

長福寺本堂

長年間(1261〜64)に再建されたと伝えられるのが，現在の本堂(国重文)である。間口5間・奥行3間，単層の入母屋造で本瓦葺き・向拝1間がついている。屋根の勾配はゆるく，軒先が軽く反った優雅な姿を伝える。境内には，鎌倉時代作と推定される七重層塔がみられる。

　また，長福寺には金銅能作生塔(国宝)がある。能作生塔は舎利塔の一種で，万物生成をつかさどる根源の珠である如意宝珠を納める塔である。高さ26.5cm，金銅に金銀をちりばめた鎌倉時代作の精密な工芸品で，現在は東京国立博物館に寄託されている。

宝山寺 ㉝
0743-73-2006

〈M▶P.104〉生駒市門前町1-1　P
近鉄奈良線生駒駅ケーブル生駒山上行宝山寺駅 徒 12分

商売の神生駒聖天さん　希有な般若窟と獅子閣

　宝山寺駅で降りると，道が聖天通りに通じている。聖天通りは坂と石段が交互に続く道で，宝山寺山門まで続く。通りの左右には，民家にまじって料理旅館・みやげ物店などが軒を連ねている。

　宝山寺(真言律宗)は1678(延宝6)年，湛海律師が開いた。もとは都史陀山大聖無動寺と号したが，のちに宝山寺と書かれた弘法大師空海の真蹟が見い出され，寺号を改めたという。江戸時代には，皇室・将軍家・大和郡山藩・商家などに信仰されていた。とくに1699(元禄12)年に，東山天皇が勅願寺とし，以降，1868(明治元)年の明治天皇即位まで続いた。

　境内からは，本堂背後の岩山の洞穴に，1682(天和2)年作の弥勒菩薩像を眺めることができる。これは般若窟とよばれ，7世紀頃役小角が修行し，般若経を納めたと伝えられている。瓦葺きの本堂には，湛海作の本尊木造不動明王像(国重文)がまつられている。本殿左の檜皮葺きの拝殿の鎮守神は，大聖歓喜自在天で，俗に「生駒聖天」とよばれる。商売繁盛の神として，全国から信仰を集めて

宝山寺

生駒山麓　145

いる。ほかに湛海作の厨子入木造五大明王像や，絹本著色弥勒菩薩像・絹本著色愛染明王像（奈良国立博物館寄託）・絹本著色春日曼荼羅図・世阿弥の筆による能本（いずれも国重文）がある。客殿の獅子閣（国重文）は，1884（明治17）年に大工の吉村松太郎が建てた洋風2階建ての建築物である。

往馬大社 ㉞
0743-77-8001

〈M▶P. 104, 149〉生駒市壱分町1526-1　Ⓟ
近鉄生駒線一分駅🚶7分

火の神宿る往馬大社　参拝者を癒す社叢

　一分駅を出て線路に沿うように北へ歩く。約130mで左折する道があり，踏切を越えると国道168号線に出る。国道168号線を横断して，生駒川に架かる大宮橋を渡り，西へ向かうと道が丁字路になるので右折し，約200m歩けば左側に石鳥居がみえる。そこが往馬大社（祭神伊古麻都比古神・伊古麻都比売神ほか）である。

　往馬大社は，正式には往馬坐伊古麻都比古神社といい，『延喜式』で官幣大社に列せられていた。創建年代は明確ではないが，生駒山を神体としてまつる自然崇拝であったが，やがてこの土地の産土神を祭神とし，中世には平群神社の5柱を合祀し7神とした。近世には生駒谷17郷の氏神となった。この神は火燧木の神，すなわち「火の神」として，龍田大社の「風の神」，広瀬神社の「水の神」とともに，民衆の信仰を集めていた。とくに往馬大社は，代々の天皇の祭祀に用いられる火燧木を献上していた。

　毎年10月11日の秋祭りは，壮大な火祭り（火神祭）として知られる。かつては，特権的な祭祀集団である宮座が組織され，神社の境内に茅葺きの座小屋をもっていた。現在では，大きく上郷と下郷の2つの座に分かれて，2座が対抗する形式をとりながら祭事を進行する。

　往馬大社の社叢（県天然）には，高さ20mにも達する照葉樹が約3haの境内に保存されている。この照葉樹林は，生駒山麓地帯を代表する極相林として，学術的価値が高い。

竹林寺と行基墓 ㉟
0743-77-8030

〈M▶P. 104, 149〉生駒市有里町211-1　Ⓟ
近鉄生駒線一分駅🚶15分

　一分駅から西へ50mほど行き，国道168号線を南へ線路沿いに700m行くと，生駒川に架かる橋が右手にある。橋を渡ると有里地区に通じる道があり，道なりに東に600mほど行けば，右手に竹林

寺（律宗）の道標がみえる。この寺に行基墓（国史跡）がある。行基は40歳頃から生駒山の東陵に草野仙房（かやのせんぼう）という僧庵を営み，生駒谷でも活動を行い，民衆に慕われたという。のちに東大寺大仏造立に尽力して，わが国最初の大僧正（だいそうじょう）に任じられた。749（天平21）年菅原寺（すがわらでら）に入寂（にゅうじゃく）し，遺命（いめい）により生駒山東陵で火葬され，竹林寺に葬られた。

竹林寺は今は無住（むじゅう）となっており，小さな堂に「竹林寺」の扁額（へんがく）がかかっているだけである。その横の雑木林の中に行基墓がある。1235（文暦（ぶんりゃく）2）年，境内から行基の舎利瓶（びょう）が発見された。現在，この行基舎利瓶残欠は，奈良国立博物館に所蔵されている。行基の舎利瓶の発見により，竹林寺は行基の信仰が高まり，寺観も整い，鎌倉時代には，良遍（りょうへん）や忍性（にんしょう）らの南都（なんと）の高僧も来寺したという。とくに忍性は，自分の遺骨を竹林寺にも分納することを遺言したので，竹林寺には五輪塔の忍性墓がある。1986（昭和61）年の発掘調査により，忍性の銅製骨瓶など（大和竹林寺忍性墓出土品，国重文）が発見されている。

竹林寺の堂に至る参道の手前右側に，生駒谷では唯一と考えられる前方後円墳（ぜんぽうこうえんふん）の竹林寺古墳がある。古墳時代前期の築造で，全長約45m・後円部の高さ約8mで，現在は後円部だけが残っている。

竹林寺の前の道を西へ約5分歩くと，右側の高い石垣の上に円福寺（えんぷくじ）（真言宗）がある。創建時期は不明だが，行基が開山（かいさん）したといわれる。本堂（国重文）は，間口3間・奥行5間，単層・入母屋造，向拝1間で，本瓦葺きである。修理棟札（むなふだ）には，1371（応安（おうあん）4）年のものが

行基墓のある竹林寺　宝篋印塔の残る寺院

行基墓（竹林寺）　　　　　　　　　　　　　　　　忍性墓（竹林寺）

生駒山麓

円福寺宝篋印塔　　　　　　　　　　　　　　　　往生院宝篋印塔

あるので、この年以前に建立されたと推定される。本堂の前庭には高さ2.4mの宝篋印塔2基（国重文）が南北に並んでいる。北側の塔の基礎北面には、滅罪・往生・浄利・衆生平等利益を願って建立した旨と「永仁元(1293)年十二月十六日」の銘が刻まれている。

円福寺の南東方の尾根伝いに共同墓地があり、その中に興山往生院がある。その本堂北側にも、高さ205cmで、「正元元(1259)年」の銘がある宝篋印塔（国重文）がある。

美努岡萬墓 ㊱
0743-74-1111（生駒市生涯学習振興課）
〈M ▶ P. 104, 149〉生駒市青山台117-134
近鉄生駒線 南生駒駅 🚶13分

生駒谷を望む美努岡萬墓 遣唐使の活躍伝える墓誌

南生駒駅の前を南北に通じる国道168号線を北へ約200m行くと、左側に生駒川に架かる大登大橋があり、橋を渡り西へ100mほど進むと、左側に消防署南分署がある。すぐ隣は生駒南中学校である。中学校を過ぎる辺りから坂道になり、やがて左側に高く積まれたブロックの石垣が目に入る。その上に、美努岡萬墓（県史跡）がある。付近一帯は住宅地であり、墓に通じる階段をのぼると小高い丘で、その頂上に石碑が立っている。

美努岡萬墓

美努岡萬は、河内

国(現, 大阪府)美努郷の豪族で, 702(大宝2)年遣唐使の一員として随行し, 帰国後, 主殿寮頭に任じられた人物である。この墓から1872(明治5)年に出土した墓誌(銅製美努岡万連墓誌, 国重文)が, 東京国立博物館に所蔵されている。この墓誌は, 萩本忠平が壁土をとっていたときに発見したもので, 縦29.7cm・横20.9cmの矩形の銅板で, 表面に173字の銘文が刻まれている。1878年に墓誌模造品を埋めて石碑が建てられた。また, 1984(昭和59)年に発掘調査が実施され, 墓の構造などが明らかになった。

南生駒駅周辺の史跡

暗 峠 ㊲　〈M▶P. 104〉生駒市藤尾町・西畑町 ほか
近鉄生駒線南生駒駅🚶60分(暗峠)

奈良と大阪を結ぶ古道往時の賑わいを偲ぶ石畳

　南生駒駅の前を南北に走る国道168号線を南へ約25m行き, 生駒川に架かる小瀬橋を渡り右折すると, 道幅が3mほどになる。その道が国道308号線で, 暗峠に通じるかつての暗越え奈良街道(大坂街道)である。奈良三条大路(現, 三条通り)を起点として西ノ京, 矢田丘陵の椌木峠, 南生駒を経て, 暗峠を越えて河内に入り, 難波に至る古道で, 飛鳥時代から利用され, 文化の往来も盛んであった。

　国道308号線の沿道には石仏寺(融通念仏宗)がある。本尊は1294(永仁2)年, 石工伊行氏の阿弥陀三尊石仏であるが, 拝観はできない。沿道には石仏が多く, とくに西畑町地区に集中している。

　現在でも100mほど石畳が残っており, この石畳を含む暗峠は「日本の道百選」に選ばれている。江戸時代でもまだ治安が悪く, 井原西鶴の『世間胸算用』の中に, 追剥におそわれたことが出ている。江戸時代後期には暗峠には約20軒の旅館があり, 伊勢参りの人びと

生駒山麓　　149

暗峠

も通るなど、宿場町（しゅくばまち）として賑わった。

国道308号線を小瀬橋のほうへ戻る途中に、みなみ保育所がある。そこを過ぎてしばらく行くと右に入る道があり、道なりに12分ほど歩くと宝幢寺（ほうどうじ）（融通念仏宗）に至る。本堂（国重文）は室町時代の建立で、間口5間・奥行5間、単層・入母屋造、向拝1間の本瓦葺きである。行基が開祖と伝えられ、1988（昭和63）年に解体修理され昔の姿に復元された。

生駒山（いこまやま）㊳
0743-74-2173（近鉄生駒山上遊園地）

〈M ▶ P.104〉生駒市菜畑町（なばたちょう）2312 　P
近鉄奈良線生駒駅ケーブル生駒山上行終点🚡すぐ

「神います山」生駒山　奈良と大阪を眼下に一望

生駒の象徴である生駒山は、大和・山城・河内・和泉・摂津の5カ国をすべて眺める位置にあり、古くから「神さぶる　生駒高嶺に雲ぞたなびく」（『万葉集』）と慕われ、尊ばれてきた。古代の人びとは神聖な「神います山」として、山そのものを信仰してきた。標高642mの生駒山は生駒山脈の主峰で、生駒山頂は南北に長い山脈をなし、大阪府と奈良県の県境となっている。

近鉄生駒駅の南に、生駒ケーブルの始点となる鳥居前駅がある。このケーブルは、日本最初の登山鉄道として、1918（大正7）年に開通した。山頂に向かう途中の宝山寺駅で降りれば、聖天像をまつる宝山寺を訪れることができる。

生駒山頂からは、東に奈良盆地・奈良市街・笠置（かさぎ）山脈・大和三山を望み、西は大阪平野と大阪市を眼下に見下ろすことができる。また、鉄道や道路が生駒山麓に沿って、南北に直線状に発達している様子がわかる。生駒山地からは、大阪平野側の斜面が非常に急崖をなすのに対し、奈良盆地に向かっては段斜面である。現在は登山道が整備され、奈良から大阪に向かって、いくつかのルートで生駒山を越えることができる。

奈良盆地中央部
Narabonchi

慈光院書院

安堵町歴史民俗資料館

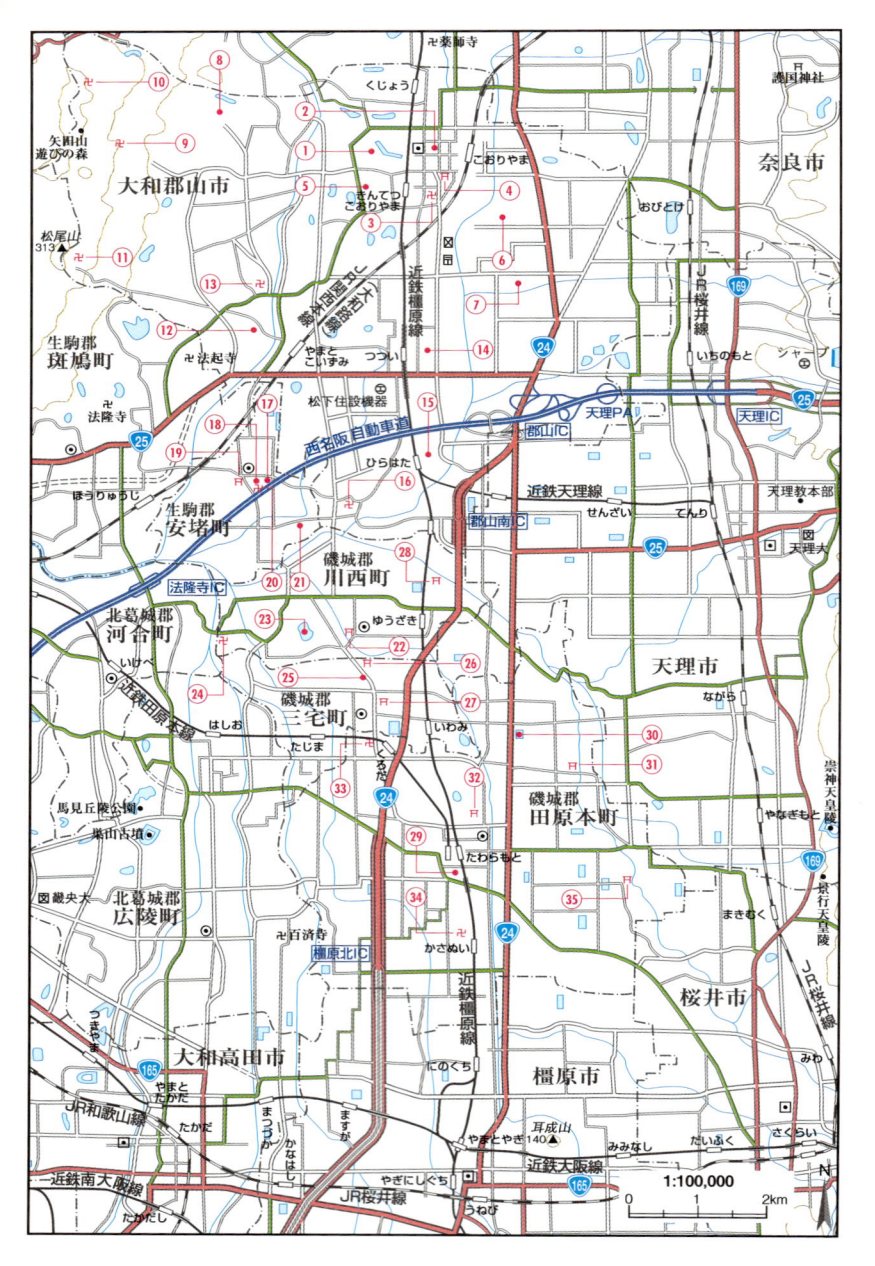

奈良盆地中央部

◎奈良盆地中央部散歩モデルコース

大和郡山コース 1.近鉄橿原線近鉄郡山駅_2_柳門跡_2_五軒屋敷跡_1_大和郡山城ホール_2_春岳院_1_宗延寺_5_郡山城外堀跡_3_城址公園_1_洞泉寺_6_柳大門跡_1_郡山八幡宮_2_近鉄郡山駅

2.近鉄橿原線近鉄郡山駅_5_郡山城跡_5_柳沢文庫_5_殖槻寺跡_10_永慶寺_1_大和郡山カトリック教会_3_大納言塚_3_新木山古墳_10_近鉄郡山駅

3.近鉄橿原線近鉄郡山駅_11_矢田東山バス停_7_奈良県立民俗博物館_20_東明寺_20_矢田寺_30_松尾寺_50_JR関西本線大和小泉駅

4.JR関西本線大和小泉駅_10_小泉城跡_5_小泉神社_10_金輪院_5_慈光院_10_西岳院_20_JR大和小泉駅

5.近鉄橿原線・天理線平端駅_15_額安寺_3_鎌倉墓_1_額田部窯跡_10_光明寺_10_順慶墓_10_筒井城跡_3_光専寺_3_本門寺_5_順慶堤_20_若槻環濠集落_5_稗田環濠集落_15_JR関西本線郡山駅

安堵コース JR関西本線法隆寺駅_10_東安堵_3_安堵町歴史民俗資料館_3_富本憲吉記念館_3_飽波神社_5_極楽寺_25_中家住宅_15_かしの木台_15_法隆寺駅_10_大福寺_10_JR法隆寺駅

川西・三宅コース 近鉄橿原線結崎駅_15_糸井神社_3_面塚_10_島の山古墳_20_光林寺_3_富貴寺_30_屏風杵築神社_10_伴堂杵築神社_10_近鉄田原本線黒田駅

田原本コース 1.近鉄橿原線田原本駅_5_浄照寺_1_本誓寺_5_津島神社_15_鏡作神社_20_唐古・鍵遺跡_20_唐古・鍵考古学ミュージアム_20_近鉄田原本駅

2.近鉄橿原線笠縫駅_20_多神社_20_秦楽寺_15_本光明寺_10_村屋神社_15_唐古・鍵遺跡_20_唐古・鍵考古学ミュージアム_10_浄照寺_1_本誓寺_5_津島神社_15_近鉄橿原線田原本駅

3.近鉄橿原線笠縫駅_20_多神社_20_秦楽寺_30_唐古・鍵考古学ミュージアム_15_鏡作神社_15_浄照寺_1_本誓寺_5_津島神社_5_近鉄橿原線田原本駅

①郡山城跡	⑩東明寺	⑲飽波神社	㉙田原本の町並み
②郡山の町	⑪松尾寺	⑳極楽寺	㉚唐古・鍵遺跡
③洞泉寺	⑫小泉城跡	㉑中家住宅	㉛池神社
④薬園八幡神社	⑬慈光院	㉒糸井神社	㉜鏡作神社
⑤大納言塚	⑭筒井城跡	㉓島の山古墳	㉝法楽寺
⑥稗田の環濠集落	⑮順慶墓	㉔富貴寺	㉞秦楽寺
⑦若槻の環濠集落	⑯額安寺	㉕太子道	㉟村屋神社
⑧奈良県立民俗博物館	⑰安堵町歴史民俗資料館	㉖屏風の杵築神社	
		㉗伴堂の杵築神社	
⑨矢田寺	⑱富本憲吉記念館	㉘八幡神社	

大和郡山

1

「城と川のある町」大和郡山。郡山城を始め，歴史的な文化遺産が残る城下町の史跡を歩く。

郡山城跡 ❶
0743-53-1151（大和郡山市教育委員会）

〈M ▶ P. 152, 155〉大和郡山市城内町　P
近鉄橿原線近鉄郡山駅🚶5分

> 京都の押さえをになった畿内最大藩の城

　近鉄郡山駅で下車し，東側の改札口から線路沿いに北（京都方向）へ市役所を目指して行くと，大きな石垣と堀がみえてくる。郡山城跡（県史跡）の大手門であった桜門の跡である。枡形門であったが，今は一部の石垣のみが残る。その手前左手，市教育委員会の建物の辺りは米蔵の跡である。この辺りが，郡山城の三の丸があった所である。そのままもう少し北へ歩いて，左手の城址公園北側の踏切を渡ると，再び石垣があらわれる。鉄門のあった所で，北側の石垣しか残っていないが，往時の姿を偲ばせる。

　鉄門跡を過ぎた辺りで，道が二手に分かれる。左の道をとると，藩主の住まいであった二の丸跡（現，奈良県立郡山高校）へ直行できる。道を右手にとり復元された追手門（梅林門）と櫓をみつつ左折すると，本丸の毘沙門曲輪である。天守郭を右手にみながら坂道をのぼって行くと，柳沢文庫がみえてくる。楽只堂年録（柳沢吉保時代の記録）など，歴代藩政時代の史資料を多数所蔵している。柳沢文庫の右手，堀との間の細い道を行くと，堀の向こう側に石垣が窪んでいる所がある。ここに，毘沙門曲輪と天守台を結ぶ極楽橋が架かっていた。さらに奥へ進むと多聞櫓の跡がある。櫓跡を道なりに行くと天守台に入る。こんな遠回りをしなくとも，郡山高校の正門前に二の丸から直接入れる台所橋を渡れば合流もできる。現在，天守台には天守台と藩祖柳沢吉保をまつる柳沢神社がある。郡山城

郡山城鉄門横堀

跡はサクラが有名で，3月末から4月にかけての2週間，お城祭りが開かれており，各地から観光客が多く訪れる。

　郡山城の二の丸跡には郡山高校の，三の丸跡には大和郡山市の施設が立っており，当時の面影を残す所はほとんどない。

　郡山城は，犬が伏したような形をしている犬伏岡の東端にあるので犬伏城，郡山の旧称である「かふり山」「かむり山」に冠の字をあてて冠山城ともよばれる。

　郡山城は，織田信長に属した筒井順慶が，松永久秀を破って大和の統一を成し遂げ，1580（天正8）年に郡山城主に封じられて築城したことで知られているが，順慶の城は，現在地から一筋南の五左衛門坂の辺りであったという説もある。現在地に本格的に築城され始めたのは，豊臣秀吉の弟豊臣秀長が，大和・紀州（現，和歌山県）120万石の居城として郡山城に入城してからである。現在の規模から推察すると，完成はみなかったものと考えられる。

　秀長の後，養子秀保，さらに増田長盛が20万石で入り，惣堀の建設にとりかかり，秋篠川の流路をかえ，外堀の一部として利用している。おそらく現在の規模の城が誕生したのは，この頃であろう。関ヶ原の戦い（1600年）で，西軍に味方した長盛は城を明け渡し，大久保長安の在番後，水野勝成が6万石で入城した。本多氏・松平氏らを経て，1724（享保9）年に，柳沢吉保の子吉里が甲府（現，山梨県）から入り，柳沢家を藩主として明治維新を迎えている。

　郡山城跡から道路を挟んで北側に，殖槻寺跡がある。709（和銅2）年，藤原

郡山城跡周辺の史跡

不比等が維摩会を開いた所といわれている。平安遷都(794年)によって衰退し、梵鐘が薬師寺に移された。郡山城の築城に際し、土中から本尊の薬師三尊像が出土し、薬師寺に移されたという伝承もある。明治時代初期の神仏分離に際して、光伝寺に観音堂が移されており、観音堂の扁額は「植槻」となっている。植槻八幡神社のかたわらにあったと推定されている。

植槻八幡神社については、鎮座年代、殖槻寺との関係など不明である。1406(応永13)年の史料に「ウエツケノ宮前」との文字がある。『薬師寺上下政所要録』からみると、天正年間(1573〜92)には、九条郷の鎮守的存在であったらしい。例祭は、1729(享保14)年9月に始まっている。

光伝寺(浄土宗)は、九条町にある京都知恩院の末寺である。1655(明暦元)年の創建で、当初の寺号は「常念仏堂小岩寺」。1658(万治元)年、本多忠国が現在の寺号に改めている。墓地には、郡山藩主柳沢保光の兄柳沢信復の墓がある。

郡山の町 ❷

0743-52-2010(大和郡山市観光協会)

〈M ▶ P. 152, 155〉 大和郡山市紺屋町ほか
近鉄橿原線近鉄郡山駅🚶 3〜10分

御朱印箱が残る15万石の城下町

近鉄郡山駅を中心として、近鉄橿原線の東側が旧城下町の旧町人地である。町人地については、豊臣秀長の頃、奈良の商人を移住させて13の町組が整えられた。これらの町は、地子とよばれる税を免除され、御朱印箱を月ごとに持ちまわり、自治を行っていたので、箱本13町とよばれた。現在でも、紺屋町を始め、魚町・塩町・堺町・藺町などの地名が残っている。

近年の都市開発により、旧城下町の様相もかわってきている。古い住宅が取りこわされたり、旧城下町を貫く道路の拡張が行われている。近鉄橿原線西側は旧

郡山の町並み

武家地にあたるが、武家屋敷は現存せず、町人地・寺社地であった東側でのみ、往時を偲ぶことができる。

市役所北側の、もと五軒屋敷とよばれた家老屋敷・評定所跡の北端部に、城郭建築を模した大和郡山城ホールが2001(平成13)年に建設された。大小のホール・会議室や図書館を備えた本館に、弓道場・剣道場・柔道場を備えた武道場も併設されている。大和郡山城ホールの南東すぐの所に、豊臣秀長の菩提寺春岳院(真言宗)がある。箱本13町の御朱印箱も春岳院に残されており、事前連絡すれば見学も可能である。

春岳院から道路を挟んで北東すぐの所に、宗延寺(日蓮宗)がある。柳沢吉里に抱えられた槍術の達人岩田六左衛門正甫の墓や、大塩平八郎の乱(1837年)の際に、東町奉行所(現、大阪府大阪市中央区)での宿直中に、密訴によって真っ先に斬られた、大塩門人の小泉淵次郎の墓がある。小泉は、郡山藩の重臣青木氏の出身であったため、青木家の菩提寺であったこの寺に葬られたことが、近年になって確認された。

JR郡山駅前の公団住宅の北端に、郡山城の外堀が原形に近い形で残っている。外堀の一部は、大和郡山市によって公園として整備され、市民の憩いの場になっているが、多くは埋め戻されたり、溜池になったりと形をかえている。外堀の遺構を間近にみることができるのは数少なくなっているので興味深い。外堀遺構の手前の公団住宅の敷地に、旧郡山紡績の工場跡(大日本紡績郡山工場跡)の碑が立っている。

洞泉寺と薬園八幡神社 ❸❹

0743-52-2893 / 0743-53-1355

〈M ► P. 152, 155〉 大和郡山市洞泉寺町15
P／材木町32 P
近鉄橿原線近鉄郡山駅🚶10分／🚶8分

白狐伝説の神社と東大寺荘園の鎮守社

近鉄郡山駅から商店街(矢田町通り)をJR郡山駅のほうへ400mほど行くと、県道大和郡山広陵線(通称、藺町線)へ出る。その手前の曲がり角を南へ約150mほど行くと、郡山南小学校の西側に洞泉寺(浄土宗)がある。1615(元和元)年、水野勝成は廃城同然の郡山城には入れず、寺に仮住まいをした。洞泉寺は、もともと三河国挙母(現、愛知県豊田市)にあったが、737(天平9)年に平群郡長安寺

薬園八幡神社

村(現,大和郡山市長安寺町)を経て,1585(天正13)年に現在地に移転した。本尊は木造阿弥陀如来及両脇侍立像(鎌倉時代作,国重文)。地蔵堂には,室町時代作の垢掻地蔵がある。この地蔵には,以下のような伝説がある。

豊臣秀長と洞泉寺の僧宝誉とが1586年6月14日卯刻(午前6時頃)に同じ夢をみた。この夢に教えられて,郡山城内の大書院西の庭にある沓脱石を掘りおこしたところ,立派な地蔵尊が出てきた。秀長が寺社奉行に命じていろいろ調べさせた結果,その像は,光明皇后が難病に苦しむ人びとのためにつくったことがわかった。この地蔵は,石の湯船の上に乗って,頭から湯を流し,中を通って足元から湯槽に流れるようになっていた。この湯を浴びて,治らない病気はなかったといわれている。

また,洞泉寺の境内には源九郎稲荷神社がある。もとは長安寺にあったと伝えられ,その頃から洞泉寺とのつながりがあったことが想定される。ここにも源九郎狐伝説とよばれる言い伝えがある。この神社の祭礼では,昭和時代の初め頃から,洞泉寺周辺の遊郭の楼主たちが中心となり,「白狐渡御」として市内を練り歩いた。現在は,4月上旬に,郡山城を中心に開催される「お城まつり」にあわせてパレードを行っている。

洞泉寺から100mほど北の角を左折すると,浄慶寺(浄土宗)がある。もとは添下郡七条村(現,奈良市七条町)にあったものだが,天正年間(1573〜92)に増田長盛によって郡山に移築され,さらに1622(元和8)年に現在地に移された。本尊の木造阿弥陀如来坐像(国重文)は,藤原時代初期のものである。

矢田町通りに戻って,さらに東へ約200m歩くと,城址公園の手前に薬園八幡神社(祭神誉田別命ほか)がある。東大寺清澄庄の付属荘園のような形で成立し,薬園庄の鎮守として創建されたと

奈良盆地中央部

伝える。本殿(安土・桃山時代、県文化)は、一間社隅木入春日造である。もとは塩町の御旅所にあったが、郡山築城に際して現在地に移された。

矢田町通りを一旦JR郡山駅へ出て北へ行くと、住宅都市整備公団の郡山団地があり、案内板の下に、大日本紡績郡山工場の石碑が立っている。大日本紡績は、もと郡山紡績といい、「郡山繰綿」の技術を利用してつくられ、1894(明治27)年に業務を開始した。1907年には摂津紡績に併合、さらに1918(大正7)年に平野紡績に併合され、大日本紡績となった。のちにユニチカとなり、1964(昭和39)年に郡山工場は閉鎖された。

石碑から約100m北へ行き、丁字路を左に曲がったS字カーブの先に良玄寺(臨済宗)がある。1639(寛永16)年、本多正勝が姫路からの移封に際し、父の営んだ上総国大多喜(現、千葉県大多喜町)の良玄寺を移して菩提寺にした。のち、1685(貞享2)年に、1639年に入封した本多氏と姻戚関係にあった本多忠平が、入封時に宇都宮から菩提寺の雲幻寺を移して、良玄寺を廃した。1981(昭和56)年に、雲幻寺から現在の良玄禅寺となった。今も寺の看板などには、本多家の家紋に由来する葵紋が使われている。また、後述のキリシタンが預けられていたのもこの寺である。

県道大和郡山広陵線に戻り、南へ1.5kmほど行くと、丹後庄町に千体寺(浄土宗)がある。『往生要集』を編纂した恵心僧都源信の姉願西尼が開いたと伝えられている。当初、1000体の阿弥陀如来をまつったことが寺名の由来とされる。現在の本尊は阿弥陀如来三尊像で、本尊を納める紫檀塗螺鈿厨子(千体仏厨子、国重文)は、鎌倉時代初期のものである。

大納言塚 ❺

⟨M ▶ P. 152, 155⟩ 大和郡山市箕山町
近鉄橿原線近鉄郡山駅🚶8分

キリシタンの配流碑と豊臣秀吉の弟の墓所

近鉄郡山駅から西へ約250m、坂をのぼった所に、大和郡山カトリック教会がある。この敷地内に、長崎浦上のキリシタン配流碑が立っている。1869(明治2)年、明治政府は、キリスト教の禁令を強化し、浦上のキリシタン約2800人を捕らえ、うち郡山藩には、14家族86人が送られた。キリシタンは、茶町の良玄寺(旧雲幻寺)に預け

大納言塚

られたが，政府からキリシタンへの待遇で注意を受け，それを契機に待遇は厳しくなり，奈良や吉野の天ノ川銀山へ送られることもあった。1873年3月には許されて帰国をはたしたが，配流中に9人が病死している。この受難の記念碑は，9人の死者の霊を慰めるために，1926(大正15)年に雲幻寺に建立され，1969(昭和44)年に現在地に移された。

　カトリック教会から北へ法光寺坂という坂道をのぼると，郡山藩主柳沢氏の菩提寺である竜華山永慶寺(黄檗宗)がある。もとは柳沢吉保が甲府(現，山梨県)に創建した寺で，柳沢吉保の坐像がある。1724(享保9)年の国替えに際し，郡山へ移転した。藩主柳沢吉里は，吉保夫妻の墓を武田信玄の廟所として知られる恵林寺(山梨県)に改葬している。永慶寺の場所には，前領主の本多氏の時代には，本多氏の菩提寺の法光寺があった。郡山城の搦手からすぐという立地のよさは，藩主墓参時の警備を考えるとよい場所であろう。なお法光寺は，柳沢入封時に矢田に移ったが，明治時代に廃寺になった。

　カトリック教会から道なりに西へ300mほど行くと，大納言塚がある。豊臣秀長の墓所である。秀長は1591(天正19)年に郡山で亡くなり，ここに葬られた。しかし，江戸時代になると，菩提寺であった大光院は京都大徳寺に移されたため，墓地と位牌は，新中町の春岳院の管理となった。江戸時代，墓域は荒廃したが，春岳院の努力により整備された。

　大納言塚にある五輪塔の高さは1丈(約3m)で，台座石は2重，五輪塔を囲う練塀は高さ6尺(約1.8m)，東西10間(約18m)・南北11間(約19.8m)の規模である。

稗田・若槻の環濠集落 ❻❼　〈M ▶ P.152〉大和郡山市稗田町・若槻町
　　　　　　　　　　　　　　　JR関西本線郡山駅🚶10分

　JR郡山駅で下車し南へ約800m行き，佐保川を越えると，稗田の

奈良盆地の環濠集落

コラム

奈良盆地に今も存在する環濠集落

　環濠集落とは，敵からのさまざまな攻撃・妨害などから守るために，集落の周囲に堀をめぐらせた集落のことである。弥生時代には各地でつくられた。佐賀の吉野ヶ里遺跡などは，かなり大規模な環濠集落であったことがわかっている。

　奈良盆地には，数多くの環濠集落が今も存在している。成立がわからないものもあるが，だいたいが中世以降には確認できるものである。そして，現在でも当時の姿を残しているものもある。環濠の起源もさまざまで，戦乱に備えた防御目的の堀とする説や，それ以前から灌漑・排水施設を利用したとする説などがある。いずれにしても，当時の農村にとっては重要な施設であった。

　大和郡山市の稗田環濠集落は，大和の環濠集落の代表例として有名で，教科書などでもよく記述されている。真上からみた航空写真や地形図は，環濠の形態がよくわかる。内部は，東西・南北に大きな道が通り，そこから細い道が延びている。道は丁字形に交差したり，袋小路になっていて，遠くが見通せないようになっており，防御に適した構造である。売太神社を中心として環濠が発達している。

　磯城郡田原本町の保津環濠集落では，コンクリートで護岸工事されていながらも，堀が現在でも残っている。『大乗院寺社雑事記』にも保津の名があるが，環濠がいつの成立なのかはわからない。元禄年間(1688〜1704)の絵図には，環濠集落の姿が認められる。鏡作伊多神社のある部分が南側に張り出しているが，東西・南北約100m四方の，ほぼ正方形に近い集落を形成している。濠の幅は約4mである。

　橿原市の今井も環濠集落である。ほかに，大和郡山市の番条，天理市の竹之内や萱生，広陵町の南郷や古寺，大和高田市の藤森・有井・池尻・松塚・土庫・岡崎・礒野などがあり，有井・土庫には，2重の環濠がめぐらされている。

　現在，水利の変遷や住宅開発，道路の拡幅などにより，環濠の幅が縮小されたり，周囲をコンクリートでかためられるなど，環濠集落の面影は失われつつあるが，なかには環濠をいかした新しい町づくりが行われている所もある。

環濠集落がある。奈良盆地を南北に貫く旧下ツ道に隣接した条里集落でもある。『日本書紀』の壬申の乱(672年)に関する記述にも登場する，古くから存在する集落である。環濠集落の南西隅に，この地出身といわれている稗田阿礼を祭神とする売太神社がある。阿礼

大和郡山　　161

稗田環濠集落

『日本書紀』に登場する下ツ道上の集落

は，記憶力がすぐれ，『帝皇日継』『先代旧辞』を暗唱させられたといわれている。阿礼の記憶をもとに記録されたのが，太安万侶による『古事記』である。売太神社には環濠集落の案内板があり，環濠沿いに道も整備されている。環濠集落の範囲は，東西約260m・南北約260mで，北東側は特異な形をしている。環濠は，幅4〜14m・深さ2〜3mで支濠も存在する。平城京の羅城門からまっすぐ南へ延びていた下ツ道を挟んで，東側が添上郡，西側が添下郡となっている。下ツ道は条里の基本線ともなった古代の重要な道である。稗田町の南端部分でその遺構が確認され，稗田遺跡といわれている。また，中世の稗田は大乗院方に属していたために，近隣の筒井氏によってしばしば焼打ちを受けた。

　環濠集落の西端から南方向と環濠沿いに，北方向へ道が通っている。散策にはよいが，国道24号線の抜け道に利用されているため，周囲の交通に注意が必要である。

　稗田の環濠集落から南東へ，郡山東中学校の裏手に若槻の環濠集落がある。興福寺の子院大乗院の荘園としても有名である。鎌倉時代には散村形態をとっていたようであるが，南北朝時代から集村化し，1446(文安3)年には濠をめぐらし，環濠集落となった。環濠の内外を結ぶ道は，北側に1カ所しかなく，集落の堅固さがうかがい知れる。

　また，上三橋町の地福寺には，平安時代につくられた木造十一面観音立像(国重文)がある。地福寺へは，JR関西本線郡山駅から東へ，国道24号線を越え，約2.5kmのまっすぐの一本道である。

奈良県立民俗博物館 ❽

0743-53-3171

〈M ▶ P.152, 163〉 大和郡山市矢田町545 Ｐ
近鉄橿原線近鉄郡山駅🚌矢田山行矢田東山🚶
7分

一堂に会した奈良県内の伝統的民家群

　矢田東山バス停で降り北へ約500m歩くと，26.6haの広大な敷地を有する大和民俗公園がある。公園内には，1974（昭和49）年に開館した奈良県立民俗博物館があり，県内の民俗資料が展示されている。

　県内各地の人びとの暮らしを支えていた仕事として，おもに稲作・茶・林業にスポットをあて，機械化以前の作業と工程を展示している。そのため，多くの農具を収集している。「しめなわづくり」の体験学習や実際の民具の解体・復元のワークショップを行うなど，精力的な活動をしている。また，県内高校生の体験学習施設としても利用されている。

　また，民俗公園内には，江戸時代に建てられた県内の古民家9軒11棟が，「町屋」「国中（奈良盆地）」「宇陀・東山」「吉野」の4ブロックに分けて，移築・公開されている。なかには，宇陀郡室生村（現，宇陀市室生区）の旧岩本家住宅（江戸時代後期）や高市郡高取町の旧臼井家住宅（江戸時代中期）といった国の重要文化財に指定されているもの，さらに橿原市にあった旧吉川家住宅などの県指定文化財の住宅もある。それぞれの地域の環境に応じた建築物がふんだんにあり，一見に値する。さらに梅林やしょうぶ園などもあり，四季の花や里山が楽しめる公園としても県民に親しまれている。

奈良県立民俗博物館

　矢田東山バス停から東に200mほど行って右折し，300m余り南に行くと割塚古墳がある。1968（昭和43）年の発掘調査

奈良県立民俗博物館周辺の史跡

大和郡山

163

から，直径約49m・高さ約4.5mの円墳で横穴式石室をもっていることがわかった。石棺内から銅鏡や垂下式耳飾りが，周辺からは馬具・挂甲・須恵器などが出土しており，5世紀末から6世紀前半のものと推定されている。

矢田寺・東明寺 ⑨⑩
0743-53-1445 / 0743-52-7320

〈M ▶ P. 152, 163〉 大和郡山市矢田町3549 P ／矢田町2230 P
近鉄橿原線近鉄郡山駅🚌矢田寺行矢田寺前🚶5分／近鉄橿原線近鉄郡山駅🚌泉原町行横山口🚶30分

矢田丘陵のハイキングコースと「あじさいの寺」

　矢田寺前バス停で下車し，石の階段をのぼって行くと矢田寺がある。矢田寺は高野山真言宗の別格本山で，正しくは金剛山寺という。天武天皇の勅願で七堂伽藍48カ所の坊所が造営された。当初の本尊は十一面観世音菩薩像と吉祥天女像であったが，弘仁年間(810～824)に住持であった満米上人が地蔵菩薩を安置したため，「矢田地蔵」として地蔵信仰の中心地となった。戦国時代に松永久秀の兵火により，かつての伽藍は焼失したが，江戸時代初期の金堂・阿弥陀堂などがあり，大門坊・北僧坊・南僧坊・念佛院が支えている。大門坊は国民宿舎でもあり，合宿などにも利用されている。貴重な仏像も多く，木造地蔵菩薩立像・木造阿弥陀如来坐像・木造十一面観音立像(いずれも平安時代作)，木造閻魔王倚像(鎌倉時代作，奈良国立博物館寄託)・木造司録坐像(奈良時代作，奈良国立博物館寄託)があり，北僧坊には木造虚空蔵菩薩坐像(平安時代作)，南僧坊には木造毘沙門天立像(平安時代作)の，いずれも重要文化財がある。絹本著色矢田地蔵縁起(国重文)には，小野篁と一緒に冥土に行った満米上人と，そこで出会った地蔵の様子が描かれている。

矢田寺本堂

164　奈良盆地中央部

鎮守の春日神社本殿(室町時代後期，国重文)は一間社春日造，檜皮葺きである。石段の耳石には「正平二(1347)年」という南朝の，矢田寺本堂前の耳石には「貞和四(1348)年」という北朝の年号が刻まれている。この頃の矢田寺のとった立場をよくあらわしている。

　毎年4月の第3日曜日には，矢田地蔵縁起にちなみ，矢田寺おねり供養が行われている。またアジサイの季節には，近鉄郡山駅から臨時バスも増発されている。

　矢田寺から北西に坂をのぼった所に，ウマの蹄の跡がつき，崖からはみ出した巨石がある。足形石や大石・王石などとよばれている。壬申の乱の際，大海人皇子が矢田寺に戦勝祈願をした後，矢田山の上から飛び降りた際についたウマの足形といわれる。その後，この石を割って運び出そうとして鑿を入れたところ，石から血が流れ出たといわれ，今も赤い血筋のようなものがついている。土地の人はこの石のことを，「おおいし」といっている。これは大きな石の「大石」であるとともに，王(天皇)にまつわる「王石」でもある。

　矢田寺からの山道へ戻り，北へ約1kmたどると，東明寺(高野山真言宗)に着く。694年の創建といわれている。近世は矢田寺の支配下にあった。本尊の木造薬師如来坐像や木造地蔵菩薩坐像・木造毘沙門天立像・木造吉祥天立像は，いずれも平安時代の作で，重要文化財に指定されている。境内には鎌倉時代の七重石塔があり，寺の西方の竹林の中には，前本多時代の「九六騒動」で活躍した筆頭家老都筑惣左衛門の墓がある。郡山藩の本多氏は，2期ある。1639(寛永16)～79(延宝7)年と1685(貞享2)～1723(享保8)年である。九六騒動は1671(寛文11)年におこった本多家の跡目争いで，15万石を，9万石と6万石に分けたのでこうよばれる。

　東明寺から奈良県立民俗博物館へ行く道を戻る途中に，矢田坐久志玉比古神社(祭神櫛玉饒速日命ほか)がある。『延喜式』式内社で，矢落明神ともいわれる。本殿と末社八幡神社社殿(国重文)は，ともに一間社春日造の檜皮葺きで，室町時代中期のものと推定されている。この神社がある所は，神武天皇が長髄彦と戦ったときに，天皇側が生駒山上から射た2番目の矢が落ちた所，あるいは櫛玉饒速日命が天磐船に乗って降臨した際，住まいを定めるために3

大和郡山

本の矢を放ったが、いずれも矢田に落ち、この神社の場所に二の矢が落ちた所といった伝説がある。そのため、境内には二の矢塚がある。

松尾寺 ⓫
0743-53-5023

〈M ▶ P.152〉 大和郡山市山田町683 P
JR関西本線大和小泉駅🚌矢田山町行松尾寺口🚶30分

大和の厄除け観音、まつのおさん

松尾寺本堂

松尾寺口バス停で降りて、山道をのぼって行くと、松尾山の中腹に、補陀洛山松尾寺(古義真言宗)がある。『日本書紀』編纂にあたっていた天武天皇の皇子舎人親王は、718(養老2)年が42歳であったので、『日本書紀』の完成と厄除けのために建立したといわれている。寺の縁起によると、2月の初午の日に、松尾山に参籠中の親王に千手千眼観世音菩薩が出現したという。中・近世は興福寺一乗院の末寺であり、また修験道の一拠点としても栄えた。厄除け観音の寺としても広く信仰され、毎年2月・3月の初午・二の午・三の午の日は賑わっている。

創建当初の本堂は、1277(建治3)年に焼失しており、5間四方入母屋造の現本堂(国重文)は、1337(建武4)年に本尊の木造千手観音立像(県文化)とともに、再建されている。ほかに寺宝の木造大黒天立像(鎌倉時代作)・木造十一面観音立像(平安時代作)・絹本著色釈迦八大菩薩像(高麗)、絹本著色阿弥陀聖衆来迎図(鎌倉時代作)は、国の重要文化財に指定され、金銅金具装山伏笈(室町時代作、県文化)とともに、奈良国立博物館に寄託されている。

小泉城跡 ⓬
0743-53-1151(大和郡山市教育委員会)

〈M ▶ P.152, 167〉 大和郡山市小泉町
JR関西本線大和小泉駅🚶10分

中世大和武士小泉氏の館跡

大和小泉駅で下車して、駅前の道を北西に約350m進むと、富雄川の袂に楠地蔵がある。クスノキの化石に「南無阿弥陀仏」が

彫られ、「天正二(1574)年」の刻銘がある。小泉橋を渡り、さらに200mほど進むと、道路沿いに「片桐城趾」の碑がある。碑の右手奥の階段をのぼると、高台に「小泉城趾」と記した石碑がある。中世の大和武士小泉氏が、台地先端の要害の地に陣屋を構え、「小泉の館」ともよばれた所である。先ほどの道に戻り、さらに約250m進むと、左側に、現在は茶道石州流宗家高林庵となっている陣屋跡がある。南側には櫓が復元されている。お庭池・薙刀池は、堀の一部が残ったものである。

　小泉氏は、もともとは興福寺の衆徒であったが、南北朝動乱の頃には、すでに頭角をあらわしていた。小泉城を本貫地とし、南の小泉神社一帯にかけて砦を構築した。小泉氏は筒井氏らとともに、戦国時代に活躍したが、永正年間(1504〜21)頃より、筒井氏の傘下に入る。

　1585(天正13)年豊臣秀長が郡山城に入城すると、三家老の1人羽田長門守が城地に居を構え、外堀がつくられたとされる。片桐且元の弟貞隆が徳川家康から1万5000石余りを与えられて小泉藩が成立し、1623(元和9)年に陣屋を構え、片桐城ともよばれた。陣屋から富雄川までの東側一帯、龍田街道に沿って城下町が形成された。現在も、本町・北ノ町などの名前が残っている。なお、城跡より西に約500m進むと、小泉の地名の起こりとなった小白水の碑が立っている。古くから名水として知られた泉であり、小泉藩2代藩主片桐貞昌(石州)も茶の湯に用いたと伝えられる。

　薙刀池から南に約100m歩くと、小泉神社(祭神素盞嗚命・誉田

大和郡山　167

別命)がある。本殿(国重文)は、一間社春日造・檜皮葺きで、室町時代初期のものである。天文年間(1532～55)には、小泉四郎左衛門が社殿を改築したと伝えられる。社宝の女神像(非公開)は、平安時代作の一木造である。表門は、江戸時代の小泉陣屋の大手門で、1871(明治4)年の廃藩の際に移築したものである。また、境内に歴代の小泉藩主以下、家中や村の有力者が奉納した江戸時代中期の石灯籠が4基残されている。毎年10月の例祭には氏子により町内を蒲団太鼓が練り歩く。なお、2月11日の御田植祭には、雨に見立てた砂のかけ合いが行われる。神社の表門から南に30mほどくだり、右折すると善福寺(浄土宗)がある。小泉氏の菩提寺で、小泉四郎左衛門の墓と伝えられる五輪塔が残っている。

　小泉橋の東側、三差路を右折して200mほど歩くと、金輪院(天台宗)がある。小泉藩2代藩主片桐貞昌のときに、家臣の藤林宗源が1659(万治2)年に創建した。地域では「小泉の庚申さん」と親しまれている。江戸時代には庚申縁日に門前市が立ち、多くの参詣者を集めたという。本尊の大青面金剛絵像は鎌倉時代のものと伝えられ、60年ごとの庚申の年に開扉される。現在の住職は、明日香村の橘寺の住職がつとめている。

慈光院 ⓭
0743-53-3004
〈M▶P.152, 167〉 大和郡山市小泉町865　P
JR関西本線大和小泉駅 徒15分

大和盆地を借景にした庭園

　金輪院から北に200mほど進み、突き当りを左折して、つぎの信号を右に折れると、慈光院(臨済宗)の入口がみえてくる。慈光院は、片桐貞昌が父貞隆の菩提を弔うため、1663(寛文3)年に建立した。貞昌は茶道石州流の祖であり、武家流茶道を完成した。江戸幕府4代将軍徳川家綱の茶湯師範をつとめている。摂津茨木城(現、大

慈光院庭園

阪府茨木市)から移築された茅葺きの楼門(茨木門)を入ると，入母屋造・茅葺きの書院と茶室(ともに江戸時代，国重文)がある。書院の庭園(江戸時代，国名勝・国史跡)は，枯山水で大和盆地を借景にしたものである。

慈光院から富雄川沿いに650ｍほど北上すると，西岳院(黄檗宗)がある。聖徳太子46寺の最後に建立された，満願寺がこの寺の前身である。江戸時代に，寺号を西岳院に改めたという。本尊の木造千手観音立像(平安時代作，県文化)は，寄木造である。毎月17日に法要が行われる際，拝観することができる。

なお，この一帯には古墳が点在する。慈光院からバス通りに沿って西へ約400ｍ進むと，慈光院駐車場の南側に，六道山古墳がみえてくる。六道山古墳は全長約100ｍの前方後円墳で，5世紀頃の築造と考えられている。さらに50ｍほど進むと，右側の住宅地の中に，小泉大塚古墳がある。小泉大塚古墳(県史跡)は後円部のみ残るが，全長約80ｍの前方後円墳であったという。4世紀頃のもので，竪穴式石室からは，鉄剣・刀子，三角縁神獣鏡を含まない銅鏡7面以上がみつかっている。

筒井城跡 ⓮

0743-53-1151(大和郡山市教育委員会)

〈M ▶ P. 152, 169〉 大和郡山市筒井町シロ畑
近鉄橿原線筒井駅🚶10分

筒井城への道はわかりにくい。旧筒井村の中にあり，田畑に囲まれており，これといった目印もない。1度行くことができると大丈夫なので，迷いながらでも，地元の人に道を聞きながら行くことをおすすめする。

筒井駅を下車し北へ，突き当りを東へ折れ，さらに突き当ると，現県道(旧吉野街道)に出る。北に向かうと，郡山の旧城下町に達する。この街道を南に向かう。歩くか歩かないかの所に，住宅の中を抜ける細い路地がある。この路地を進むと畑に達する。ここ

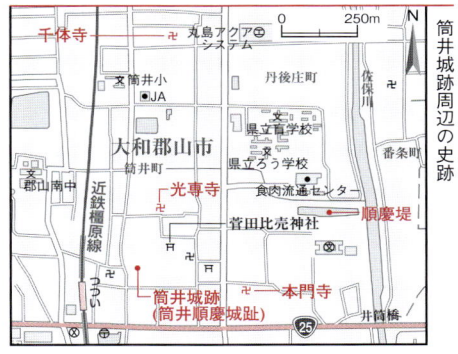

畑の中にある筒井順慶ゆかりの城

に「筒井順慶城趾」の石碑が立っている。真正面にあるこんもりとした盛土が本丸跡である。行くことは可能だが、畑の畦道を歩かねばならないので、結構勇気がいる。この辺りの小字名は「シロ畑」といい、旧城跡を思わせる地名である。

筒井城は戦国時代には珍しい平城（ひらじろ）である。『多聞院日記』にも「筒井平城」という記述がある。筒井周辺は佐保川の後背湿地にあたり、湿地に天然の堀割（ほりわり）としての機能をもたせている。現在でも湿地であった頃の面影があり、城跡周辺にはレンコン畑や池が点在する。

戦国時代の大和では、衆徒・国民（こくみん）といわれる興福寺や春日大社（たいしゃ）の支配下にある国人（こくじん）層が互いに争っており、衰えたときなどは大和高原地方に逃げ込み、勢力回復を図っている。そのため、大和高原の入口近くには、多くの中世山城（やまじろ）があり、衆徒である筒井氏も椿尾城（つばお）（現、奈良市）や一族の福住城（ふくずみ）（現、天理市）などの山城をもっている。なかでも椿尾城は、居館としての機能も備えている。おそらく平時は筒井城で、戦時は椿尾城で過ごしていたのであろう。

本丸跡から北東へ少し行くと、『延喜式』式内社の菅田比売神社（すがたひめ）（祭神 天鈿女命（あまのうずめのみこと））がある。菅田比売神社から少し北へ進むと、民家の中に『大和名所図会』（めいしょずえ）にも出ている「筒井」（つつい）がある。筒井順慶の愛した井戸である。この辺りが筒井城の内堀である。さらに北へ少し行くと光専寺（こうせんじ）（浄土真宗（しん））がある。もとは寿福院（じゅふくいん）にあった、江戸時代初期作の筒井順慶の木造坐像を所蔵している。光専寺から南東へ、県道大和郡山広陵線を横切った所に、本門寺（ほんもんじ）（日蓮宗）がある。もとは寿福院といい、筒井氏の菩提寺であった。そのため順慶の木像と順慶墓（ぼ）を管理していた。今でも軒瓦（のきがわら）には、「寿福禅院」と記されている。この本門寺の庭園は、小堀遠州（こぼりえんしゅう）の作と伝えられ、茶室も残されている。

本門寺から北へ約300m歩くと、右手に順慶堤がある。筒井順慶が周辺の村を佐保川の氾濫（はんらん）から守るために、築造したといわれている。しかし、位置関係から考えると、筒井城を守るための請堤（うけづつみ）であると推測される。

奈良盆地中央部

洞ヶ峠と筒井順慶

コラム

洞ヶ峠に順慶はいなかった

「洞ヶ峠を決め込む」という言葉がある。日和見することを指したり、両者を比べて都合のよいほうにつくために、形勢をみることをいう。この言葉は、以下の故事にちなんでいる。

1582（天正10）年6月2日、明智光秀が本能寺（京都府京都市）で織田信長を謀殺した（本能寺の変）。知らせを聞いた羽柴（豊臣）秀吉は、そのとき中国の毛利攻略の一環として、備中高松城（現、岡山市北区高松）に清水宗治を包囲していたが、急遽、軍を返して光秀を打ち滅ぼした（山崎の合戦）。その結果、明智光秀は「三日天下」と称されている。

当時、筒井順慶は、大和一国を支配する郡山城主として光秀に従い、山崎にほど近い洞ヶ峠に布陣していた。洞ヶ峠とは、京都から大阪に向かって、国道1号線を南下する途中の府境付近の地名である。出陣はしたものの、順慶はどちらにも味方せず、秀吉・光秀両軍の戦況をうかがっていた。秀吉軍優勢とみるや、ただちに山をくだり、敗走する光秀軍を追撃したという。

しかし、この話がまったくの誤りなのだ。『多聞院日記』や『蓮成院記録』などによると、順慶は郡山城での軍議を重ねた結果、慎重論が多数を占め、明智方の援軍依頼に応じず、東へとって返した秀吉が毛利方と和睦したことを知り、秀吉に従ったのである。

つまり、山崎の合戦の当時、居城郡山を動かず、まして洞ヶ峠にも山崎にも出兵していないのである。混乱の原因は、『蓮成院記録』にある、光秀が順慶を洞ヶ峠で待ったという記事である。

順慶にとって光秀は恩人であった。信長によって松永久秀が滅ぼされ、旧領安堵になったのは、光秀の努力の賜物なのである。このような事態に、順慶は光秀を救援するのが筋である。しかし、順慶はしなかった。織田信孝や丹羽長秀の光秀討伐にも応じていない。順慶の光秀への精一杯の恩返しなのだろう。

山崎の合戦後、秀吉から遅参を責められたが、誓詞を出すことで許された。順慶の行動は、戦国武将が乱世を生き延びるための1つの手段だったのだろう。だから、順慶を「日和見」と評するのは大きな誤解といわざるをえない。

順慶墓 ⑮　〈M ► P. 152, 173〉大和郡山市長安寺町
近鉄橿原線・天理線平端駅🚶5分

駅近くにある順慶の墓

近鉄平端駅で下車し、東へ5分ほど歩くと、筒井順慶歴史公園がある。その中心が筒井順慶の墓である。正式には五輪塔覆堂（国重

大和郡山　171

文)という。順慶は，1549(天文18)年に生まれ，幼名は藤勝丸といい，得度して陽舜坊順慶と名乗った。1577(天正5)年，織田信長の援助を受けて，松永久秀を信貴山城に滅ぼし，「大和国中一円存知」を許されて，郡山を本拠地にしている。1584年8月に，36歳の若さで亡くなり，亡骸は奈良の円証寺に運ばれ，葬儀後，現在地に運ばれて葬られた。五輪塔と覆堂は，順慶の一周忌に完成し，順慶を慕う人たちによって，石灯籠も建立された。石灯籠には「順慶陽舜坊法印三十六歳于入滅　天正十二季甲申八月十一日」の刻銘がある。五輪塔自体は，桁行1間(約1.8m)・梁間1間の一重宝形造で，本瓦葺きである覆堂の格子に囲まれている。内部は一般公開されていないので，外からみることは難しい。高野山奥の院(和歌山県)にも順慶の墓がある。

　筒井氏の出自は不明な点が多く，順慶の4代前の順永から記録が残る。興味深いのは，順慶の父順昭である。順昭は，1550(天文19)年に28歳の若さで亡くなったが，順慶が幼少であったので，順昭によく似た奈良に住む琵琶法師木阿弥を身代わりにして，世間をあざむいた。1年後，順昭の死を公表するにあたって，木阿弥は家に帰った。このときのエピソードが「もとの木阿弥」という故事成句のルーツであるというが，諸説もある。

額安寺 ⑯　〈M ▶ P.152, 173〉大和郡山市額田部寺町36-1　P
0743-59-1128　近鉄橿原線・天理線平端駅🚶15分

近鉄平端駅から南西へ，バス通りを佐保川に向かって約1.5km歩く。川に出る直前，西側の森に熊凝山額安寺(真言律宗)がある。

　額安寺の前身は，聖徳太子が建立した熊凝道場といわれている。その名残りが山名にとどめられている。古くは「額田

額安寺本堂

聖徳太子ゆかりの古刹

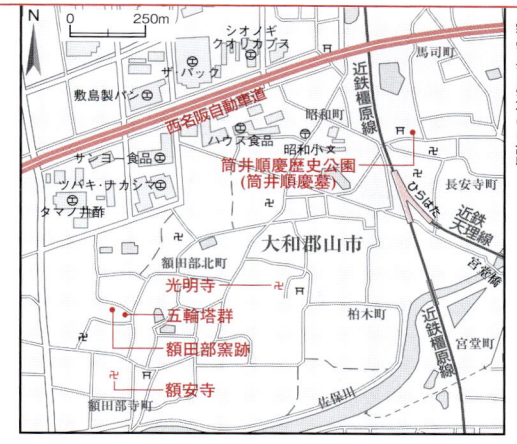

寺」「額寺」とも称された。推古天皇も帰依し, 大寺にしたり, 額安寺の名を与えたりしている。奈良時代の様子は, 額田寺伽藍並条里図(国立歴史民俗博物館保管)から推測される。また, 乾漆虚空蔵菩薩半跏像(奈良時代作, 国重文)や木造文殊菩薩騎獅像(平安時代後期作, 国重文)がある。額安寺の東すぐの所に, 推古天皇を祭神とする推古神社と前方後円墳がある。

　額安寺は時代とともに衰退し, 鎌倉時代に叡尊と忍性によって再興された。叡尊はこの寺を中心に, 戒律の普及に努めた。額安寺の北方200mほどの所, 「かまくら坂」とも「かまくら」とも称する地に, 鎌倉墓とよばれる鎌倉時代造立の五輪塔8基(国重文)がある。なかには「永仁五(1297)年」の紀年銘をもつものもある。なお, 第1塔が忍性, 第2塔が善願上人の供養塔であることが判明しており, 解体調査の結果, 忍性の骨蔵器など11点の納置品(鎌倉時代, 国重文)も発見された。鎌倉の極楽寺や生駒の竹林寺などでも同じような納置品が発見され, 中世の墓制研究を大きく進めた。

　その後の額安寺は, 細川政元の命を受けた赤沢朝経(沢蔵軒宗益)による大和国乱入(1499〈明応8〉年)で焼失・衰微するが, 豊臣秀吉から寺領12石が与えられた。しかし, わずかな寺領では維持できず, 四天王寺(大阪府大阪市)に移築されたものもある。

　平端駅から額安寺への道を少し南よりにはずれた柏木町に光明寺(浄土宗)がある。本尊の木造阿弥陀如来及両脇侍像と木造伝善導大師坐像(ともに国重文)は, ともに室町時代の作である。

　叡尊・忍性による, 再興当時の瓦を製作したと考えられる窯跡3基(額田部窯跡, 国史跡)も, 五輪塔のすぐ西にある。1928(昭和3)年, 用水池を掘る際に発見された, 半地下式の平窯である。

❷ 安堵

「奈良近代史の功労者」今村勤三や「近代陶芸の父」富本憲吉の故郷は，歴史の面影を残す静かな町並みを今に伝える。

安堵町歴史民俗資料館 ⓱
0743-57-5090
〈M ▶ P. 152, 178〉生駒郡安堵町東安堵1322 Ｐ
JR関西本線法隆寺駅🚌かしの木台１丁目行🚶3分

安堵町の歴史を紹介する資料館

　東安堵バス停で降りると，南側に重厚な表門がみえる。東安堵村の旧今村家を修復して，1993（平成５）年より一般開放している安堵町歴史民俗資料館である。

　今村文吾・勤三の生家を利用した資料館は，表門・母屋・茶室などからなる。今村家を始め，安堵村の歴史や，民俗関係資料などが展示されている。安堵は大和川，富雄川，岡崎川の３つの河川が合流する低地を意味する「アト」を漢字で表記したものと伝えられ，江戸時代には低湿地を利用して，菜種・木綿・藺草が盛んに栽培されていた。藺草を材料にした灯芯の生産は重要な産業であり，資料館には，当時の作業の様子が紹介されている。また，藺草の苗植えの見学や，灯芯ひきが体験できる行事も定期的に行っている。なお，灯芯保存会により技術の伝承が行われ，和ろうそく・ミニ行灯なども制作されている。

　資料館前の道を南西に約50m行って左折すると，左手に大宝寺（融通念仏宗）がある。東安堵の極楽寺の塔頭の１つ，明智坊がその前身で，寛永年間（1624～44）に大宝寺という寺号がつけられた。境内には戦国大名筒井順慶を供養したという五輪塔が残る。また，定期的に六斎念仏（県民俗）を唱える六斎講が開かれている。

富本憲吉記念館 ⓲
0743-57-3300
〈M ▶ P. 152, 178〉生駒郡安堵町東安堵1442 Ｐ
JR関西本線法隆寺駅🚌かしの木台１丁目行・平端駅行東安堵🚶5分

近代陶芸の巨匠の生家

　大宝寺の正面に，富本憲吉記念館がある（現在は廃館）。「模様より模様を造るべからず」と述べた，近代日本の創作陶芸の先駆者富本憲吉の生家を修築して公開していた。記念館となっていた生家は，周囲に幅２mほどの濠をめぐらした環濠屋敷であった。

奈良盆地中央部

奈良県の近代に尽力した今村文吾と今村勤三

コラム

　今村家は，東安堵北垣内一統とよばれた旧家で，江戸時代中期より庄屋などの村役人をつとめ，東・西安堵の総鎮守社である飽波神社の宮座の一員でもあった。幕末の今村文吾は医業を営んだが，私塾晩翠堂を設立して，村民に儒学・漢学を教えた。やがて中宮寺の侍医となり，同じく中宮寺に仕えていた国学者の伴林光平と出会い，親交を深めた。光平は晩翠堂で和歌の講義をすることになり，ここで学んだ安堵邑社中の人びとにより『今村歌合集』が編まれている。その後，光平は天誅組に加わり，幕府に追われる身となったが，文吾は光平を蔭で支えた。文吾の甥にあたるのが，今村勤三である。

　1871（明治4）年，旧大和国全域を管轄する奈良県が設置されたが，1876年に奈良県は廃止され，堺県に組み込まれることになった。さらに堺県は1881年に大阪府に合併されたが，旧大和国は予算の配分・道路の新設・治水などがなおざりにされる傾向にあった。そこで今村勤三ら旧大和国出身の大阪府会議員が，奈良県再設置運動を進めて行くことになったのである。

　自由民権運動の高まりを背景に，1883年に勤三らは上京し，太政官に請願書を提出したが，却下されてしまう。1885年，大和川が氾濫し大きな被害に見舞われたが，大阪府の旧大和国に対する回復措置が不公平であったため，再設置運動が高揚することになった。やがて，私財を投じた勤三らの努力が実り，1887年ようやく奈良県が再度誕生することになった。

　その一方で，勤三は嘆願のため上京した際の不便さを実感し，鉄道開設に力をそそぐようになる。のちに奈良鉄道会社を設立し，1896年には京都・奈良間，1899年には奈良・桜井間を開通させている。また，奈良県最初の日刊紙である『養徳新聞』も発刊し，経済人としてその後も活躍している。

　長屋門を構える重厚な環濠屋敷は，戦国時代に筒井順慶の配下にあった土豪高梨（安堵）氏の「安堵城別館」であったと伝えられる。一方，富本氏は伝承によれば筒井氏の一族で，式下郡富本庄（現，田原本町）・但馬庄（現，三宅町）を領有し，富本城を本貫地としていたという。富本元忠は筒井順慶に仕え，武功をあげているが，1585（天正13）年の筒井氏の伊賀国（現，三重県）転封には従わず，豊臣秀吉・増田長盛に仕えている。その後，徳川家康に出仕し，平群郡西向村（現，平群町）・勢野村（現，三郷町）のあわせて500石

当時の富本憲吉記念館

の旗本となる。元忠は長男に家督を譲ったのち、高梨氏の娘ふじとの婚姻により屋敷・田畑を譲り受け、東安堵村に永住したと伝えられる。帰農した富本氏は、江戸時代中期より、幕領東安堵組の大庄屋（年預）をつとめることになったのである。なお、江戸の旗本家は、5代将軍徳川綱吉のときに改易となった。

　富本憲吉は1886（明治19）年に生まれ、18歳で建築家を目指して上京するが、イギリス留学や来日していたバーナード・リーチの影響により、作陶の世界へと入っていった。1913（大正2）年から、故郷の東安堵村で創作活動を行っている。憲吉の作品は、写生・創作から生まれる独創的なもので、13年間の「大和時代」に安堵の自然をモチーフにした作品が生み出された。「竹林月夜」「小屋と道」「老樹」などが有名である。その間、『青鞜』の同人であった尾竹紅吉（一枝）と結婚して新居をもうけた。一枝は『婦人公論』『婦人同盟』などに、安堵より寄稿している。

　記念館は、大和民家様式を取り入れて新築した本館、憲吉が愛用

呉須彫「竹林月夜」模様陶板（1921年作） 　　　　染付「村落遠望図」金銀彩大陶板（1959年作）

した離れ座敷，土蔵を改築した陳列室からなり，初期から晩年までのおもな作品・写真・資料を常設展示していた。年に数回特別展も開催されていた。

飽波神社 ⑲
0743-57-5090（安堵町歴史民俗資料館）

〈M ▶ P.152, 178〉生駒郡安堵町東安堵1379
JR関西本線法隆寺駅 🚌 かしの木台1丁目行
🚶 5分

「なもで踊り」の資料が残る東・西安堵村の氏神

　富本憲吉記念館から西に100mほど歩くと，飽波神社（祭神素盞嗚命）がある。聖徳太子の創建と伝えられ，1006（寛弘3）年に飽波の地から遷座したといわれる。飽波の地とは，トーク安堵カルチャーセンターの北側に現存する広峰神社付近であったといわれ，聖徳太子の飽波宮跡とも伝えられる場所である。

　飽波神社は御霊信仰の影響により，江戸時代は牛頭天王社と称していて，東・西安堵村の氏神であったという。本殿（県文化）は，江戸時代前期に建てられた檜皮葺きの一間社春日造である。神社には「なもで踊り」を描いた絵馬，使用された衣装・道具類などのナモデ踊り関係資料（県民俗）が残されている。なもで踊りの「なもで」は，「南無阿弥陀仏」を意味する。室町時代の風流踊りの系統を受け継ぎ，江戸時代初期以降，雨の少ない大和盆地で広まった，雨乞いの踊りである。1756（宝暦6）年の「なもで踊り図」の絵馬には，神社の境内で鉦を打つ人や太鼓をたたく人などが描かれていて，当時の様子がうかがえる。見学を希望する際は，安堵町歴史民俗資料館への問い合わせが必要である。現代になもで踊りを再現すべく，保存会の人びとにより毎年10月の第4土曜日の祭礼の日には，「めでたさは壱本えの木の……」の歌声とともに踊りが奉納されている。

　なお，広峰神社の北側は，平安時代の陰陽師安倍晴明と術を競ったという，芦屋道満の屋敷跡と伝えられる。

なもで踊り

安堵

極楽寺 ⑳
ごくらくじ
0743-57-2231

〈M ▶ P. 152, 178〉 生駒郡安堵町東安堵1453
JR関西本線法隆寺駅🚌かしの木台1丁目行🚶8分

聖徳太子・恵心僧都源信ゆかりの古刹

　富本憲吉記念館の前の道を南東に約50m歩くと，極楽寺(真言宗)がある。聖徳太子建立46寺の１つと伝えられ，当初の寺号は常楽寺であったといわれる。その後は衰退したが，1006(寛弘３)年に恵心僧都源信が再建し，極楽寺に改称したと伝えられる。東之坊・西之坊など多くの塔頭があり，七堂伽藍が並んだ大寺として繁栄したが，戦国時代には，筒井氏と松永氏との戦火にかかり，再び衰退していった。現在は，収蔵庫の設置など，境内の整備が進められている。

　本尊の木造阿弥陀如来坐像(国重文)は11世紀後半の作で，像高139cmの半丈六仏である。おだやかな表情，伏し目の定朝様の作風で，寄木造である。本尊の左右に安置されている聖観音像は，いずれも平安時代中期作の一木造である。また，968(安和元)年に書写され，応永年間(1394〜1428)に修復された大般若経600巻が残されている。その後，1678(延宝６)年から翌年にかけて修復・整理

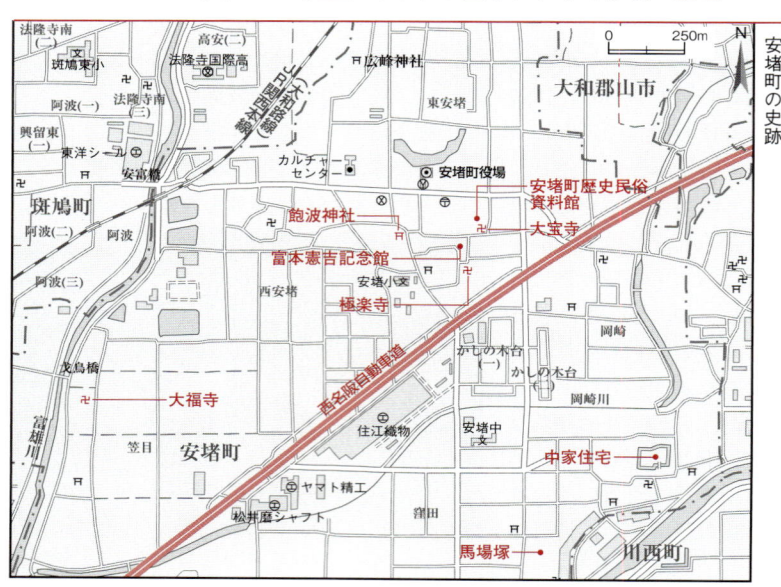

奈良盆地中央部

した際，巻子から折本に改められた。なお，原爆ドーム東南側にある西蓮寺の木造阿弥陀如来像，通称「広島大仏」が安置されている。鎌倉時代の作と伝えられる。極楽寺は毎週土・日曜日に開門している。

中家住宅 ㉑
0743-57-2284
〈M ▶ P. 152, 178〉生駒郡安堵町窪田133 P
JR関西本線法隆寺駅🚌かしの木台1丁目🚶15分

中世大和武士の環濠屋敷

かしの木台1丁目バス停より約150m南に歩き，四つ辻を左折してさらに200mほどの所に，竹林がみえてくる。2重の濠に囲まれた典型的な大和の環濠屋敷であり，中世大和武士の平城式居館の姿をよく伝える中家住宅(国重文)がある。江戸時代には大和川の決壊により，たびたび大洪水に見舞われたが，この中家住宅が村人の避難場所になった。

中氏はもと伊勢国鈴鹿郡(現，三重県鈴鹿市)の足立氏と称し，足利尊氏に従って大和窪田庄(現，安堵町)に入り，窪田氏と名乗ったと伝えられる。窪田氏の総領家は，窪田中殿とよばれたことから，1391(明徳2)年に中氏と改めている。やがて筒井氏の配下となり，戦国時代には筒井氏との縁戚関係を結んで，筒井一族となった。同時に，興福寺一乗院領窪田庄の名主職であった。1585(天正13)年の筒井氏の伊賀国転封には随行せず帰農し，江戸時代には窪田村の庄屋などをつとめている。

幅2mほどの内堀に架かる石のはね橋を渡ると，長屋門(表門，国重文)がある。長屋門をくぐると，1659(万治2)年頃に建てられたと推定される大和棟の主屋(国重文)がある。玄関を入ると，土間に11個のカマドがしつらえてある。左手に年貢の勘定をした勘定部屋があり，右手には座敷が広がる。奥には戸棚式蒸風呂があり，来客用に使用した。主屋の南部分には，1773(安永2)年の棟札が残

中家住宅

安堵　179

されている新座敷(国重文)がある。勅使の間ともよばれ、主屋より床が80cm高くつくられた書院である。屋敷内には中庭を囲むように、米蔵・新蔵・乾蔵・牛小屋・持仏堂・持仏堂庫裏(いずれも国重文)が立ち並ぶ。なお、1576(天正4)年と1773年に漬けられたという梅干しが残されている。現在でも中家の生活の場となっているので、見学には事前の予約が必要である。

中家住宅のある窪田の集落を抜けて、南西に田圃の中の道を約200m歩くと、馬場塚がある。甲斐(現、山梨県)の武田四天王の1人とされ、長篠の戦い(1575年)で戦死した、馬場美濃守信房の墓と伝えられる五輪塔には、「天正三(1575)年」の銘がある。

なお、法隆寺駅から南に約50m歩き、四つ辻を左折してさらに150mほど進むと、富雄川がみえてくる。弋鳥橋を渡り、すぐに右折すると左手の笠目の地区の中に、大福寺(融通念仏宗)がみえてくる。1672(寛文12)年に、摂津国住吉郡平野庄(現、大阪市平野区)の大念仏寺の末寺になったといい、組織化された念仏講が笠目村の中にあったといわれる。本尊の阿弥陀如来坐像は、寄木造で鎌倉時代のものである。木造地蔵菩薩立像(国重文)は、大福寺の南にあった神宮寺(廃寺)の本尊であったと伝えられる。ふっくらとした柔和な表情、太い衣文などの特徴から、10～11世紀の作と考えられる。現在は、奈良国立博物館に寄託されている。

大福寺から南に約300m、大和川と岡崎川との合流点付近に、御幸ガ瀬浜という船着き場があった。近世の大和川水運の船着き場として、明治時代に鉄道が開通する以前は、賑わいをみせていたという。

③ 川西・三宅

聖徳太子が愛馬に乗って通った「太子道」，太子にちなむ伝承が多い「古代の道」を歩こう。

糸井神社 ㉒
0745-44-0434
〈M ▶ P. 152, 183〉磯城郡川西町結崎68
近鉄橿原線結崎駅🚶15分

結崎の氏神 江戸時代の絵馬は貴重な文化財

　結崎駅より西に約1km進み，川西町役場の前を過ぎると，正面に糸井神社の杜がみえてくる。『延喜式』神名帳に記載されている古社である。
　本宮に豊鍬入姫命をまつっているが，古くは綾羽明神・呉羽明神の2神が主神であったという。これは漢機織・呉機織を意味するもので，社名の「糸井」からも推定されるように，大陸から渡来してきた織物技術者集団に関係する神社のようである。中世には「大和大神宮」「結崎明神」とよばれていて，結崎郷の総鎮守であった。また領主興福寺との関わりから，春日信仰の広がりがみられるようになり，江戸時代には春日明神ともよばれていた。
　現在の社殿は，檜皮葺きの一間社春日造で，18世紀中頃に，春日大社摂社若宮神社本殿を移建したものと伝えられる。拝殿には多数の絵馬が奉納されているが，なかでも目を引くのは，1842（天保13）年の太鼓踊り絵馬（県民俗）である。「なもで踊り」（雨乞いの踊り）の踊り手の周囲には見学する役人らしき武士，スイカ売りやあめ売りの姿がみられる。画面の右下に描かれているスイカを切り売りしている姿は，大和のスイカ栽培の歴史を知るうえでも，貴重な資料である。1868（慶応4）年のおかげ踊り絵馬（県民俗）は，8人ずつ4列に整然と並んで踊る人びとの姿が描かれ，江戸時代に流行したおかげ参りに関連して発生したおかげ踊りの様子がうかがえる。また，「慶長八（1603）年」の銘が残る石灯籠を始め，境内には

糸井神社

面塚

多くの石造物が残されている。糸井神社の祭礼は、古くは宮座により行われていたが、現在は祭礼の中心となるトウヤ（頭屋または当屋）を、氏子が輪番でつとめている。トウヤのオワタリ（お渡り）やトウヤ相撲などが奉納される祭礼は、10月の第4土曜日（宵宮）、日曜日（本祭）に行われている。

糸井神社の前の宮前橋を渡り、寺川の堤防沿いに、左手に100mほど進むと、面塚と観世流発祥の地の碑が立つ。

島の山古墳 ❷
0745-44-2214（川西町教育委員会）
〈M ▶ P.152, 183〉 磯城郡川西町唐院
近鉄橿原線結崎駅 🚶25分

奈良盆地中央部に立地する大型前方後円墳

面塚から宮前橋を渡り西に約50m進むと、住宅地の中に島の山古墳（国史跡）がみえてくる。名前のとおり、周濠の中に浮かんだ島のような大型前方後円墳である。寺川と飛鳥川に挟まれた微高地に位置している。全長約190mで、主軸は西に20度傾いている。様式などから、4世紀後半の成立と考えられる。1994（平成6）年より本格的調査が実施され、前方部頂上から未盗掘の粘土槨が検出された。コウヤマキ製割竹形木棺を覆う粘土槨には、緑色凝灰岩でできた車輪石・鍬型石・石釧の石製腕飾り133点が貼りつけてあり、棺内には、鏡3面・3連の首飾り・竪櫛などが副葬されていた。後円部には竪穴式石室があり、複数埋葬制となっていた。盗掘されていた後円部石室の流出遺物は、ニューヨークのメトロポリタン美術館な

島の山古墳

奈良盆地中央部

どで保管されている。

　島の山古墳から南方の三宅町にかけて、寺の前古墳・高山古墳など中〜小型の古墳が多数存在し、ミヤケ古墳群を形成している。ヤマト政権の直轄地であった屯倉を管理していた渡来系氏族の墳墓であった可能性が高く、島の山古墳の被葬者は、これらの氏族を率いていた豪族とも考えられる。発掘調査は現在も継続して行われ、2006年には、西側のくびれ部から祭祀に使用されたと考えられるカゴ4個が発見された。

　古墳に隣接して、『延喜式』式内社である比売久波神社がある。祭神の天八千千媛が蚕を飼い、絹織物を織った伝説が残されており、糸井神社と同様、渡来系の織物技術者集団に関連する神社と考えられる。本殿（県文化）は、江戸時代初期に春日大社摂社若宮神社本殿を移したものと伝えられる一間社春日造である。また、本殿と拝殿の間の平石3枚は、島の山古墳の後円部石室の天井石である。

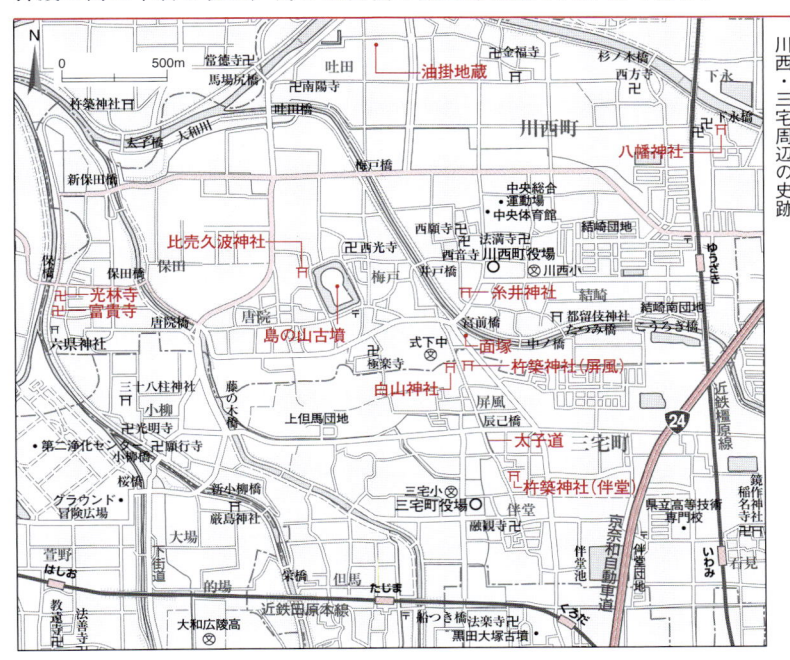

川西・三宅周辺の史跡

島の山古墳から約1km東北の吐田地区に油掛地蔵がある。舟形光背をもつ，高さ61cmの石造地蔵立像は，1523(大永3)年の造立である。「太子道」沿いに西向きに立っていて，聖徳太子が地蔵尊が水難に見舞われないように，油をかけたという伝説が残る。地元では「お地蔵さんに油をかける(燃灯供養)と，子どものでき物が治る」という言い伝えがある。

富貴寺 ㉔
0745-44-2214(川西町教育委員会)

〈M ▶ P.152, 183〉 磯城郡川西町保田33
近鉄橿原線結崎駅 🚶45分

安定した姿の本堂は中世仏堂の代表的建築様式

島の山古墳の南側の道を西に約1.5km進むと，保田の集落がみえてくる。集落の中心部に，光林寺(浄土真宗)がある。もともとは1313(正和2)年に，伴堂(現，三宅町)に浄土宗の道場として開かれたが，その後，改宗し，1542(天文11)年に当地に移った。本堂・表門(県文化)は，江戸時代中期のものである。本尊の木造阿弥陀如来立像(国重文)は，左足柄に「快慶　承久三(1221)年」とあり，快慶晩年の作で，像高81.8cmの均整のとれた美しい仏像である。

光林寺から南に50mほど進むと，右手に六県神社(祭神六縣命)があり，境内に富貴寺(真言宗)がある。富貴寺はもともと六県神社の神宮寺で，地元では宮寺とよばれていた。貞観年間(859〜877)に，法隆寺東院を再興した道詮律師が創建したものと伝えられる。本堂(国重文)は，正面5間(約9m)・側面4間(約7.2m)の寄棟造で，屋根は本瓦葺きの南北朝時代の建物である。内陣の柱に「延宝七(1679)年」の墨書があり，それによると，1178(治承2)年に最初の堂が建立され，「今堂至徳五年建立」とあるところから，1388年に現本堂が再建されたことがわかる。

本尊の木造釈迦如来坐像(国重文)は，高さ84.5cmの平安時代後期の和様彫刻

富貴寺と六県神社

で、寄木造の端正な仏像である。本尊の右手に安置されている木造地蔵菩薩立像(国重文)は、高さ96.3cmの声聞形の立像で、釈迦如来坐像と同じく平安時代後期の寄木造である。ともに最初の堂と同時期の造立と考えられる。内陣の仏壇を格子戸で囲むという特異な形式をとっており、仏像背後の壁画には、鎌倉～室町時代の文殊菩薩像などが描かれている。

　保田地区はたびたび寺川の氾濫に見舞われているが、壁画中央より下に何本かの横線が入っているのは、この堂が何回か水没したことを示している。

　また、毎年2月11日の夜に行われる六県神社の御田植祭(子出来オンダ祭り、県民俗)は、厄年の男性が妊婦に扮して、農耕勤勉・夫婦愛を表現するユニークな祭りである。なお、富貴寺の見学を希望する際は、川西町役場への問い合わせが必要である。

太子道 ㉕

0745-44-2214(川西町教育委員会)／
0745-44-2001(三宅町教育委員会)

〈M ► P.152, 183〉磯城郡川西町・三宅町
近鉄橿原線結崎駅 🚶 20分

斑鳩から飛鳥への近道
太子ゆかりの寺院が多い

　糸井神社の前の宮前橋を渡ると、右手に式下中学校がある。正門の前の道が「太子道」である。太子道は、条里制によって敷かれた道に対して、西に約20度傾き、奈良盆地中央部を斜めに走る道であるため、筋違道ともいい、聖徳太子が斑鳩から飛鳥へと通った道といわれる。遺跡の発掘状況からみると、集落間を結んだこの道は、弥生・古墳時代から存在し、5～6世紀には整備されていたようで

太子の腰掛石　　　　　　　　　　　　　　　　　　　　　　太子道

ある。現在，太子道は，斑鳩町高安付近から橿原市新ノ口付近までが，道路または畦道として残っている。このうち，安堵町広峰神社から飽波神社の辺りまでと，三宅町屏風から南東に向かって，田原本町宮古・黒田の辺りまでが，当時の面影をよく残している。

太子道沿いには，太子ゆかりの旧跡が数多く残されている。三宅町屏風の白山神社（祭神伊邪那美命）には，太子が休憩したといわれる腰掛石があり，太子の愛馬黒駒をつないだヤナギ（現在は3代目）も残されている。屏風の杵築神社には，太子が水を求めて弓で掘ったといわれる「屏風の清水」跡が残る。また，太子が名づけたといわれる梅戸や，休息をとった際に立てた屏風など，地名にも太子に関する伝承は多い。中世以降は，法隆寺街道として利用された。

屏風と伴堂の杵築神社 ㉖㉗
0745-44-2001（三宅町教育委員会）

〈M ▶ P. 152, 183〉磯城郡三宅町屏風115／伴堂500-1
近鉄橿原線結崎駅 🚶20分／🚶25分，または近鉄田原本線黒田駅 🚶20分／🚶10分

「おかげ踊り」の絵馬が多く残る

式下中学校の斜め向かいに，屏風の杵築神社（祭神素盞嗚命）がある。拝殿には多数の絵馬が奉納されており，おかげ踊り絵馬（県民俗）は，1830（文政13）年と1868（慶応4）年に奉納されている。大神宮の幟を立て，40人ほどが三味線にあわせて踊る姿を描いた絵馬は，当時の風俗を知ることができる貴重な文化財である。聖徳太子接待の絵馬は，1793（寛政5）年のもので，聖徳太子が黒駒をとめて休息している情景が描かれている。

屏風の杵築神社より太子道を南に約400m行くと伴堂の杵築神社（祭神素盞嗚命）がある。この神社にも多数の絵馬が奉納されている。おかげ踊り絵馬（県民俗）が3面保存されているが，なかで

屏風の杵築神社

結崎と能楽

コラム

観世能発祥の地、結崎

「ある日大きな音響がした……1個の翁の能面と1束のネギの種が降っていたので、能面をその場に葬った。その場所を面塚と言い習わした」。この伝承は、面塚を説明したものである。面塚伝承がいつ頃成立したのかは定かではないが、古くから結崎は能楽発祥の地と伝えられてきた。

平安時代の散楽から発展した猿楽は、寺社の祭礼に奉仕したが、鎌倉時代には、歌舞的要素を取り入れた「猿楽の能」と、滑稽さを中心とするせりふ劇の「猿楽の狂言」が発生した。能楽とよばれるようになったのは明治時代以降であり、江戸時代までは猿（申）楽の能、または能とよんだ。

南北朝時代から室町時代にかけて、猿楽師たちは各地の寺社に所属して、神事に奉仕した。興福寺や多武峯寺に所属した大和四座の「坂戸座（金剛）」（現、生駒郡斑鳩町）、「外山座（宝生）」（現、桜井市）、「円満井座（金春）」（現、磯城郡田原本町）、「結崎座（観世）」（現、磯城郡川西町）が知られていた。

観世太夫清次観阿弥は、伊賀国小波多（現、三重県名張市小波田）の出身で、結崎座に所属し、猿楽の能に田楽その他の要素を取り入れて、テンポとリズムのある謡（能の音曲）を完成させた。室町幕府3代将軍足利義満の庇護の下、子の世阿弥とともに能の大成に貢献し、観世座を発展させた。

結崎に、なぜ猿楽座があったのかは明らかではないが、中世の結崎は興福寺領であったことから、摂社若宮神社祭礼などの神事の際、猿楽を奉納していたことが理由として考えられる。下永の八幡神社や保田の六県神社の古文書には、祭礼に猿楽が奉納されていたことが記されており、結崎一帯は猿楽と深い関わりをもった地域であったことが推測される。面塚伝承地に1936（昭和11）年、観世会により「面塚碑」と「観世発祥之地碑」が建てられた。その後、何度か整備され、現在に至っている。

毎年9月には、川西町役場に隣接する「けやきホール」で、観世会による「月見の会」が開催され、謡や仕舞が演じられる。

も1868年の絵馬には、数十人の踊り子が揃いの赤い着物を着て、2列になって踊っている様子が描かれている。また、参加者一人ひとりの姿に、その名前が書き記されている。屏風の杵築神社の絵馬同様、この一帯でも幕末におかげ踊りが大流行したことがわかる。1886（明治19）年に奉納された龍池築造の絵馬には、伴堂池を開削する様子が描かれている。

八幡神社

なお、屏風の杵築神社から伴堂の杵築神社に至る途中に、「忍性菩薩生誕の地」の石碑がある。「北山十八間戸」の設立など、社会事業で知られる忍性の没後700年を機に、2003(平成15)年に建てられたものである。

八幡神社 ㉘
0745-44-2214（川西町教育委員会）
〈M ▶ P.152,183〉磯城郡川西町下永385
近鉄橿原線結崎駅🚶10分

結崎駅前の道を北に歩き、踏切を渡り、左折してさらに500m進むと、下永の八幡神社(祭神誉田別命・足仲彦命・息長帯姫命)の杜がみえてくる。もと八幡神社の神宮寺であった白米寺は、近世以前に廃寺になったと伝えられる。境内の収蔵庫に、白米寺伝来の木造阿弥陀如来坐像・木造地蔵菩薩立像(ともに国重文)が安置されている。阿弥陀如来坐像は、像高144.2cmの寄木造で、流麗な衣文は、平安時代後期の作風をよく伝える。地蔵菩薩像は像高161cmの一木造で、翻波式の特徴がみられる平安時代中期作の立像である。鎌倉時代作の木造不動明王立像(県文化)も安置されている。また、八幡神社の祭礼は、トウヤと宮座の年長者である五人中が中心となって行われ、宮座の組織がよく残されている。なお、収蔵庫の見学を希望する際は、川西町役場への問い合わせが必要である。

宮座の形式をよく残す神社

④ 田原本

国内最大級の弥生集落，唐古・鍵遺跡を始め，古代以来の交通の要衝として，さまざまな顔をのぞかせる。

田原本の町並み ㉙

〈M ▶ P. 152, 190〉磯城郡田原本町田原本
近鉄橿原線田原本駅 🚶 3分

田原本駅で降りると，東方に田原本の町並みが広がっている。奈良盆地の中央に位置し，穏やかな流れの河川と，緑豊かな田畑に囲まれた，自然あふれる田園都市として知られている。

古代からの幹線道路である下ツ道（近世は中街道）が通り，また，初瀬川や寺川の流れにも近く，水陸交通の要衝の地であった。室町時代には，楽田寺（融通念仏宗）が栄えて門前町を形成し，「田原本平城」が築かれていた記録も残っている。

1595（文禄4）年には，「賤ヶ岳七本槍」として知られる平野権平長泰が，5000石の知行を受け，田原本ほか6カ村を領有することになった。長泰は田原本に直接入部せず，1602（慶長7）年，広瀬郡佐味田村（現，河合町）にあった教行寺（浄土真宗）を，代官的役目と町場の振興を期待して誘致し，3町四方の寺内町を形成した。

2代長勝は，田原本を直接支配するために，陣屋の建設を進めた。この間に支配権をめぐる争いから，1647（正保4）年，教行寺は退去を余儀なくされ，田原本は陣屋町へとその町並みと機能を移行していった。

江戸中期には，初瀬川や寺川の舟運を利用した大坂や堺（ともに現，大阪府）との流通も盛んになり，商業の町として「大和の大坂」と称されるほどに発展し，田原本の経済発展に大きく寄与した。

田原本駅から町並みの中央通りを東へ約100m行き，十字路を北へ約50m行くと，本誓寺（浄土宗）と浄照寺（浄土真宗）が隣り合って立

浄照寺

っている。1647年に教行寺が退去した後に,平野氏が,その跡地を2分して北側を本誓寺に,南側を浄照寺に与えたものである。

　本誓寺は,平野氏の菩提寺として庇護の下におかれた。現在の本堂は,たび重なる火災による焼失のために,1983(昭和58)年に再建されたものである。寺内には,本尊木造阿弥陀如来立像や十一面観音立像が残されている。また,浄照寺は平野長勝の創建とされ,当初は円城寺といったが,1746(延享3)年に寺号を浄照寺と改め,浄土真宗本願寺派の大和五カ所御坊の1つに数えられ,栄えた。浄照寺本堂(県文化)は,教行寺退去直後の1651(慶安4)年に建てられたもので,表門は豊臣秀吉が築城した伏見城の城門を移したものと伝えられる。

　町並みの中央通りを東へ300mほど行き,南北の十字路を少し南に入ると,津島神社(祭神素戔嗚命)がある。元来は,牛頭天王を祭神とする産土神として信仰されていた。明治時代初期の神仏分離

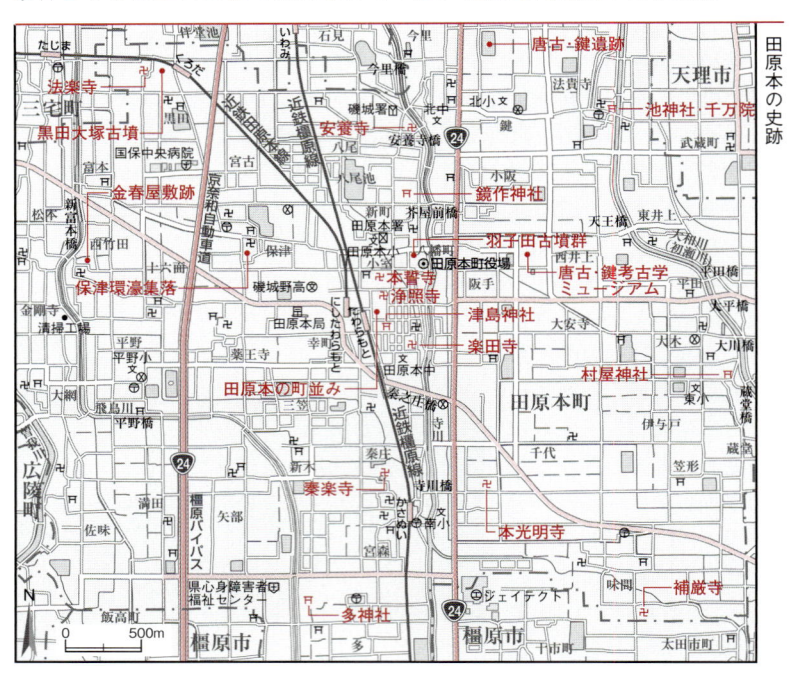

田原本の史跡

楽田寺

以前は祇園社（ぎおんしゃ）とよばれており、1869（明治2）年に、平野氏の本貫地（ほんがんち）である尾張国津島（おわりつしま）（現、愛知県津島市）にあった津島社も、祭神を牛頭天王とすることから、津島神社と改められた。毎年7月には、京都八坂（やさか）神社の祇園祭にあわせて夏祭りが盛大に開かれ、「祇園さん」と称されて、賑わいをみせる。

津島神社のすぐ東には楽田寺（らくでんじ）（融通念仏宗）がある。長谷寺（はせでら）の本尊と同じ材木でつくられた十一面観音像を本尊として、729（天平元（てんぴょう））年に創建されたとされる。この寺が所蔵する絹本著色善女龍王図（けんぽんちゃくしょくぜんにょりゅうおうず）（室町時代作、県文化）は、寺号の雨宝山（うほうざん）竜王院が示すように、雨乞い祈願に用いられたという。

唐古（からこ）・鍵（かぎ）遺跡 ㉚
0744-32-4404（田原本町教育委員会）

〈M ▶ P. 152, 190〉磯城郡田原本町唐古・鍵　Ｐ
近鉄橿原線石見（いわみ）駅🚶30分

石見駅で降りて、東へ徒歩10分ほど行くと石見橋がある。橋を渡り、さらに約10分歩き、唐古南交差点で右折して、国道24号線沿いに350m余り行った左手にある唐古池周辺には、弥生時代の集落跡として知られる唐古・鍵遺跡（国史跡）がある。

唐古・鍵遺跡は、1936（昭和11）年からの唐古池の全面調査により、稲作のための木製品や自然遺物が、多量の弥生土器とともに検出された。この調査結果から、弥生文化が農耕を基礎とした文化であることが確認された。その後、1977年に再開された発掘調査で、この遺跡が唐古のみならず、南の鍵にまでその範囲がおよぶ大規模な集落跡であることがわかり、唐古・鍵遺跡とよ

唐古・鍵遺跡楼閣復元

田原本　191

唐古・鍵遺跡出土楼閣絵画土器片

ばれるようになった。2005（平成17）年までに，100次以上にわたる調査が行われている。

これらの調査により，唐古・鍵遺跡は，弥生時代最大級の環濠集落（東西600m・南北600m，総面積約30万ha）であることがわかった。集落自体は弥生時代前期から営まれていたものの，その環濠は最盛時である中期から後期にかけて形成され，最大幅10m，5〜6条の多重環濠を周囲にめぐらしたものであった。

この遺跡からは，農耕にかかわる遺物だけではなく，新潟県糸魚川市周辺で採集されたヒスイでつくられた勾玉，河内（現，大阪府）や吉備（現，岡山県）からの搬入土器，唐古・鍵遺跡と密接な関係をもつと考えられる，隣接する清水風遺跡を含め，全国の出土総数の約半分を占める絵画土器，青銅器の鋳造にともなう鋳型や工房跡などが出土している。このことから，唐古・鍵遺跡は，単なる農耕を営む集落ではなく，おもに近畿一円を中心とする流通網の中枢の1つであったと考えられている。

また唐古池畔には，2層高床の楼閣がある。この楼閣は，唐古・鍵遺跡のランドマークとして，1991（平成3）年の発掘調査で出土した絵画土器に描かれていた建物を，復元したものである。絵画土器には，大きな渦巻状の棟飾りがついた2層の屋根にとまる逆S字状の3羽の鳥，2本の柱と梯子が描かれている。このような弥生時代の高層建築絵画は日本では前例がなく，祭祀を司り，集落の内外にその権威を示す神聖な建物であったと推測されるが，定かではない。

唐古・鍵遺跡から国道24号線を南下，阪手北の信号を東へ300mほど行った所に，2004年に開館した田原本青垣生涯学習センターがあり，その中に，唐古・鍵考古学ミュージアムがある。このミュージアムは，阪手の田原本町中央公民館にあった展示をリニューアルしたもので，豊富な実物資料によって，2000年前の生活や文化を知ることができる。また，唐古・鍵遺跡の出土品のみならず，田原本町域で出土した土器や牛形埴輪などの遺物も多数展示されている。

弥生の都市国家，唐古・鍵遺跡

池神社 ㉛ 〈M ▶ P. 152, 190〉 磯城郡田原本町法貴寺502
0744-32-2391
近鉄橿原線石見駅🚶40分

鎮守社 / 中世に栄えた法貴寺

　唐古・鍵遺跡から，国道24号線鍵の信号を東へ1kmほど行った初瀬川の西側に沿って池神社（祭神天万栲幡千千比売命・菅原道真）がある。『延喜式』式内社の池坐朝霧黄幡比売神社に比定されている。聖徳太子の創建によるという法貴寺の鎮守の神として栄えた神社で，古代氏族の池氏の氏神とされるが，定かではない。10世紀中頃に，菅原道真をまつるようになって天満社と称した。また，15世紀頃，この地に勢力をもった在地武士集団長谷川党（興福寺大乗院方坊人〈国民〉）の拠点として，その精神的な支柱となっていたと推測される。

　この神社の別当職をになった法貴寺は廃寺となり，明治維新を経て薬師堂を受け継いだ，法貴寺子院の千万院（真言律宗）のみが残る。千万院は池神社に隣接している。この千万院には，平安時代後期作で像高80cmの木造不動明王立像（国重文）を始め，数多くの仏像が安置されている。

　石見駅から東へ徒歩約20分の鍵の八坂神社と田原本駅から北へ徒歩約30分の今里の杵築神社では，毎年6月第1日曜日に蛇巻き（国民俗）の行事が行われる。これは奈良県内では，奈良盆地のみでみられる野神まつりの一種である。麦藁を束ねてつくったヘビを，中学生以上の男子がかついで村中を練り歩き，その後，鍵のヘビは大樹の根元に頭がおかれ，胴体が樹に吊るされ，今里のヘビは大樹に頭を上に巻きつけられる。この行事は，以前は旧暦5月5日に行われた端午の節句にちなんだ行事である。また，今里では，ヘビの巻

鍵・今里の蛇巻きの風景

田原本

きつけられた大樹の根元の祠に、絵馬や農具の複製がまつられることから、田植えのための雨乞いの神事であったと考えられる。

鏡作神社 ㉜
0744-32-2965
〈M ► P.152, 190〉磯城郡田原本町八尾816
近鉄橿原線田原本駅🚶20分

鏡作部の本拠地

田原本駅から北へ180mほど行って右折し、150m余り先の曲がり角を左折、さらに約750m北へ進んで右折すると、古代工人鏡作集団がいたとされる鏡作郷に鎮座する鏡作神社（祭神天照国照日子火明命・石凝姥命）に着く。『延喜式』式内社の鏡作坐天照御魂神社に比定され、神宝には有名な三神二獣鏡がある。弥生時代後期に、唐古・鍵遺跡を中心に、銅鐸を制作する鋳銅技術者集団がおり、5世紀初めに、新羅から伝えられた鋳造・鍛造技術を吸収して倭鍛冶と称し、鏡の制作にあたったものと推測される。鏡作部の遠祖とする石凝姥命をみずからの氏神としてまつ

安養寺阿弥陀如来立像

ったのが、鏡作神社と考えられる。

鏡作神社から西へ100mほど行って右折し、500mほど行くと、安養寺（浄土宗）がある。寺宝の木造阿弥陀如来立像（国重文）は、近年の調査で、鎌倉時代の仏師快慶の真作であることが確認された。像高は81cmで、足柄に快慶作を示す「巧匠安阿弥陀佛」の銘がある。

羽子田1号墳牛形埴輪

羽子田1号墳盾持人埴輪

194　奈良盆地中央部

桃太郎と田原本

コラム

桃太郎伝説発祥の地、田原本

　おとぎ話の「桃太郎」を，子どもの頃に一度は聞いたことがあるのではないだろうか。この話のもとになったものには諸説あるが，その１つに桃太郎の伝承地として有名な吉備(現，岡山県)に伝わる「温羅伝説」がある。

　吉備と讃岐(現，香川県)に広がる海峡に，温羅と称する集団がおり，悪行を重ねたため，人びとは温羅を「鬼神」とよび，その居城を「鬼ノ城」とよんで恐れた。そこで，大和より吉備津彦命が派遣され，温羅を退治したという。

　吉備には，弥生時代末期から古墳時代にかけて，大和や北九州に並ぶ勢力が生まれ，国家統一へとつながる古代日本の展開に大きな役割をはたしたといわれる。桃太郎の話は，そうした土壌のなかから生まれてきたとみられる。後世の桃太郎の話は，この吉備津彦命をモデルにして成立したと考えられる。

　さて，この桃太郎と田原本は深い関係がある。どのような関係があるのだろうか。桃太郎のモデルとなった吉備津彦命は，孝霊天皇の皇子であり，さらにその孝霊天皇は，田原本の黒田廬戸宮に居を構えたことから，吉備津彦命はその幼少期をこの田原本ですごしたと推測できる。『古事記』によれば，成長した吉備津彦命は，孝霊天皇の命により，弟の稚武彦命とともに吉備へ遠征し，吉備を治めたとされる。

　このような話が，おとぎ話の桃太郎という形にかえられて，現在にも語り継がれている。桃太郎にとって，田原本は誕生の地であり，ふるさとだったといえよう。

全体に成熟感があふれ，頬の膨らみは表情にふくよかさを漂わせ，玉眼・粉溜塗などの特徴から，快慶壮年期の作とされる。

　なお，田原本町役場の西側，田原本小学校と幼稚園の付近には，羽子田古墳群がある。明治時代の発掘調査で，古墳時代後期の動物などの形象埴輪が多数出土しており，そのうち羽子田１号墳から出土した全長73cmの牛形埴輪(埴輪牛，国重文)は，全国的にも非常に珍しいものである。さらに，1998(平成10)年には同じ地点から，両頬に矢羽状の入れ墨が施された埴輪の頭部があらたに出土した。これは，高さ44cmの盾持人埴輪の頭部で，胴体正面には大きな盾を携え，古墳の出入口に立てられており，亡き主人を護衛する意味をもっていたとみられる。

田原本

法楽寺 ㉝
ほうらくじ
0744-32-2580
〈M ▶ P. 152, 190〉 磯城郡田原本町黒田360
近鉄田原本線黒田駅🚶5分

聖徳太子創建の寺、法楽寺

　黒田駅で下車して，県道結崎田原本線を南へ約100m進み，右折してさらに150m余り行くと，築造時の墳丘の形状をとどめた黒田大塚古墳(県史跡)がある。古墳全体をめぐる周濠を含めた全長は約86m，古墳時代後期の前方後円墳である。周濠の発掘調査では，円筒・朝顔形埴輪，鳥・笠形の木製品などが出土しており，これらは墳丘上に並べられていたと推定される。

　この黒田大塚古墳の東隣に，法楽寺(真言宗)がある。「由緒書」によれば，孝霊天皇が居を構えた黒田廬戸宮跡に，聖徳太子によって建立された寺とされる。また，推古天皇から「黒田山磯掛本寺」の勅号，用明天皇からは「黒田山法性護国王院」の寺号を賜ったとも伝えられ，山内に僧坊12カ坊を数えたという。江戸時代には６石余りの朱印高をもって繁栄したが，明治時代初期の廃仏毀釈運動のなかで荒廃し，現在残るのは１堂のみである。

　西田原本駅から近鉄橿原線の西側を，50mほど北へ行き左折し，すぐ右折して道なりに約２km行くと，保津環濠集落に着く。保津は大和郡山市稗田の環濠集落とともに，典型的な形で残っている集落である。周囲に竹藪と土塁をめぐらし，内部は迷路のように入り組んだ構造をもつ。戦国時代には城塁の堀として一種の要害となったが，江戸時代に入ってからは，堀はおもに灌漑用に利用された。

　保津から西へ1.5kmほど行き，県道14号線を南へ横切り，500mほど行くと西竹田である。西竹田は，大和猿楽の金春家発祥の地であり，金春屋敷跡が残る。金春家中興の祖として名高い金春禅竹が著した『円満井座法式』によれば，この地に興った当初は，円満井座と称していたが，室町時代に金春・金剛・宝生・観世の大和四座となった頃から，金春座とよばれるようになったという。

秦楽寺 ㉞
じんらくじ
0744-32-2779
〈M ▶ P. 152, 190〉 磯城郡田原本町秦庄267
近鉄橿原線笠縫駅🚶10分

弘法大師修行の寺

　笠縫駅で下車して西へ80mほど行き，四つ辻を右折して道なりに北へ約200m進むと，中国風造りの土蔵門を構える秦楽寺(真言律宗)がみえる。本尊の千手観音像は，百済国から聖徳太子へ献じら

秦楽寺土蔵門

れたと伝わるもので、その家臣で渡来系氏族の秦河勝により、647（大化3）年に創建された。

また、ハスの花が見事な境内の池は、弘法大師空海によるものとされ、梵字の「阿」を形づくったことから阿字池と称し、大和三楽寺の池の1つに数えられている。寺伝によれば、大師が秦楽寺で『三教指帰』を執筆中、カエルの鳴き声がやかましかったのでこれをしかったことから、以来、この地ではカエルの声は聞かれないという。

秦楽寺から南西へ向かえば『延喜式』式内社の多神社（多坐弥志理都比売神社）がある。この地域は古代豪族多氏の根拠地とみられ、神武天皇の皇子神である祭神神八井耳命は、多氏の始祖とされる。ちなみに、『古事記』の編纂者として知られている文官太安万侶は、多氏の出身であるとされる。本殿（県文化）の4棟は、享保〜宝暦年間（1716〜64）に建造された、いずれも春日造のもので、類例の少ない手法がみられ、近世中頃の本殿建築として注目される。

本光明寺木造十一面観音立像

笠縫駅から国道24号線千代信号から東へ250mほど行くと、本光明寺（真言律宗）がある。もともとこの地には、明治時代初期の廃仏毀釈により廃寺となった勝楽寺（真言宗、開基弘法大師）があったが、再興機運の高まりにより、1898（明治31）年天理市森本町の本光明寺が迎え入れられた。この寺には、平安時代中期作で、像高175cmの木造十一面観音立像（国重文）が安置され、現在では弘法大師開基にかかわって「八条のお大師さん」として親しまれている。

村屋神社 ㉟　〈M▶P.152,190〉磯城郡田原本町蔵堂423　P
0744-32-3308　近鉄橿原線笠縫駅🚶20分

壬申の乱　神託の社

笠縫駅から東へ350m余り行き、国道24号線を越えて徒歩15分ほどで、味間の集落に着く。集落内に補厳寺（曹洞宗）がある。この寺

田原本　197

「世阿弥参学之地」碑(補厳寺)

は、奈良最古の禅寺として、鎌倉時代末期から戦国時代にかけて、領主十市氏の庇護の下で繁栄した。また、室町時代には能の大成者である世阿弥が、当寺2世竹窓智厳に師事したことから、世阿弥がもつ幽玄美を追求する世界観の形成には、禅の影響が大きいといわれており、世阿弥が出家する際に、夫妻そろって寺へ土地を寄進したことが、寺蔵の納帳に記されている。

補厳寺から北方を見渡すと、ひときわ大きな照葉樹林に覆われた『延喜式』式内社の村屋神社(村屋坐弥富都比売神社)がみえる。この神社の祭神である弥富都比売命は、大和国の一の宮大神神社の祭神である大物主命の妃神であることから、大神神社の別宮とも称されている。『日本書紀』によれば、弥富都比売命は、高皇産霊命の姫神で、大物主命が国譲りをしたとき、その功に報いるためと大物主命が二心を抱かないようにという願いから、自分の娘を贈ったという。そのため、縁結びの神・家内安全の神として信仰されている。さらに『日本書紀』には、壬申の乱に際して、大海人皇子軍に対し、「わが杜の中を敵がくる。社の中ツ道を防げ」との神託を与えた功績により、のちに、神社として初めて位を賜ったと記される。現在も、正一位森屋大明神の呼称が残っている。

また、村屋神社の社叢(県天然)は、1998(平成10)年の台風により激しい被害を受けたものの、かつては町木のイチイガシなどが群生する照葉樹林相であった。

村屋神社鳥居

山の辺

Yamanobe

三輪山

山の辺の道

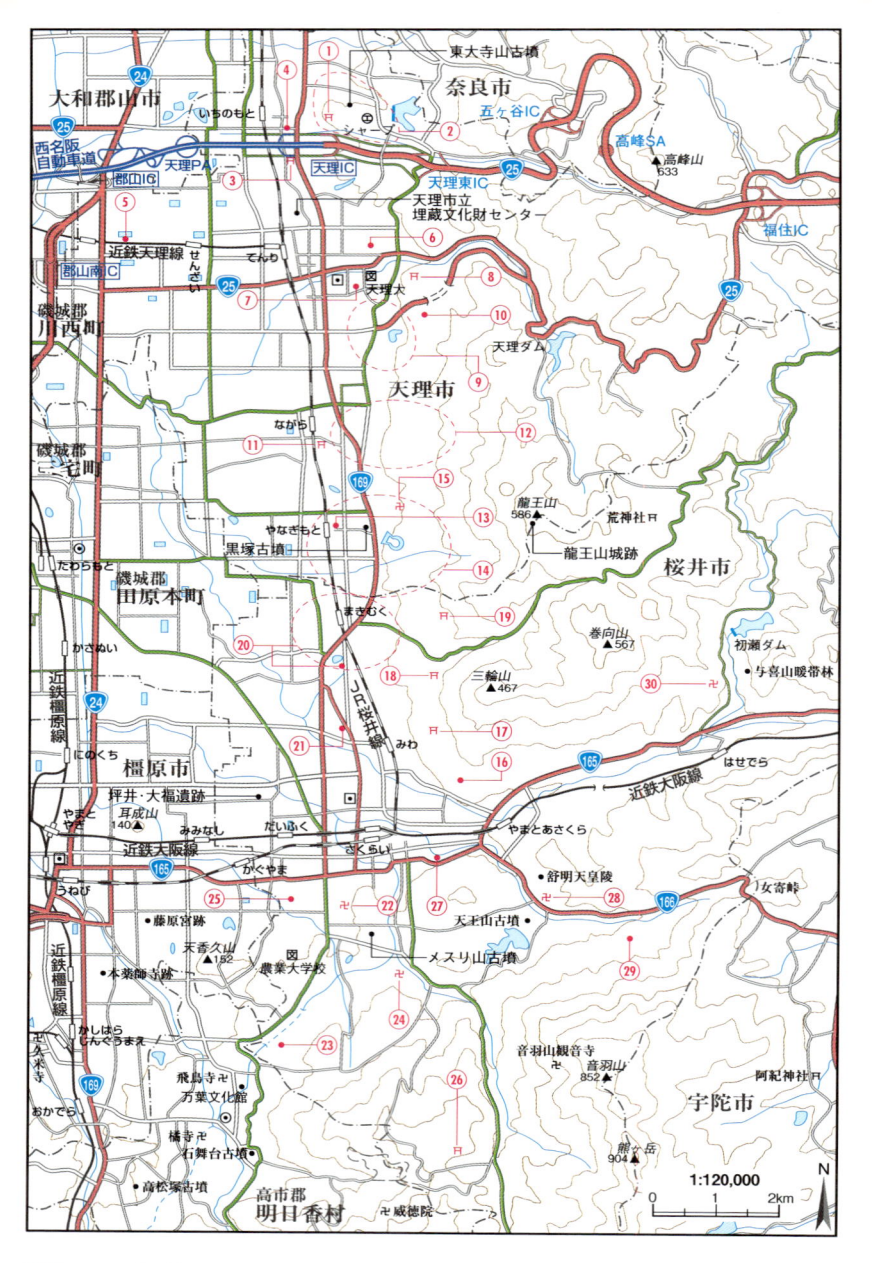

山の辺

◎山の辺散歩モデルコース

天理北部コース　JR桜井線櫟本駅 10 和爾下神社 10 赤土山古墳 10 東大寺山古墳群 10 ハミ塚古墳 20 在原神社 10 JR櫟本駅

天理南部コース　JR桜井線・近鉄天理線天理駅 20 天理教教会本部 10 天理参考館 10 石上神宮 10 塚穴山古墳・西山古墳 20 内山永久寺跡 20 西乗鞍古墳・東乗鞍古墳 10 夜都岐神社 30 JR桜井線長柄駅

三輪・纒向コース　JR桜井線三輪駅 10 桜井市立埋蔵文化財センター 20 金屋の石仏 15 大神神社 20 玄賓庵 10 檜原神社 20 ホケノ山古墳 10 箸墓古墳 20 纒向石塚古墳 15 JR桜井線巻向駅

桜井から多武峰へ　近鉄大阪線・JR桜井線桜井駅 20 山田寺跡 10 安倍寺跡 5 安倍文殊院 3 文殊院西古墳 10 岬墓古墳 15 上之宮遺跡 20 メスリ山古墳 20 聖林寺 15 談山神社 30 近鉄・JR桜井駅

朝倉から初瀬へ　近鉄大阪線・JR桜井線桜井駅 25 桜井茶臼山古墳 3 宗像神社 25 石位寺 20 近鉄大阪線大和朝倉駅 5 近鉄大阪線長谷寺駅 20 長谷寺 10 与喜天満神社 25 近鉄大阪線長谷寺駅

---

①和爾下神社
②東大寺山古墳群
③在原神社
④櫟本の町並み
⑤星塚古墳
⑥天理教教会本部
⑦天理参考館
⑧石上神宮
⑨杣之内古墳群
⑩内山永久寺跡
⑪大和神社
⑫大和古墳群
⑬柳本のまち
⑭柳本古墳群
⑮長岳寺
⑯金屋の石仏
⑰大神神社
⑱檜原神社
⑲穴師坐兵主神社
⑳箸墓古墳・纒向古墳群
㉑桜井市立埋蔵文化財センター
㉒安倍文殊院・阿部丘陵の古墳
㉓山田寺跡
㉔聖林寺
㉕吉備池廃寺跡
㉖談山神社
㉗桜井茶臼山古墳
㉘石位寺
㉙粟原寺跡
㉚長谷寺

天理北部

① 古代豪族の拠点でもあり，近世まで商業の中心地であった櫟本を歩く。

和爾下神社 ❶
0743-63-1001（天理市商工観光課）

〈M ▶ P.200, 203〉 天理市櫟本町 2430
JR桜井線櫟本駅 🚶 10分

和爾氏ゆかりの神社

　櫟本駅から東へ500mほど行くと，国道169号線に出る。国道を南へ200mほど歩くと，櫟本小学校前の交差点に出る。そこには大きな朱塗りの鳥居があるが，これが和爾下神社の鳥居である。

　鳥居下の参道を東に入り200mほど歩くと，和爾下古墳の麓に出る。古墳は南方を向いた前方後円墳で，周辺の東大寺山古墳・赤土山古墳とともに，この地域で東大寺山古墳群を形成している。

　麓の道をたどり前方部の墳丘部をのぼり，後円部へと進んでいくと，後円部の墳丘の頂上付近に，『延喜式』式内社に比定される和爾下神社（祭神素戔嗚尊・大己貴命・稲田媛命）がある。

　付近一帯を治道といい，ヤマト政権の一翼をにない，この地を支配していた和爾氏の勢力範囲であった。もとは和爾氏の氏神であったが，今は櫟本町の鎮守の神社である。また，この神社を上治道社といい，櫟本から西方に2kmほどの櫟枝にある神社を下治

和爾下神社社殿

柿本寺跡

202　山の辺

和爾下神社周辺の史跡

道社という。現在の本殿(国重文)は、三間社流造・檜皮葺き1間(約1.8m)向拝つきで、桃山時代の建築物である。例祭は7月14日の祇園祭、10月14日の氏神祭礼がある。

和爾下神社を南へおりて、東西に延びる参道のすぐ横に柿本寺跡があり、柿本人麻呂の遺骨を葬ったという歌塚とよばれる歌碑がある。もとの柿本寺は柿本氏の氏寺で、現在、礎石の一部が残り、奈良時代の古瓦も出土している。

柿本人麻呂は、謎の多い人物であるが、櫟本が人麻呂の生地であると伝えられており、没後この地に遺骨を持ち帰り、葬ったと伝えられている。歌塚の碑は、1732(享保17)年に建てられ、表面の文字は後西天皇の皇女宝鏡尼の筆によるものである。

東大寺山古墳群 ❷

〈M ▶ P. 200, 203〉 天理市櫟本町
JR桜井線櫟本駅🚶30分

古代豪族和爾氏の奥津城と推測される東大寺山古墳群

和爾下神社から、約1.5km東方の白川溜池付近までの丘陵を、荘園領主の東大寺にちなんで東大寺山といっているが、この丘陵上に多くの古墳が存在し、東大寺山古墳群と称され、古代豪族の和爾氏の墓と考えられている。

東大寺山古墳は古墳群の西端、丘陵上の最高所に位置し、和爾下神社古墳の北方約300mの竹林にある。全長140m、高さ約11mの北面する前方後円墳で、粘土槨を主体とし、槨の内外から後漢の中平年(184〜189)の年号が刻された大刀(東京国立博物館蔵)を始め、勾

玉・管玉・車輪石・鉄刀・巴型銅器などが出土した。古墳時代前期の築造と考えられる。

東大寺山古墳から南東へ約300mの所にある東部の古墳群は、工場建設に先立って調査され、小規模な横穴式石室をもつ後期古墳であった。

この東部の古墳群の約100m南方の丘陵上に、赤土山古墳（国史跡）がある。史跡指定のための調査で、古墳時代前期の前方後円墳であったことがわかり、形が不整形なのは、地震によって崩落したものと推定されている。現存長約105mで2段に築かれ、後円部後方に造出しをもち、柳本の櫛山古墳のような双方中円墳状を呈している。主体は調査されていないが、周辺から葺石と埴輪列が検出されている。

なお、この古墳から南側に約100m、国道25号線（名阪国道）のすぐ北側に、小さな池が3つあり、三ツ池と称されているが、これは平安時代に高瀬川の流路をかえて、もとの流路を溜池としたもので、荘園開発を物語る貴重な遺構である。このような古代につくられた溜池で、今日でも使われているものがこの近辺には多く、文化遺産として保存されている。

ほかにもこの丘陵上には、墓山古墳など大きな前方後円墳や、6世紀の神社風の建物跡がみつかった櫟本高塚遺跡などがある。

この丘陵から北方の和爾町・森本町付近にも、上殿古墳を始め、350〜500基の古墳など多くの遺跡があり、弥生時代からこの辺りの開発が広く行われたことを物語っているが、とくに長寺廃寺、楢池廃寺など、寺院跡が多いことにも注意したい。そのうち和爾町の願興寺跡は、小野氏の氏寺であったと考えられ、調査で塔や塀がみつかり、仏像や灯籠の破片なども出土して、流麗な寺の様子の一端を知ることができた。なお、和爾町の善福寺に客仏として納められている平安時代作の木造阿弥陀如来坐像（国重文）は、手先と脚の一部をのぞき、ヒノキの一木から彫り出した重厚な作として知られ、60cm足らずの小像とは思えない仏像である。また像高39cmの薬師如来像もあり、これも平安時代作と推定され、ともに願興寺の旧仏と考えられる。

さて東大寺山の約800m東方の名阪国道の両側に、ハミ塚・石上大塚・ウワナリ塚・岩屋大塚・塚平、土取りで消滅した石上・豊田古墳群などの古墳がある。このうちハミ塚からは、45m程度の方墳で、床全面に黒と白の石で配色した巨大な横穴式石室が検出され、家形石棺がおかれていた。この敷石は、なんらかの祭祀と関わりのあるものとして注目されている。

　さらに坂をのぼって岩屋町まで行くと、道横に庚申がまつられ、その横道を入っていくと「わやわや地蔵」とよばれている、笠を載せた石仏がある。総高139cmの来迎印の阿弥陀立像で、鎌倉時代後期の作と考えられる。

　岩屋町付近は、奈良時代以降に墳墓地として利用されたようで、墓誌をともなった僧の道薬墓や白川火葬墓が発見されている。道薬墓は、1956(昭和31)年に偶然発見され、「佐井寺僧　道薬師」と書かれた墓誌と蓋のある骨壺が出土した。近年、近くの福ヶ谷遺跡で平安時代の火葬墓が、白川火葬墓群では8基の火葬墓が発見されている。

在原神社 ❸　〈M▶P.200, 203〉天理市櫟本町3916
　　　　　　　JR桜井線櫟本駅🚶10分

業平ゆかりの神社　筒井の井戸跡が残る

　櫟本駅から東に300mほど行くと、上街道(上ツ道)に出る。そこを南に進み、名阪国道の下をくぐり約30m進むと、すぐ東側に在原神社(祭神阿保親王・在原業平)がある。周囲は住宅地で、思わず見落としてしまいそうな閑寂な所にあるが、ここは在原寺跡である。

　寺の創建については、平城天皇の皇子阿保親王が、835(承和2)年に建てたという説と、880(元慶4)年の説がある。江戸時代までは、本堂・楼門・庫裏を備えた寺だったが、明治時代に廃寺となり、わずかに神社として残った。旧在原寺の仏像は、櫟本駅の約50m南西にある極楽寺に残されていて、拝観できる(要連絡)。

　在原業平は平安時代前期の歌人で、六歌仙の1人である。阿保親王の第5子で、母は桓武天皇皇女伊都内親王である。紀有常の女を妻とし、官位は蔵人頭、従四位に至る。『伊勢物語』の主人公とみられ、多くの女性との逢瀬と、東下りで有名である。

　神社内には謡曲「筒井」の舞台になった、筒井の井戸跡が残さ

天理北部　205

れている。また神社内には「業平恋の道、河内通いの道順(八里)」という案内板もあり、ここから西へ、業平が河内の高安(現、大阪府八尾市)まで通ったという業平道の一部が今も残っている。

櫟本の町並み ❹

〈M ▶ P. 200, 203〉天理市櫟本町
JR桜井線櫟本駅🚶10分

櫟本駅の南西約200mの所に、仏現山極楽寺がある。この寺は、1574(天正2)年の創建といわれる。建物は明治時代以降のものである。本尊阿弥陀如来像はヒノキの寄木造の立像で、鎌倉時代の作である。特記すべきは、旧柿本寺の宝物が保存されていることで、厨子入柿本人麻呂像・巻物・和歌集などが残されている。見学には、寺に事前の連絡が必要である。

櫟本はほかの天理市域とは違って旧添上郡に属し、東大寺領櫟庄として、古代から江戸時代まで、東大寺を領主として発展してきた。

櫟本は、東西に、また南北への交通の要衝であったことから、中世から市が立ち、商業が盛んになった。そのなかで、「馬出」の町並みが生まれた。豊臣秀吉による文禄の検地(1592～96年)では、2137石余りという大村で、大和では柳本と並んで最大級の村で、うち2000石が東大寺領であった。

櫟本村は、江戸時

馬つなぎの遺構

櫟本分署跡参考館

「馬出」の町並み 東大寺の経済的基盤

206　山の辺

代における東大寺の経済的基盤であり，東大寺は庄屋菊田家を通して在地支配を行っていた。櫟本の特徴は市場町であり，交易の中心地であったことであろう。とくに，菜種油の取引は多く，商家には油商が多かったようである。

　上街道と高瀬街道のまじわった所を，通称「市場」という。そのなかで，上街道から東方へ高瀬街道に沿った部分を「馬出」とよんでいる。戦後しばらくは，大和高原（福住など）から薪炭をウマに乗せてこの地までくだり，荷を積みかえて食料品や日用品を乗せて高原をのぼった。運搬用のウマがつながれた「馬つなぎ」の遺構が，今も残っている。現在は，名阪国道が物流の動脈となっているが，40～50年前までは，大和高原と盆地との日常的なつながりがあったのである。

　「馬出」の町並みは東西の通りであるが，上街道に出てすぐ北に櫟本分署跡参考館がある。天理教の教祖中山みきは，1877（明治10）年から1887年までの間，たびたび櫟本分署に連行され，取り調べを受けた。そのときの遺構が現在も残されている。道路沿いには，格子戸が組まれた部屋があり，道行く人へ顔をさらすということが行われていた。暖房などの設備はなく，冬は外気にさらされていた状況がよくわかる。内部には当時の状況が復元され，取り調べの文書なども取り揃えてあり，明治時代初期の警察のありようを知る資料として貴重である。

　上街道筋には，この参考館だけでなく，古い建物も残っており，当時の往来の繁栄ぶりがうかがえる。

星塚古墳とその周辺 ❺

〈M▶P.200, 208〉天理市二階堂上之庄町
近鉄天理線二階堂駅🚶10分

星塚1号墳出土の珍しい木製の笛

　天理駅から近鉄天理線で二階堂駅まで行くと，奈良盆地の低平地地帯になる。この地域では，中世以降，開墾などで古墳が削られたが，最近の開発で遺跡が発掘されてきている。

　二階堂駅から国道24号線を南に約250m行き，二階堂交差点で左折して370mほど進むと，天理西中学校に着く。天理西中学校の北側の近鉄線の線路を越えた所に，前方後円墳の星塚1号墳と星塚2号墳がある。1号墳は全長約37m，2号墳は全長約41mで，西面し

星塚古墳とその周辺の史跡

ている。横穴式石室をともなう古墳時代後期の古墳で、埴輪や土器・木器などの多くの遺物がみつかったが、とくに1号墳の濠からみつかった木製の笛は珍しく、復元されている。

天理西中学校の道路を挟んだ南側にある大津田池の横で、荒蒔古墳がみつかっている。全長約30mの前方後円墳で、古墳時代後期のものである。大量の人物・動物・器財埴輪が出土している。

荒蒔古墳から東南に、平等坊・岩室遺跡がある。弥生時代前期末から古墳時代前期にかけての集落遺跡で、集落のまわりをめぐる濠や多量の土器・木器などが出土している。この遺跡内のヒライ池の堤で、岩室池古墳が発見されている。全長約50mの古墳時代後期の前方後円墳で、多量の埴輪が出土し、星塚・荒蒔古墳とともに、古墳時代後期の祭祀のあり方を考えるうえで、重要な資料を提供している。

岩室町は、江戸時代には2人の領主が存在し、東の岡田家、西の岡本家が、それぞれの領主の庄屋をつとめた。両家とも当時の遺構を残しており、岡本家は大阪府吹田の国立民族学博物館に、典型的な大和棟の屋敷として、模型が展示されている。

南西方には嘉幡町があり、ここに柳生藩領の惣庄屋であった森嶋家住宅(県文化)がある。「宝永三(1706)年」の棟札をもち、大和棟の早い時期の建造物の1つと考えられている。森嶋家は十市氏の一族で、十市氏没落後に帰農して、惣庄屋になった。同じ嘉幡町に菅原神社(祭神菅原道真)があり、現在、宝蔵として使われている

十羅刹女堂という小堂がある。これは1676(延宝4)年に建てられたもので,庶民信仰の堂の遺構として貴重である。

嘉幡町の南西方から北方に,京奈和自動車道が開通したが,この道路建設工事に先立って調査が行われ,中町西遺跡・菅田遺跡・下永東方遺跡・下永東城遺跡・庵治遺跡がみつかり,とくに菅田遺跡での中世から近世の集落資料や,庵治遺跡の旧石器時代のナイフ形石器は注目される。

なお,星塚古墳と荒蒔古墳や岩室池古墳から出土した遺物は,天理市立埋蔵文化財センターに保管されている。

また,星塚古墳の北方約600m,名阪国道近くの南六条町の釈迦堂という小堂に,戦国時代に奈良で活躍した仏師集団,宿院仏師の2代目の棟梁,源次作の釈迦如来坐像(1544〈天文13〉年)があり,近年注目されている。市内には,ほかにも宿院仏師の作が残されている。

また岩室の南,西井戸堂町に山辺御県坐神社(祭神山辺御県神)があり,境内の観音堂に平安時代後期作で,像高263cmの木造十一面観音立像(国重文)がある。この像の内部には,塑像の心木が納められており,おそらく,奈良時代に造立された旧仏の遺品を中に納めて,本像がつくられたと考えられる。『延喜式』式内社に比定されている。別所町に,同じ名の山辺御県坐神社があり,ここは山辺県の名前に用いられた,大和六御県社の1つである。

② 天理南部

古代日本の神々のふるさと，そして宗教都市として発展する天理をめぐり，日本最古の道「山の辺の道」を歩く。

天理教 教会本部 ❻
0743-63-1511
〈M ▶ P.200, 211〉天理市三島町271 P
JR桜井線・近鉄天理線天理駅 🚶 20分

天理教の中心
朝夕の祈りの中心

　天理教は，1838（天保9）年10月26日，山辺郡庄屋敷村（現，天理市）の地主の主婦中山みきが41歳のとき，神の言葉を伝える形で始まった。中山みきは天理教の開祖で「おやさま」とよばれている。

　大和の寒村から始まった天理教は，その後，江戸時代末期から明治時代初期にかけて，官憲や周辺の神社仏閣からたび重なる迫害を受けたが，病助けや安産利益などから，しだいに多くの信者が「ぢば」（天理教の中心地。神が人間を創造した所とされる）に参詣するようになった。

　1887（明治20）年，みきは90歳で死去した。その後，10年ごとにみきの年祭を行うようになった。天理教の爆発的な発展はみき没後のことで，2005年現在の信者数は，国内外あわせて約300万人にのぼる。

　天理駅から「本通り」とよばれる商店街を通り，約20分歩くと天理教教会本部に着く。黒字に白文字で「天理教」と書かれた法被姿の信者により，街はゴミがほとんどなくきれいに清掃されている。

　天理教では，人びとが互いに助け合うことで，幸せな暮らしができると説いている。

　おもな行事は，教祖（中山みき）が亡くなった春の大祭（1月26日），教祖（中山みき）誕生祭（4月18日），立教の秋の大祭（10月26日）などである。また，毎年夏休み中（7月26日～8月4日）には，「こどもおぢばがえり」があり，子どもたちが天理に集まり，多くの行事

天理教教会本部

210　山の辺

が行われている。

　天理市の市政は，天理教の発展とともにあるといえる。天理教の2代真柱(しんばしら)(教団代表)であった中山正善(しょうぜん)は，天理大学や教内施設を建設し，現在の天理教の基礎を築いた人物である。また，東京オリンピック(1964年)で柔道を正式種目に推薦したり，多くの業績を残した。天理市の名誉市民とされている。

　教会本部の四方を「おやさとやかた」という建物が取り囲んでいる。現在も工事中であるが，将来は，教会本部を完全に取り囲む形として計画されている。統一されたデザインで，天理教関係の施設，病院「憩(いこい)の家」，博物館「天理参考館」，「天理大学」として使用されている。

　学校は幼稚園から大学まで揃っているが，スポーツや音楽が盛んで，とくに柔道や野球・ホッケー・吹奏楽などは，全国レベルの実力をもち有名である。

天理参考館(てんりさんこうかん) ❼
0743-63-8414
〈M▶P.200,211〉天理市守目堂町(もりめどうちょう)250　P
JR桜井線・近鉄天理線天理駅🚶25分

　天理教教会本部前から，南の天理大学方面に延びる道を300mほど行くと，左手に天理参考館がある。「おやさとやかた」とよばれる建物の南右第1棟内に開館している。

　天理参考館は，天理外国語学校(現，天理大学)の教材室として，1930(昭和5年)，同校舎内に「海外事情参考品室」を設けたことに始まり，現在は博物館に相当する施設になっている。

天理南部　211

天理参考館

2代真柱中山正善は，天理教の海外布教のために，1925年に天理外国語学校を設立した。他国を理解するには，語学の習得と同時に文化・習慣の理解も必要と考え，海外事情参考品室が設けられた。そのため，その収集品は，人間が直接に，あるいは間接に使用したものが中心となっている。

展示場所は，以前は，おやさとやかた東左第3棟4・5階に設置されていたが，2001（平成13）年より，おやさとやかた南右第1棟に移転・開館し，より利用しやすく，また展示もわかりやすくなって現在に至っている。

現在，考古美術資料・国内外の民族資料・交通関係資料など，あわせて約37万点を所蔵，常時約4000点が展示されている。参考館ではまた，企画展示のほか，各種出版物の刊行，天理市布留町の布留遺跡発掘などの調査研究，友の会の活動などを続けている。

石上神宮 ❽
0743-62-0900

〈M ▶ P.200, 211〉 天理市布留町384 P
JR桜井線・近鉄天理線天理駅 🚌 苣原行石上神宮前 🚶 3分

日本最古の神社の1つ
特異な形の七支刀を所蔵

天理教教会本部の南東約1kmの鬱蒼とした森の中に，石上神宮がある。起源ははっきりとしないが，桜井市の大神神社と並ぶ日本最古の神社であり，古代国家の信仰の中心的存在であったと考えられる。

祭神は，神武天皇東征のときに，国土平定に偉功のあった天剣（平国之剣）と，その霊威を「布都御魂大神」，鎮魂の主

石上神宮楼門

石上神宮と菅政友

コラム 人

石上神宮の初代大宮司 禁足地の調査を実行

石上神宮の宮司で、1874(明治7)年の禁足地調査を行った菅政友は、1824(文政7)年、町医者の菅正則、母広瀬コムの長男として、水戸酒門村(現、茨城県)に生まれた。幼名を松太郎、のち亮之介を経て政友とした。水戸藩士で水戸学者の会沢正志斎・豊田天功・藤田東湖らの門に入り、1843(天保14)年に水戸藩藩校暇脩館(現、茨城県日立市)の主事となり、士分に取り立てられ、蘭学も学んだ。政友は水戸藩主徳川斉昭に同調して国事に奔走、斉昭失脚とともに免職となった。その後も斉昭の浮沈と運命をともにした。

1858(安政5)年史館(彰考館)館員となり、その後文庫役に進み、1869(明治2)年栗田寛・津田信存とともに、国史編集に任じられた。この間、主として『大日本史』の「志」「表」の編集に従事した。政友の妻は神官の出であったことから、神道にも造詣をもち、1873年5月に、石上神宮の初代大宮司となった。そして翌74年に、禁足地の調査を願い出て実行したのである。調査後の1876年12月、依願退職して奈良を去った。

1877年2月修史館の掌記となって再び史学の世界に戻り、1888年の官制改革で東京帝国大学書記となり、史料の編纂に携わった。1890年辞職して水戸に帰り、1897年に亡くなるまで著述に専念して、『古事記年紀考』『高麗好太王碑銘考』『任那考』などを著した。没後、著作は『菅政友全集』(1907年、国書刊行会)に収められ、出版されている。

政友は、石上神宮に赴任する前から七支刀に関心があったらしい。1861(文久元)年には、水戸の藩校にあった石上神宮と大和神社に関する書物を書写していることからも、それがうかがえる。そのため神官になるにあたり、自身の希望で、石上神宮へきたと解することも可能であろう。1887(明治20)年に著した『外来金部文字記』には、七支刀について、銘文の読み取り文と内容についての記述がある。これはおそらく、石上神宮在籍時に実見した結果であると思われる。

政友はこのような人生を送り、後世に七支刀の研究の端緒を開いた。その実証研究は、政友から影響を受けた黒板勝美らを介して、明治時代の史学に影響を残したのである。

体である天璽十種瑞宝と、その起死回生の霊力を「布留御魂大神」、素盞嗚尊が八岐大蛇を退治した天十握剣の霊威を「布都斯魂大神」と称し、総称して石上大神と仰ぎ、崇神天皇7年に、現

地石上布留の高庭にまつられた。

石上神宮は，ヤマト政権の武器庫としての役割をもち，政権の軍事面を統轄した物部氏の氏神となり，その一族の信仰を集めた。

神社信仰の古式をとどめ，背後の広大な布留山が神体とされた。境内に入り，1318（文保2）年建立の楼門（国重文）をくぐると，白河天皇が1081（永保元）年に，皇居の神嘉殿を移したとされる拝殿（鎌倉時代，国宝）がある。石上神宮には大正時代まで本殿がなく，拝殿後方の禁足地を神聖な地としていた。このため，拝殿でありながら本殿と同等の扱いを受けてきた。禁足地は，拝殿奥の石垣で囲まれた立ち入り禁止の区域である。大正時代に，ここに本殿が築造されるまでは，磐座が設けられ，神籬を立ててまつっていたという。

1874（明治7）年，大宮司菅政友が官許を得て，この地を発掘した。さらに1878年の幣殿新築，1913（大正2）年の本殿新築の際にも，おびただしい遺物が出土した。これらは神宝として，神庫に収められているが，玉や武具類の多くは4世紀頃，鏡は平安時代のものと考えられ，考古学上も重要であるとして，石上神宮禁足地出品として重要文化財に一括指定された。

楼門前の丘の上には，摂社出雲建雄神社がある。1300（正安2）年建立の拝殿（国宝）は，神宮から800mほど南にあった内山永久寺の鎮守住吉社のものである。明治時代初期の廃仏毀釈で荒廃していたものを，1914（大正3）年に移したもので，数少ない内山永久寺の遺構である。中央に通路を設けた割拝殿で，この様式としては最古の例である。鏡池のワタカ（県天然）とよばれる魚も永久寺に棲んでいたもので，草を食べることから馬魚ともいい，後醍醐天皇の伝説で知られる。

石上神宮の宝物の中でもっとも著名なものが，七支刀（国宝）である。この刀は刀身の左右に3本ずつの枝が出ているという，特異な形をもった鉄剣で，剣身両面には金象嵌の銘が刻まれている。中国の東晋の369（太和4）年，百済王が倭王に献じたものではないかと考えられている。

杣之内古墳群とその周辺 ❾

〈M▶P.200, 211〉天理市杣之内町・勾田町・乙木町

JR桜井線・近鉄天理線天理駅 🚶30分

物部氏との関連が注目されている杣之内古墳群

　天理大学付近から，さらに南にかけての杣之内町・勾田町・乙木町の間に古墳が点在しており，杣之内古墳群とよんでいる。石上神宮と近接した地域に存在する所から，古代の豪族物部氏との関連が注目されている。

　天理駅から天理教教会本部まで徒歩約20分，教会本部から南に約500mの所に天理高校があり，構内に接して，塚穴山古墳と西山古墳がある。塚穴山古墳は直径約63mの円墳で，巨大な横穴式石室で知られる。濠と堤があり，これを含めると直径約112mもある。石室の規模は全長約17mで，物部氏一族の墓と考えられている。見学の場合は，天理高校事務室で手続きが必要である。

　西山古墳(国史跡)は，4世紀頃に築造された，日本最大級の前方後方墳である。全長185mで，墳頂は戦時中に高射砲が設置された。竪穴式石室と推定されており，多少の出土品が知られる。また墳丘には埴輪があり，円筒・朝顔形・家形などがみられる。

　石上神宮の南，天理大学グラウンド東方の墓地に峯塚古墳がある。直径35.5m・高さ8.5mの円墳で，全長11mの磨きあげられた切石を積んだ横穴式石室がある。明日香村の岩屋山古墳と同様の，古墳時代終末期の古墳として注目される。

　天理大学より約800m南方の環状線沿いに，前方後円墳の東乗鞍古墳と西乗鞍古墳がある。前方部を西に向ける東乗鞍古墳は全長約72mで，後円部には家形石棺が収められた横穴式石室がある。前方部を南に向けた西乗鞍古墳は全長約120m，現在はサクラの花見の名所である。主体は横穴式石室と推定され，両方とも古墳時代後期の築造と考えられる。

西山古墳

天理南部

その西方に、全長80mの前方後円墳で、濠の幅約12mの小墓古墳がある。1987(昭和62)年～88年の発掘調査で、濠から多量の木製埴輪が出土して話題になった。円筒・朝顔形・盾・人物・ウマ・トリ・家などの形を模した土製埴輪と、笠・盾・刀・鉾などの木製埴輪もみつかっている。こうした木製埴輪の発見により、古墳祭祀の別のあり方が注目される。

　なお、小墓古墳からJR長柄駅に向かう途中の三昧田町の上街道(上ツ道)沿いで、幕末の大和絵師冷泉為恭(岡田為恭)が、京都所司代酒井氏の屋敷に出入りしていたことで、本来は尊王攘夷派であったが佐幕派であると誤解され、1864(元治元)年5月に勤王の浪士によって暗殺された。

　集落遺跡としては、著名な布留遺跡と乙木・佐保庄遺跡がある。布留遺跡は、天理教会本部付近を中心に、2km四方ほどにわたる大規模な遺跡で、旧石器時代から近世におよぶ幅広い時代の遺物がみつかっている。ここで、古墳時代に使われた土器は、布留式と称され、古墳時代前期の土器編年の基準になっている。乙木・佐保庄遺跡は、道路建設時の発掘により発見された遺跡で、遺跡の範囲は不明だが、古墳時代中期の集落跡で、多くの土器・木器が出土して、注目されている。

　なお、杣之内の丘陵上から奈良時代の火葬墓がみつかり、骨壺のほか、中国製の海獣葡萄鏡が発見されており、天理参考館に保管されている。

内山永久寺跡 ❿

0743-63-1001(天理市商工観光課)

〈M▶P.200, 211〉天理市杣之内町
JR桜井線・近鉄天理線天理駅🚌桜井駅行勾田
🚶30分

いにしえの大寺院の跡を偲ぶ

　石上神宮の境内を通る山の辺の道を南に抜けて800mほど行くと、池の畔に「うち山や　とざましらずの　花ざかり」という松尾芭蕉の句碑がある。この辺り一帯が、石上神宮の神宮寺であった内山永久寺跡である。勾田バス停からは、東方向へ2kmほど行くと着く。

　内山永久寺は、総院号を金剛乗院といい、真言宗に属し、阿弥陀如来像を安置していた。平安時代後期に、鳥羽天皇の勅願によ

り創建されたときの年号によって永久寺と称し，その地は五鈷杵の形をして，内に1つの山があったので，内山を号したという。

　鎌倉時代の古文書によって寺運の隆盛が知られ，後醍醐天皇も，一時，当寺に立ち寄っている。その跡は，「萱の御所」とよばれている。

　江戸時代には，971石の朱印地を与えられ，大和では，興福寺・東大寺・法隆寺につぐ待遇を受けていた。境内は5町四方の広大な地域を占め，江戸時代末期まで40坊以上の伽藍があり，上街道の浄国寺北側より永久寺西門に至る間に石畳が敷かれ，参詣者はつねに絶えなかったという。1864(元治元)年には，尊王攘夷派の絵師冷泉為恭も，一時，この寺に身を寄せていた。

　明治維新の際に，寺領の返還や境内の土地・伽藍売却などがあり，また廃仏毀釈により，1874(明治7)年から76年までの間に，大和の日光といわれた豪華な堂坊も，礎石から瓦1枚に至るまで取りのぞかれて，盛大であった当寺も，今は，わずかに田園の中に，本堂池と萱の御所跡の碑に，その面影を残すのみである。仏像・障壁画・仏画などは散逸した。

　散逸した寺宝は，現在では各地の美術館や寺院に伝わっているが，いくつかは国宝・重要文化財に指定されている。東大寺所蔵の持国天・多聞天像(国重文)，大阪府藤田美術館の善無畏金栗王塔下感得図(国宝)などがその例である。近年，東京国立博物館が散逸した堂屋・仏像などを追跡調査している。

　寺には現在の池を中心にした回遊式庭園があった。復元図は，奈良文化財研究所が所蔵している。

大和神社 ⓫　〈M▶P.200,221〉天理市新泉町306　ℙ
0743-66-0044　　JR桜井線長柄駅🚶5分

古代大和の地主の神をまつる神社

　長柄駅南側の道を東へ約280m進み，右折してさらに270mほど行くと，大和神社(祭神大和大国魂大神・八千戈大神・御年大神)がある。一の鳥居は，古くからの奈良盆地東縁部を南北に結ぶ幹線であった上街道(上ツ道)に面して立ち，そこから200mほどの参道を行くと社殿である。境内は，全体として長大な鬱蒼とした森につつまれている。『延喜式』に記載される大和坐大国魂神社に比定され

る神社である。大和大国魂神は大倭大神ともいわれ、桜井市の大神神社にまつられている大神神と並ぶ、大和の地主神(国津神)である。

神社の創祀については諸説がある。『日本書紀』崇神天皇の条には、国内に疫病が続くので、天皇の殿内にまつった天照大神と大和大国魂神の神威をおそれて、2神を殿外にまつらせ、大和大国魂神を皇女渟名城入姫にまつらせたが、姫はやせ衰えてしまったので市磯長尾市を祭主にしたところ、国家は治まったと記す。続いて、垂仁天皇の条には、倭大国魂(倭大神)の神地を穴磯邑に定め、渟名城稚姫に命じて大市の長岡岬にまつらせたが、しかし、姫もやせ衰えて祭祀を行えなくなったので、大倭直の祖長尾市宿禰にまつらせたとある。

大和神社のもとの神地・鎮座地の穴磯邑と長岡岬については多くの説があるが、一般的には現在地の東方、檜原神社山麓付近に比定されており、そこから現在地に遷移したものと考えられている。遷移の時期も、平安時代から元禄年間(1688〜1704)の頃まで、さまざまな説がある。

大和神社は692年に奉幣を受け、また『大倭国正税帳』によると、730(天平2)年には租稲104束が祭祀料にあてられ、『新抄格勅符抄』によれば、806(大同元)年には神戸327戸を有している。神階は897(寛平9)年には正一位を受けており、伊勢神宮(三重県伊勢市)につぐ高い地位をもち、国家的にも重視されていた。

源頼朝から守護使不入の許可を与えられたと伝えられ、また、大和の戦国時代の土豪十市遠忠の尊崇を集め、多くの寄進物を得たといわれる。しかし、しだいに興福寺の勢力によって神領が失われていき、衰微していったようである。

大和神社

また中世には周辺

9カ村の郷宮となり，民間の信仰も集め，「ちゃんちゃん祭り」とよばれる盛大な祭礼がとり行われていた。「ちゃんちゃん祭り」は現在でも，毎年4月1日に行われている。当日は神輿が中山町にある境外末社大和稚宮神社（御旅所）に渡り，その際に神主・氏子らが同道し，氏子の村々から供物が奉納される。そして，氏子村の1つ兵庫町の人びとが龍頭をもって「龍の口」という舞を舞う行事である。俗に「祭り始めはちゃんちゃん祭り。祭りおさめはおん祭り」といわれ，この地域では「おやまとレンゾ」といって，農作業も休みとなり，祭り見物に出かけた。

なお，大和神社の本殿から大和神社前の道を北の方へたどると三昧田町に至り，天理教の教祖中山みきの生家前川家がある。現在，「天理教祖誕生の家」として保存されている。

大和古墳群 ⓬

0743-63-1001（天理市商工観光課）

〈M▶P.200,221〉天理市萱生町・中山町・柳本町・成願寺町ほか

JR桜井線長柄駅 🚶30分

初期ヤマト政権を形成した大王と豪族の古墳群

大和神社の周辺には，奈良県内でも有数の古墳群がある。大和古墳群または萱生古墳群とよばれるもので，古墳時代前期前半の古墳を中心に構成され，初期ヤマト政権の大王と，それを支えた構成員の有力な豪族の墳墓であると考えられる。数十の前方後円墳・前方後方墳や円墳が集まっているが，そのうちとくに注目されるのは，中山町の西殿塚古墳・中山大塚古墳（県史跡），成願寺町の下池山古墳（県史跡），萱生町の西山塚古墳などである。大和古墳群へは，長柄駅から東へ約500m行き，朝和小学校前交差点で国道169号線を渡ってさらに東に約200m行くと，柿畑の中に盛り上がった古墳がみえてくる。また，JR桜井線柳本駅から黒塚古墳などを経て，北東方に200mほど進むと，山麓に西殿塚古墳などの古墳の姿が望める。

西殿塚古墳

天理南部

下池山古墳

　西殿塚古墳・中山大塚古墳は中山町の集落の北東部の山裾にあり，西殿塚古墳は南に前方部を向ける全長234mにも達する巨大な前方後円墳で，大和古墳群中最大規模のものである。西殿塚古墳へは，朝和小学校前交差点から，国道169号線を渡り約1km東に行き，萱生集落の中を南に行くと，そのはずれにある。東側の東殿塚古墳（前方後円墳，全長140m）とともに，古墳群の中でも東端の最高所に築かれている。西殿塚古墳は，継体天皇の皇后である手白香皇女の衾田陵に治定されている。墳丘からは，特殊器台・特殊壺が発見されており，初期ヤマト政権の墳墓は，最初の箸墓古墳に続いて，西殿塚古墳が造営されたと考えられている。

　中山大塚古墳は西殿塚古墳の約500m南西にあり，前方部が南面する全長120mの前方後円墳である。1993・94年に後円部と前方部の発掘調査が実施された。中世に城郭として利用されたため，墳丘は大きく改変されている。後円部2段，前方部1段に築かれ，各斜面と前方部上面に葺石が葺かれていたと推定され，葺石の最下段は，垂直に近く石垣のように築かれていた。後円部中央に埋葬施設として，長さ7.5mの合掌式構造の竪穴式石室が設けられていた。墳丘からは特殊器台・特殊壺などが発見されており，大和古墳群の中でも，初期に築かれた古墳の1つであると推定されている。

　大和古墳群のほぼ中央に位置する下池山古墳は，前方部を南に向ける全長約120mの前方後方墳である。一辺約60mの後方部に，先端の開かない前方部が続く。後方部には長さ6.8mの竪穴式石室がつくられ，長さ約6mのコウヤマキ製の割竹形木棺が腐らずに残っていた。また，墓壙の北西隅には，径37.6cmの内行花文鏡を納めた小石室が設けられていた。

　下池山古墳の北東方の萱生町にも，波多子塚古墳という全長114

mの前方後方墳があるが，前方部が開かない古い形態の古墳である。波多子塚古墳の約200m南には，西山塚古墳という全長120mの周濠をもつ前方後円墳がみられるが，後期古墳であることが知られている。

なお，中山大塚古墳の北東にある，中山町の前方後円墳である燈籠塚古墳上にある念仏寺墓地の多数の墓石群は，大和郷の村々の共同墓地であり，郷墓といわれる。

また，西殿塚古墳の北東方にある竹之内町は，大和郡山市の稗田や若槻と並ぶ環濠集落で，集落の北東山麓には，銅鐸の出土地がある。1939（昭和14）年に，開墾中に偶然発見されたものであるが，高さ約41cmの袈裟襷文銅鐸である。

柳本のまち ⓭

0743-63-1001（天理市商工観光課）　〈M▶P.200,221〉天理市柳本町　P
JR桜井線柳本駅🚶5分

上街道沿いに発達した織田氏の陣屋町

柳本駅で下車すると，東に広がるのが，江戸時代に柳本藩1万石の陣屋町であった柳本の町がある。柳本駅から北へ50mほど歩き，右折して，700mほど東に行くと，柳本小学校がある。中世には楊本氏が，現在の柳本小学校の周辺に柳本城を構えて本拠としたが，寛永年間（1624～44）に，織田長益（有楽斎）の5男尚長が柳本城の旧地に陣屋を設けた。集落は上街道沿いに展開したが，藩士の屋敷地は街道から東に開けた。柳本陣屋大書院・玄関（旧織田屋形，橿原神宮文華殿，国重文）は，橿原神宮境内に移築され，文華殿と称されている。

柳本小学校の北西，上街道との交差点東側の長岳寺の飛地境内

に，五智堂(国重文)とよばれる方1間の宝形造の小さな建物がある。中央に太い心柱を立て，天井があるので，その形から傘堂ともよばれ，四角同形にみえるところから，真面堂ともよばれた。堂の内部には，金剛界四仏の種字(梵字)を刻んだ額を掲げている。また，柳本小学校からさらに東へ進み，柳本交差点で右折して国道169号線を100mほど行った所にある伊射奈岐神社(祭神伊邪那岐神・菅原道真)は，柳本神社ともよばれ，『延喜式』式内社に比定される。中世，楊本庄の総鎮守とされた。

柳本古墳群 ⑭
0743-63-1001(天理市商工観光課)　〈M▶P.200,221〉天理市柳本町ほか 🅿
JR桜井線柳本駅🚶20分

ヤマト政権の大王たちの奥津城

　柳本の町から東方に望む龍王山(585.7m)から，西に延びる尾根上につくられた崇神天皇陵古墳(行燈山古墳)と，その南側の尾根筋に位置する景行天皇陵古墳(渋谷向山古墳)の2基の大王墓である大型前方後円墳を中心として，柳本古墳群は，アンド山古墳・天神山古墳・上ノ山古墳・シウロウ塚古墳・黒塚古墳・柳本大塚古墳などの前方後円墳，双方中円墳の櫛山古墳などによって形成されている。これらの古墳は，大部分のものは古墳時代前期の古墳と推定されるものである。

　伊射奈岐神社から国道169号線を挟んで北東方に，山辺道勾岡上陵に比定される崇神天皇陵古墳がある。全長242m，前方部幅102m・高さ15m，後円部直径158m・高さ23mの巨大なもので，前方部を西に向ける。周濠は東から渡堤で階段状に区切られている。4世紀中頃に築造されたものであるが，周囲の壮大な濠は，幕末に柳本藩が灌漑用水に利用するため大修理を加えたものであり，現在の古墳の姿は変化している。

崇神天皇陵古墳

　崇神天皇陵古墳西

黒塚古墳石室

側の国道169号線の信号を渡ると、すぐに黒塚古墳（国史跡、出土品は国重文）への案内板がみえる。黒塚古墳は、古墳時代前期の前方後円墳（全長132m）で、前方部は西面する。2007（平成9）・08年の発掘調査で、多数の三角縁神獣鏡がもとの位置を保った状態で発見されたことはよく知られている。柳本古墳群の中では、初期に築造された古墳である。戦国時代には城郭として利用されたこともあるので、墳丘は改変を受けている。また周囲の濠は、周濠を拡張したものであると考えられる。現在は、柳本公園の一角となっている。

後円部中央に南北方向につくられた竪穴式石室は、全長約8.3mの長大なもので、川原石と板石を使った合掌式の特殊な石室である。石室床面の粘土の棺台の中央には、長さ6.2mのクワの巨木を刳り抜いた木棺の痕跡が残り、棺内には画文帯神獣鏡1面とその両側に鉄刀剣がおかれていた。棺外には、多数の鉄刀剣・Y字形鉄製品などとともに、33面の三角縁神獣鏡が、すべて鏡面を内側にして立て並べてあった。

黒塚古墳の東側濠外には、天理市立黒塚古墳展示館が設けられ、石室の実物大のレプリカや出土した鏡などの模型が展示されているので、ぜひ立ち寄りたい。

黒塚古墳から国道169号線に戻り、南へ200mほど歩くと、天神山古墳がある。全長113mの前方後円墳で、前方部は北面する。また古墳は、西側にまつられる伊射奈岐神社の境内地になる。1960（昭和35）年、東側の県道（現、国道169号線）工事にともない、発掘調査が行われた。後円部の竪穴式石室は、全長6.1mの合掌式で、コウヤマキの木棺がよく残存していた。木棺の周囲から、23面の銅鏡と鉄剣などの鉄製品や水銀朱41kgなどが出土した。現在、墳丘の東側半分が、道路工事のために削りとられている。

崇神天皇陵古墳の後円部周濠に接して、全長約155mの双方中円

景行天皇陵古墳

墳の櫛山古墳(国史跡)がある。1948(昭和23)・49年に発掘調査が行われており,中円部から竪穴式石室が検出されている。

崇神天皇陵古墳の南約1kmの渋谷町には,景行天皇の山辺道上陵に比定される景行天皇陵古墳がある。景行天皇陵は全長300m,前方部幅170m・後円部長径168mで,前期古墳としては全国で最大規模である。4世紀中頃に築造されたもので,柳本古墳群の前期古墳では,最後に築造されたものであると考えられている。

柳本古墳群東側の龍王山の西斜面の山腹には,古墳時代後期の約300基の横穴式石室を埋葬施設とする円墳と,ほぼ同数の横穴墓からなっている龍王山古墳群が存在する。古墳の築造は,6世紀後半から7世紀初め頃にピークを迎え,7世紀末頃まで続いている。崇神天皇陵古墳と景行天皇陵古墳の間の谷間のハイキングコースに沿ってのぼって行くと,古墳が累々と築かれているのがよくわかる。

また,龍王山頂には,天文年間(1532〜55)に,大和の土豪十市遠忠によって築かれたという龍王山城跡が残る。北城が本城で,南城は詰城である。

長岳寺 ❶ 〈M▶P.200,221〉 天理市柳本町508 P
0743-66-1051   JR桜井線柳本駅🚶20分

崇神天皇陵古墳の北方を東に進むと,正面に長岳寺(真言宗)がある。釜口山長岳寺と号し,俗に釜口大師ともいう。824(天長元)年に弘法大師によって開基されたと伝えられ,鎌倉時代には,興福寺大乗院の末寺になっていた。戦国時代に戦火に遭ったが,1602(慶長7)年に,徳川家康から寺領100石を与えられ,復興した。

往時は,本堂・不動堂・鐘楼など20坊あったと伝えられるが,明治時代初期の廃仏毀釈によって衰退した。しかし境内には,本堂のほかに,大師堂(県文化)・鐘楼などが残り,多くの文化財を有

弘法大師開基の寺院玉眼を使用した阿弥陀如来像

長岳寺楼門

している。建造物には、鎌倉時代につくられた楼門や江戸時代初期の旧地蔵院(本堂・庫裏、国重文)がある。また、玉眼入りの本尊の木造阿弥陀如来及両脇侍像(国重文)は、1151(仁平元)年の作で、桜井市の大御輪寺の寺物であったと伝えられる木造増長天立像・多聞天立像(国重文)もある。

　境内には数多くの石仏があり、「元亨二(1322)年」の紀年銘をもつ石造笠塔婆、「貞和五(1349)年」の紀年銘をもつ五輪塔などがある。さらに龍王山の中腹の奥院には、鎌倉時代後期作の不動石仏がある。

三輪・纏向

❸

「三諸の神奈備」として崇められてきた三輪山麓は,ヤマト政権発祥の地。大王の奥津城である最古の前方後円墳などをめぐる。

金屋の石仏 ⓰
0744-42-9111(桜井市商工観光課)
〈M▶P.200,227〉 桜井市金屋
JR桜井線三輪駅🚶15分,または近鉄大阪線・JR桜井線桜井駅🚶20分

もと三輪山中にあった2体の石仏

　三輪駅前から南へ100mほど行き,東へ折れて線路を越え,100mほどで南へ曲がる。三輪小学校・天理教敷島大教会の前を通って,教会の南側で折れて東に向かうと,金屋の石仏(石板浮彫伝弥勒如来像・石板浮彫伝釈迦如来像,国重文)への案内板が設けられている。そこから集落の中を200mほど北へ入って行くと,集落のはずれに,石仏を安置したコンクリート製の収蔵庫がある。この付近は,三輪山南麓の弥勒谷とよばれる所であるが,石仏はもとは山中にあったものである。

　収蔵庫内には,高さ2m余りの板石に彫り込まれた2体の石仏がある。向かって右が釈迦如来像,左が弥勒如来像といわれる。制作の時期は,平安時代初期または鎌倉時代とされる。収蔵庫の西側には,喜多美術館があり,個人所蔵の現代絵画を中心に展示している。また,喜多美術館横の道を西に約100m行った所にある志貴御県坐神社(祭神大己貴神ほか)は,『延喜式』式内社で,崇神天皇の磯城瑞籬宮跡と伝える。なお,古代の大和には六御県とよばれるヤマト政権の直轄地があり,磯城・山辺・曾富・葛城・高市・十市の6つの県がおかれた。現在もそれぞれの県には,御県坐神社が鎮座するので,その地域を推察することができる。志貴御県坐神社もその1つと考えられるが,磯城の場合も,初瀬川上流の三輪山麓に位置し,三輪山麓南東部に広がる三輪遺跡からは,縄文時代前期の土器が出土するように,この付近一帯は,早くから文化が開けた地域であった。

　石仏のある金屋付近は,初瀬川の渓口部にあたり,大神神社前から南下してきた山の辺の道や,三輪の集落の中を南北に通る上街道(上ツ道)から分岐した初瀬街道が合流する所で,また,初瀬川水運の交点にもあたり,古代から交通の要衝として栄えた所である。

226　山の辺

三輪・纒向周辺の史跡

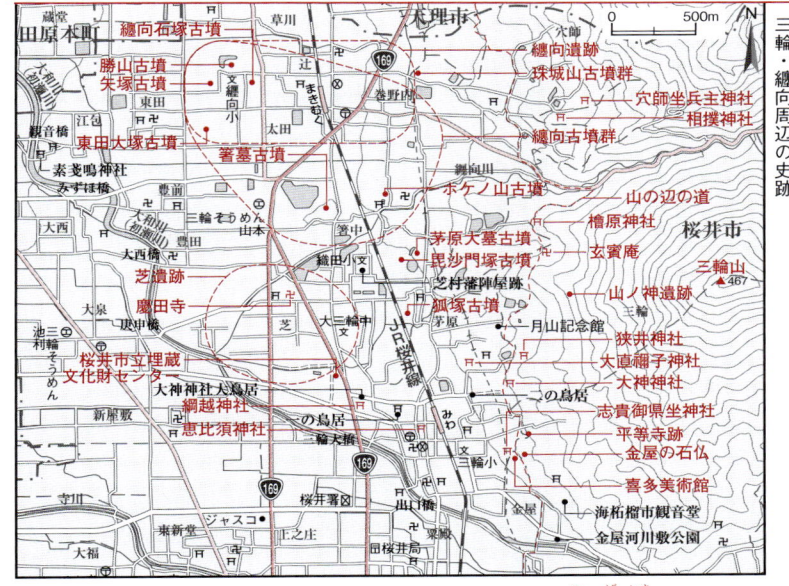

　このような交通の重要拠点である金屋付近には，海柘榴市といわれる古代の市場があった。市の名は『日本書紀』や『枕草子』にもみえる。金屋集落の東端の民家の中に，海柘榴市観音堂があり，2体の観音仏が安置されているが，海柘榴市を偲ばせる跡ともいう。金屋集落の中の道を東へ歩いていくと，観音堂への案内板がある。

　観音堂から集落を抜け，南に200mほど田圃の中の道を行くと，初瀬川の堤に出るが，近年，河岸が金屋河川敷公園として整備されている。公園内には，欽明天皇時代の仏教の伝来を記念して，「仏教伝来之地碑」が立てられている。公園からは，間近に三輪山を仰ぎみられ，遠くには二上山を望むことができる。

　金屋の石仏へは，近鉄・JR桜井駅から北に出て，三輪山の方向に向かい，山の辺の道の標識に従って進むと，20分ほどで行くこともできる。

大神神社 ⓱　〈M▶P.200, 227〉桜井市三輪1422　Ⓟ
0744-42-6633　　JR桜井線三輪駅 🚶 5分

　三輪駅からまっすぐ西に行き，すぐ右に折れると，100mほどで大神神社の松並木の参道に出る。右に曲がり参道を進むと，三輪山

三輪山を神体山として拝む日本最古の神社

の麓に鬱蒼とした森と鳥居がみえてくるが、そこに大神神社(三輪明神)がある。祭神は大物主神で、大国主神の国作りに協力した神である。

大神神社は、わが国最古の神社の1つとして知られ、神社の後方に聳える三輪山(467.1m)を神体山として拝んでおり、神殿をもたない古い形式をとっている。拝殿(国重文)の奥に三ツ鳥居(三輪鳥居、国重文)が設けられるのみで、その奥は禁足地となっており、立ち入りができない。三ツ鳥居は、一般の明神鳥居の両脇に小型の脇鳥居をつけたもので、脇鳥居の左右には、瑞垣が延びる特殊な形式であり、かなり古く発生したものと考えられる。なお、現在の三ツ鳥居は1883(明治16)年の建造で、拝殿は、1664(寛文4)年に高取藩主植村家吉が奉行となり、4代将軍徳川家綱が造営したものである。拝殿の南西に「巳の神杉」という神木が聳え、大物主神の使いとされるヘビが住んでいる。

大神神社境内の北方にある狭井神社(祭神大神荒魂神ほか4神)は、狭井川の南にあり、疫病を鎮める神として古くから知られている。境内の薬井の水は、万病に効くといわれる。また、狭井神社の社務所で受付けをしお祓いをすると、山頂まで登拝することができる。大神神社社宝には、朱漆

三輪山

大神神社拝殿

228　山の辺

三輪山伝説について

コラム

神体山・三輪山にまつわる神々の伝説

大神神社の祭神大物主神は、『古事記』『日本書紀』では、恐るべき蛇神とされ、種々の神婚説話でも知られる。これらは俗に、三輪山伝説といわれる。

崇神天皇のとき、疫病が大流行し、心配する天皇の夢に大物主神があらわれた。「オオタタネコという人物を召して、われをまつらせたなら病気も鎮まり、国も平安となるだろう」と教えた。この人物を探したところ、河内国の美努村にいたので、天皇の前に連れてこさせた。「私は大物主神が陶津耳の娘イクマヨリビメと婚して産んだ子クシミカタの3代目の子孫にあたる」と言上したので、オオタタネコに御諸山(三輪山)にこの大神をまつらせたところ、疫病が鎮まり、国家は安定したという。

そして、この由来として、イクタマヨリビメの許に、夜半になって何者かが妻問いし、ついにヒメは妊娠する。妻問いにくる男の正体がわからない父母は、それを確かめるために、男の着物に麻の糸を通させた。翌朝、戸の鉤穴から通り抜け、家に残ったのは三勾だけになっていた。そこで、糸をたどって行くと、それは三輪山の社に達していたという。そこで、通った人物は、大物主神だとわかった。また、その地を三輪とよぶようになった(『古事記』中巻)。

崇神天皇の叔母(孝霊天皇皇女)と伝えるヤマトトトヒモモソヒメは、大物主神の妻となった。神は昼にはあらわれず、夜のみきたので、夫の顔を知らないのでみたいと乞うた。大神は、明朝、櫛笥の中に入っているが、姿をみて驚かないようにといった。ヒメは翌朝櫛笥をみると、小蛇がいたので驚き叫んだ。大神は恥じて人の姿に戻り、今度はお前に恥をかかせてやろうといい、大空を踏みとどろかせて、御諸山にのぼってしまった。ヒメは後悔して、箸でホトを突いて死んでしまった。そこで大市に大きな墓をつくったが、時の人はこれを箸墓とよんだ。この墓は昼は人がつくり、夜は神がつくった。また、大坂山から人民が手ごし(リレー式)にして、石を運んだと伝える(『日本書紀』崇神紀)。

また、雄略天皇が少子部連螺贏に三輪山の神を捕らえさせたとき、山で捕らえた大蛇が雷鳴をとどろかせ目を輝かせたので、天皇は恐れて殿中に隠れ、大蛇を山に放させたという伝承がある(『日本書紀』雄略紀)。

大神神社の「大神」を、オオカミとよまずにオオミワとよむのは、古くから、大神神社の祭神は、神の中の神として崇められ、「神」といえば、ただちに「三輪の神」を意味するようになり、「大神」という訓が生まれたのだといわれる。

三輪・纏向　　229

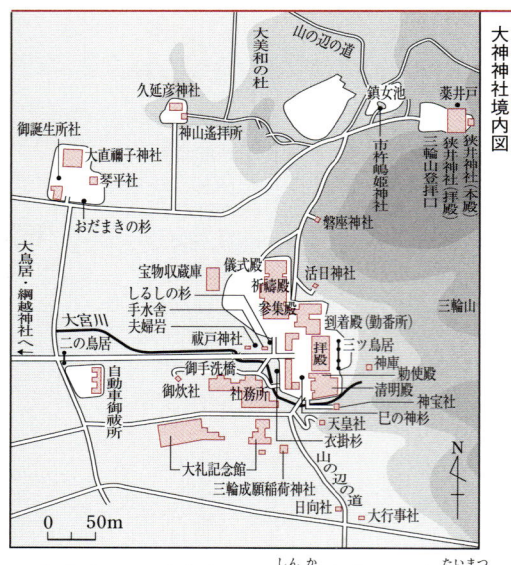

大神神社境内図

金銅装楯・紙本墨書周書巻第十九(ともに国重文)、聖観音毛彫御正体、「延元三(1338)年」銘の高坏(ともに県文化)、三輪山古図などがある。神社の北側には、宝物を展示する宝物収蔵庫が設けられており、第1・第3日曜日に公開される。また、毎年1月1日の繞道祭は火の祭りとしてよく知られ、神火を移した大松明をかついで、摂社と末社18社をめぐるので、繞道または入道といわれる。大神神社の旧境内は、国の史跡に指定されている。

　三輪山の山中には、祭祀用の巨石群があり、山頂のものは奥津磐座、中腹のものは中津磐座、禁足地付近の巨石群のように山麓のものを辺津磐座とよんでいる。これらは、磐座・磐境といわれるものであるが、神体山の三輪山の山麓には、古代人の崇拝の対象であった祭祀遺跡が多数分布する。三ツ鳥居の改修や拝殿裏禁足地の工事の際などには、滑石製の子持勾玉や有孔円板・土製模造品・土師器・須恵器などが出土している。北の狭井神社手前から北東へ200mほど行った所に、山ノ神遺跡がある。1918(大正7)年の開墾時に発見された遺跡であるが、巨石を5個の石が取り囲み、下に割石を敷いていた。小型素文鏡3・碧玉製勾玉5・水晶製勾玉1・滑石製模造品(子持勾玉1・有孔円板数百個など)・土製模造品・須恵器などの祭祀遺物が出土している。

　さらに、狭井神社前から山の辺の道に沿って約500m北に行くと、奥垣内遺跡・箕倉山祭祀遺跡などがあり、祭祀遺物の出土がみられる。三輪山の南を流れる初瀬川と北側を流れる巻向川は、それぞれ

三輪そうめん

コラム

全国的に知られる三輪そうめん 古くは永禄年間に記載あり

桜井市域を中心として生産されている手延そうめんは、三輪そうめんといわれ、全国的にその名が知られている。現在では、奈良・大阪を中心とした近畿圏を始め、全国的に販売が行われている。桜井市内には、地元業者の販売店が多数みられる。

三輪そうめんの原料は、小麦粉・塩・綿実油などであり、生産は2日間の工程の繰り返しで、12月～3月の極寒の季節を中心に、作業が行われる。製品には最高級品の神杉から、緒環・誉・戎などの種類がある。

生産業者の数は盛時にくらべるとかなり減少しているが、桜井市域がもっとも多く、初瀬川に沿った三輪地区を中心として、巻向川に沿う織田・巻向地区、寺川・栗原川沿いの桜井地区に多くみられる。これらの3つの河川に沿う地域には、かつて原料の小麦粉をひく水車が数多く設けられており、また、製造期の冬期には、晴天が多く寒気が厳しいので、そうめんの生産に適したという。

歴史的に、三輪そうめんの起源は明確ではないが、『多聞院日記』の永禄年間(1558～70)に、興福寺多聞院が三輪からそうめんを求めた記事があり、もっとも古い記録とされる。伝承としては、大物主神の後裔にあたる大神朝臣狭井久佐の2男である穀主が、『古事記』にある大物主神にまつわる、いわゆる苧環伝説をのちの世に伝えるため、糸のようなそうめんをつくったという。このことは、奈良時代の宝亀年間(770～780)のこととも伝える。

江戸時代には、高取藩主が三輪そうめんを幕府に献上しており、また、『大和志』や『大和名所図会』にそうめんの産地として、三輪や金屋などの名がみえ、『日本山海名産図会』にも、三輪そうめんが紹介されているところから、三輪そうめんは、大和の名産として著名になっていたと考えられる。

扇状地を形成しているが、両河川に挟まれた地域が、古くから瑞垣郷とよばれ、三輪の祭祀に強くかかわってきた所であると考えられ、祭祀遺跡の集中がみられる。そのほか三輪山周辺からは、祭祀遺物の出土が多数知られるが、多くの遺跡では、5世紀後半から祭祀が始まり、中世頃まで継続したようである。

大神神社の境内とその周辺には、多くの社寺がある。金屋の石仏から山の辺の道を通ってくると、途中に平等寺跡がある。大神神社の南200mほどの所である。大神神社の神宮寺で、かつては南北

3町・東西4町半の広大な境内地に堂塔が並んでいたが、明治時代初期の神仏分離によって廃寺となった。その境内の一角に、明治時代に翠松庵が開かれ、1977(昭和52)年に平等寺(曹洞宗)と復称した。

また、大神神社の二の鳥居前から、北へ100mほど行くと、摂社の大直禰子神社(若宮社、祭神大田田根子命)がある。ここも大神神社の神宮寺の大御輪寺(大神寺)があった所で、明治時代初期の神仏分離により寺は廃されたが、旧本堂が大直禰子神社の本殿(鎌倉時代、国重文)となっている。旧寺の本尊は、有名な聖林寺の天平仏の木心乾漆十一面観音立像であるが、神仏分離の際に流失したものである。

大神神社の約600m西方の三輪集落の中心部、三輪郵便局の東隣にある恵比須神社(祭神事代主命ほか2神)は、南方にあった海柘榴市の守護神であったと伝えられ、毎年2月6日の初市祭が知られる。大神神社の一の鳥居の西にある綱越神社(祭神祓戸大神)で、毎年7月末に行われる「おんぱら祭」は、夏を越す疫病を祓う祭りとして有名である。

檜原神社 ⑱

0744-45-2173

〈M▶P.200, 227〉桜井市三輪1330-1
JR桜井線三輪駅🚶30分

天照大神をまつった伝承の地

狭井神社から北の狭井川を渡り、三輪山の西麓を走る山の辺の道を北へ進むと、20分ほどで平安時代に玄賓僧都が隠棲したと伝える玄賓庵(真言宗)に着く。三輪山の麓を走る山の辺の道は、起伏に富み、緑濃い樹木につつまれた山道である。玄賓庵は、明治時代の神仏分離の際、三輪山中から現在地に移されたという。玄賓庵には、現在、木造玄賓僧都像と木造不動明王坐像(平安時代作、国重文)が

檜原神社

安置される。世阿弥の謡曲「三輪」は、隠棲した玄賓僧都を主人公にして、三輪の大物主神との神人通婚説話を描いたものである。

玄賓庵から檜原神社(祭神天照大神ほか2神)はすぐである。檜原神社は大神神社の摂社で、大神神社と同じく三輪山を神体山として崇拝する古い神社形態をとり、三輪山に向かって三ツ鳥居が立つのみである。祭祀遺物も出土している。同社の周辺は、崇神天皇の時代に天照大神をまつったという笠縫邑の伝承地で、元伊勢ともいわれている。山麓の神社からみる奈良盆地の眺望はすばらしい。二上山もほぼ西に望め、晩秋に二上山に沈む夕日はとくに絶景である。

檜原神社から山麓に沿って山の辺の道を北に歩くと、5分ほどで巻向川の上流に出る。山麓に沿う道筋の周辺には、ミカンやカキの果樹園が広がり、また、奈良盆地を一望できる場所もあり、景色にすぐれた所である。巻向川は瀬音が響く谷川で、川に沿う集落は俗に車谷と称される。江戸時代の記録には、本流・支流あわせて30くらいの水車が動いていたという。幕末から明治時代には37になり、三輪そうめんの原料をひいたり、油絞りに使われ、さらに紡績や製材板にも使われるようになった。しかし、蒸気や電力の普及により、しだいに水車は姿を消していった。

また、玄賓庵や檜原神社からは、西へ山道をくだって茅原集落に出て、ホケノ山古墳や箸墓古墳にまわることもできる。檜原神社の西にある井寺池は、池の面に映る三輪山の姿が美しく、日本を代表する景観百選にも選ばれた所である。

穴師坐兵主神社 ⑲
0744-42-6420

〈M▶P.200, 227〉桜井市穴師1065　P
JR桜井線巻向駅 🚶20分

中国伝来の兵主神をまつる古社

檜原神社から車谷の集落を抜け、山の辺の道を右にとると、約50mで穴師の集落に入る。集落内に谷川の水を引いた水路が走る、落ち着いたたたずまいである。穴師集落の北側に出ると、道は三差路になる。三差路を右に折れ、坂道を東にのぼって行くと、10分ほどで穴師坐兵主神社(祭神兵主神)に着く。穴師坐兵主神社は、もと巻向山の弓月嶽山頂近くにあったが、応仁の乱(1467〜77年)の際に焼失したため、現在地にあった穴師大兵主神社(祭神大兵主神)に合祀された。その後、巻向坐若御魂神社(祭神若御魂神)も合祀され、

三輪・纏向

現在では、主殿を穴師坐兵主神社とし、巻向坐若御魂神社と穴師大兵主神社を相殿にまつる。兵主神は、古く中国の山東半島で信仰されていたもので、5世紀代における倭国と中国南朝との交渉に際して、大陸から伝えられたものと考えられている。また、兵主神社は、中世においては穴師郷の人びとの信仰の中心であった。

穴師集落の北側から穴師坐兵主神社に向かう途中に、景行天皇の纏向日代宮跡の石標や、垂仁天皇の時代、野見宿禰と當麻蹴速が相撲をとったカタヤケシの場所と伝える所がある。カタヤケシの場所には、現在、相撲神社がまつられており、土俵がある。この場所に相撲起源の伝承地があるのは、西の珠城山丘陵の近くに、相撲伝承のある垂仁天皇の時代の纏向珠城宮の伝承があることによると考えられる。

穴師坐兵主神社

珠城山1号墳石室

山の辺の道は、穴師集落北側の三差路を西に曲がり、すぐ北に折れ、景行天皇陵古墳のほうに向かっているが、北に向かわず、直進して西へ坂道をくだると、珠城山古墳群がある。珠城山丘陵上に古墳時代後期の3基の前方後円墳が築造されている。東端の1号墳は全長75m、中央の2号墳(ともに国史跡)は全長75m、西端の3号墳は47.5mであった。

1号墳では、後円部から片袖式の横穴

式石室が検出され、玄室中央に組合せ式箱形石棺がおかれ、棺内外から玉類や多数の武器・武具、馬具類などが出土した。3号墳では、前方部と後円部から横穴式石室が検出されている。後円部の石室は両袖式で、玄室中央に家形石棺、羨道部にかけて組合せ式石棺がおかれていた。すぐれた馬具や武器・武具、須恵器、土師器などが出土している。前方部の石室は片袖式で、中世に火葬墓として利用されていた。2号墳では、明確な埋葬施設は検出されていない。1号墳と3号墳は、6世紀中頃から後半にかけて築造されたものと考えられている。3号墳は開発などで削られ消滅して、現在はまったくみることはできない。また、珠城丘陵から西に約50mくだると、垂仁天皇の纒向珠城宮跡の石標が立つ。

箸墓古墳と纒向古墳群 ⓴
0744-42-9111(桜井市商工観光課) 〈M ▶ P. 200, 227〉桜井市箸中ほか
JR桜井線巻向駅 🚶15分

日本最古の大型前方後円墳

巻向駅付近を中心に纒向遺跡が広がるが、纒向遺跡には、箸墓古墳と6基の古墳時代前期の古墳からなる纒向古墳群(国史跡)がある。遺跡地内の北西部になるが、巻向駅から西に10分ほど歩くと纒向小学校があり、小学校のまわりに、纒向石塚古墳・纒向勝山古墳・纒向矢塚古墳、約200m離れて南に東田大塚古墳がある。一方、遺跡地内南東の箸中地区に、箸墓古墳とホケノ山古墳がある。巻向駅から南へ200m向かい、国道169号線の陸橋の下を通り抜けると、箸墓古墳が小山のようにみえてくる。陸橋から徒歩約5分で箸墓古墳の後円部に出る。また、ホケノ山古墳は、箸墓の後円部南東側の道を東に行き、JR桜井線の線路を渡り、国津神社の東にまわるとすぐである。

纒向石塚古墳は、全長93mの比較的小型の前方後円墳である。後円部径64m、撥形の前方部は幅32m。墳丘のまわりを周濠が囲む。周濠内からは、土器や、弧文円板・鋤・鍬などの木製

纒向石塚古墳

三輪・纒向

ホケノ山古墳

品が出土した。また、墳丘の調査では、埋葬施設は発見されなかったが、3段築成で葺石をもたないことがわかり、また、墳丘盛土内から出土した土器から、3世紀前半に築造された古墳であることが知られた。纒向遺跡内でもっとも古い古墳である。

勝山古墳は全長113m、後円部径69m・前方部幅30mの前方後円墳で、直線的に延びる細長い前方部がつく。周濠は幅29mである。墳丘北側のくびれ部から出土した板材についての年輪年代測定により、伐採年代が最新でも西暦210年頃との結果が出ている。

矢塚古墳は全長96m、後円部径64m・前方部幅40mと復元されており、石塚古墳などと同じように短い前方部がつく前方後円墳と考えられている。東田大塚古墳は、全長96m、後円部径64m・前方部幅30mの前方後円墳である。墳丘と周濠の一部が調査されたが、周濠の外側から西部瀬戸内系の大型壺を利用した壺棺が出土した。一方、箸中のホケノ山古墳は全長80m、後円部径60m、南東側に長さ20mほどの短い前方部がつく。墳丘斜面に葺石があり、周囲に周濠を設けている。後円部からは石囲いの木槨という特殊な埋葬施設が検出され、画文帯神獣鏡や鉄刀、銅鏃などの副葬品が出土している。3世紀中頃の築造と考えられている。

箸墓古墳は全長280m、後円部径155m・高さ29.4m、前方部長125m・幅140m・高さ16mの前方後円墳である。撥形に開く前方部がつく。後円部は5段、前方部前面は4段に築成されている。墳丘上では、宮山型の特殊器台と都月型の特殊器台型埴輪・特殊壺形埴輪、二重口縁壺などが採集されている。

前方部の南や北、後円部の南東側の発掘で、幅約10m程度の周濠と外堤が確認され、また南東部の調査では、外堤から後円部に続く渡り堤が検出されている。前方部北裾の調査では、葺石や土砂採取跡が確認された。これらの調査で、出土した箸墓古墳造営期の土師

初期ヤマト政権の拠点・纏向遺跡

コラム

ヤマト政権との関連が考えられる大遺跡

　纏向遺跡は，巻向川が形成したゆるやかに傾斜した扇状地上に位置する古墳時代前期に栄えた集落遺跡である。纏向遺跡がある奈良盆地南東部は，全国的にもよく知られる前期古墳の集中地域である。遺跡の北側には，景行天皇陵古墳（渋谷向山古墳）と崇神天皇陵古墳（行燈山古墳）の巨大前方後円墳を中心とした柳本古墳群が位置する。遺跡内には，最古の大型前方後円墳である箸墓古墳や，発生期の前方後円墳である纏向石塚古墳・勝山古墳・矢塚古墳・東田大塚古墳・ホケノ山古墳がある。また，3km離れた南の鳥見山の麓には，桜井茶臼山古墳・メスリ山古墳の2基の大型前方後円墳が位置する。これらの古墳集団をオオヤマト古墳集団ととらえる考え方もある。

　纏向遺跡は，JR巻向駅付近を中心として，東西約2km，南北約1.5kmの範囲にわたって広がる大遺跡である。従来は，太田遺跡として知られていた遺跡であるが，1971（昭和46）年から，小学校や県営住宅の建設にともなって，本格的な発掘調査が始められ，遺跡一帯が古墳時代前期の大集落であることが明らかになり，初期ヤマト政権との関連も考えられるようになった。

　発掘調査開始当初から大きな発見があいつぎ，注目を集めるところとなった。小学校用地（東田地区）からは，矢板で護岸した幅約5mの巨大な水路が発見され，灌漑用であるか運河であるかなど議論をよんだ。県営住宅側（辻地区）からは，旧巻向川の河道や多数の土坑・掘立柱建物跡・柱穴・溝などの遺構が検出された。土坑内からは，多量の土器，木製品（高坏・水鳥形・舟形など），籾殻などの出土があり，またこれらの遺物には，火を受けたものが多くみられることなどから，土坑や建物跡は祭祀用のものであると考えられている。また，飛鳥・奈良時代の河道からは，銅鐸の飾耳片や「市」の墨書土器片が出土している。

　また，小学校用地周辺の調査では，纏向石塚古墳の周濠の一部が調査され，古式土師器や木製品（弧文円板・鶏形・鋤などが）が多数出土したところから，石塚は全国でも，最古の古墳ではないかとの説も出され，発生期の古墳研究に一石を投じた。

　纏向遺跡の発掘調査により，古式土師器の編年研究（纏向Ⅰ～Ⅴ式）が進み，また，搬入土器とよばれる他地域から纏向に持ち込まれた土器の研究も行われ，全国的な関心が向けられた。纏向遺跡の研究は，その後においても，弥生時代から古墳時代へのわが国の社会の変遷を研究するうえで，大き

三輪・纏向

な意義をもっている。

　纒向遺跡調査の主体は、1977(昭和52)年以降は、橿原考古学研究所から桜井市教育委員会にかわるが、貴重な発見は続いている。巻野内の家ツラ地区では、集水舛・集水槽・木樋・溝などの導水施設が発見され、また、太田南飛塚地区では、簀子状壁材などが発見されている。纒向遺跡は、当時の一般的な農業集落に比べ、規模が非常に広大である点や、単なる農業集落では考えられない遺構や遺物が出土するなどの点から、纒向は政治色の強い都市的な性格をもつ集落であるとの考えもある。

　纒向遺跡では、近年、遺跡内にある古墳の発掘調査も進んでおり、成果をあげている。纒向石塚古墳では墳丘の調査も行われ、墳丘盛土内から出土した土器から、3世紀前半に築造された、わが国でもっとも古い古墳であると考える研究者もある。また、ホケノ山古墳の調査では、画文帯神獣鏡やわが国で初めての石囲い木槨が発見され、3世紀中頃に築造されたものと考えられている。いずれも発生期の古墳を研究するうえで、重要な資料となるものである。また、遺跡地南東に位置する箸墓古墳は、3世紀後半に築造されたものと考えられており、大型の定型化した前方後円墳としては最古のものである。今後も、纒向遺跡地内にある発生期の古墳の調査は、さらに進んでいくと思われるが、注目していきたいものである。

器は、布留0式の土器であるといわれ、想定される古墳築造時期は3世紀後半と考えられているが、研究者によって若干の差がある。箸墓古墳は、墳丘から採集された埴輪類や出土した土器資料から、定型化した前方後円墳としては最古級に位置づけるのが一般的である。現在は箸墓古墳は、孝霊天皇皇女の倭迹迹日百襲姫命の陵墓として比定されているので、墳丘内部には立ち入れない。

箸墓古墳

箸墓古墳の造営については、『日本書紀』の崇神紀に、有名な説話が記されている。倭迹迹日百襲姫命を葬るための墓は、「昼は人が造り、夜は神が造った」という。また、「大坂山の石を運び、山から墓に至るまで、人民が連なって手渡した」とある。

　箸墓古墳の北側には大池があるが、最近大池の西側の堤が改修され、北西に小さな公園がつくられた。大池には箸墓の姿が映え、その背後に三輪山が望まれ、古代史の世界に引き込まれるような印象的な景観である。

　纏向遺跡地内に存在する古墳のうち、箸墓古墳をのぞく古墳は、前方部が低く小さい「纏向型前方後円墳」とよばれるものである。箸墓古墳のように、後円部を高くした、整美な定型化された大型の前方後円墳に先行する発生期古墳であると考える研究者もある。箸墓古墳は最初の大王墓で、箸墓に類似した初期の古墳が北部九州から瀬戸内にあり、その地域のまとまりが初期ヤマト政権を支えたと考えられている。

　ホケノ山古墳の南東約400mの、茅原集落の北端には、茅原大墓古墳(国史跡)がある。発掘調査の結果、全長約80mの帆立貝式の前方後円墳であることが知られ、出土した埴輪や土器から5世紀前半の築造であると考えられている。茅原大墓古墳の西側からは、圃場整備の際の調査で、全長45m、後円部径27m・前方部幅25mの前方後円墳の基底部があらわれ、毘沙門塚古墳とよばれている。幅5mの周濠がめぐり、6世紀前半の築造と考えられる。

　茅原大墓古墳の西方のJR桜井線沿いに、狐塚古墳がある。横穴式石室を設けた一辺40mほどの方墳と考えられている。石室は長さ17.3mで、巨石を用いて築造した大型の石室である。

　また、東田の西の江包の素戔鳴神社(祭神素戔鳴命)境内では、毎年2月11日に、江包・大西の御綱祭り(県民俗)が行われる。もとは旧正月10日に行われた。江包から雄綱(素戔鳴命)、大西から雌綱(稲田姫命)をかつぎ出し、夫婦の契りを結ぶ、珍しい神事である。

桜井市立埋蔵文化財センター ㉑

0744-42-6005

〈M▶P.200, 227〉桜井市芝58-2　P
JR桜井線三輪駅🚶10分

　箸墓古墳の後円部東側を通る上街道(上ツ道)を南に1kmほど行

桜井市立埋蔵文化財センター

ヤマト政権誕生の地の桜井市内の埋蔵文化財を展示

くと、国道169号線と交差するが、交差点の向かい側に、桜井市立埋蔵文化財センターがある。JR三輪駅から大神神社参道に出て、西方の大鳥居を目指すと、国道169号線の反対側にセンターがある。

桜井市の埋蔵文化財の調査・研究センターで、展示収蔵室において、桜井市教育委員会が行っている発掘調査資料を中心に展示している。注目されるのは、大福遺跡から出土した弥生時代後期の袈裟襷文銅鐸(県文化)や、纒向遺跡出土の多量の土器や木製品・祭祀用遺物、桜井茶臼山古墳やメスリ山古墳の出土品などで、考古学上興味深い品々が展示されているので、当地域の歴史を学ぶうえではぜひ立ち寄ってみたい。

箸墓古墳の約350m南方の芝の町の東側にある織田小学校の校地は、芝村藩1万石の陣屋がおかれた所である。芝村藩は、大坂冬の陣で豊臣方であった織田長益(号は有楽斎、織田信長の弟)が、陣後改易を恐れて、自分の領地を分割し、その一部を4男長政に分け与え、長政が戒重村(現、桜井市戒重)に陣屋をおいたのが始まりである。戒重村は領地内では小村であり、その後の発展が望めないところなどから、1745(延享2)年、7代藩主輔宜のときに、戒重陣屋から当地に移った。新しくできた芝村藩陣屋は、総面積8町2反2畝9歩余り(約8.15ha)を有するもので、濠と土塁をめぐらした壮大なものであった。陣屋は、上街道に面して西門から大手筋を設け、整然とした区画が行われており、現在も屋敷割の面影がみられる。織田小学校の周囲には、石垣や濠が残る。芝の町の西側にある織田氏の菩提寺慶田寺(曹洞宗)の表門は、旧陣屋の遺構である。

芝の町の周辺には、縄文時代晩期から始まり、弥生時代中期を中心とし、飛鳥・奈良時代まで続く芝遺跡が広範囲に広がる。奈良盆地を代表する弥生時代遺跡の1つとして知られる。

④ 桜井から多武峰へ

奈良盆地南東部の中心の町・桜井から南の多武峰までの遺跡や社寺をめぐる。

安倍文殊院と阿部丘陵の古墳 ㉒
0744-43-0002

日本三文殊の1つと古代豪族の奥津城

〈M▶P.200, 242〉 桜井市阿部645 P
JR桜井線・近鉄大阪線桜井駅🚶20分、または🚌石舞台行安倍文殊院前🚶1分

　安倍文殊院バス停で降りると、東に安倍文殊院(華厳宗)の朱塗りの山門がある。山門を通り境内に入ると、文殊池の中に立つ六角形の浮御堂が目に入る。池沿いの参道を北に進むと、礼堂をつけた本堂(文殊堂)、その右に釈迦堂、左に大師堂、本坊・庫裏・方丈・客殿などが立つ。寺号は崇敬寺文殊院である。俗に「安倍の文殊さん」とよばれ、京都府天橋立の切戸の文殊、山形県亀岡の文殊と並ぶ、日本三文殊の1つである。

　文殊院の旧地は、文殊院の南西約300mにある安倍寺跡(国史跡)といわれる。安倍寺については、平安時代末期の『東大寺要録』の記録から、崇敬寺と称され、645(大化元)年に左大臣になった安倍倉橋麻呂の創建になることが知られる。安倍寺跡は発掘調査により、塔・金堂が東西に並ぶ法隆寺式の伽藍配置であることが明らかになり、現在は盛土によって建物跡の基壇が復元され、安倍寺史跡公園として保存されている。

安倍文殊院

安倍寺跡

桜井から多武峰へ　241

桜井市南部の史跡

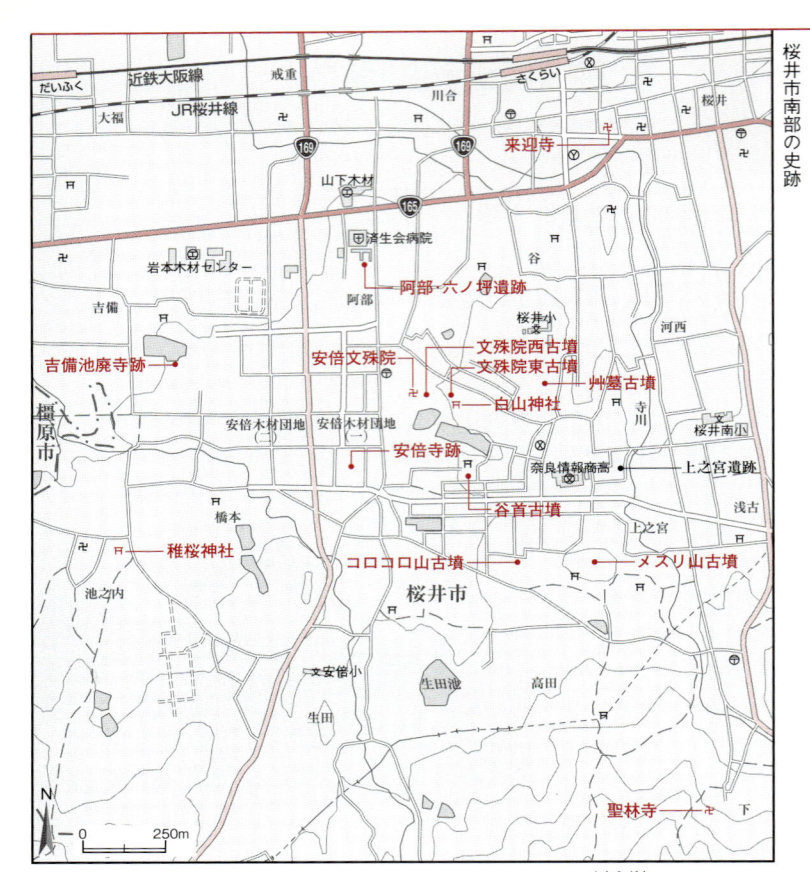

　寺跡の西側には，鎌倉時代のものと推定される瓦窯跡が保存される。また，平安時代の『大鏡』や『拾芥抄』などから，安倍寺が十五大寺に数えられていたことが知られる。12世紀の『本朝新修往生伝』には，平安時代後期に暹覚が崇敬寺に来住し，寺の北東に別所を創建したといわれるが，これが現在の文殊院のもとになったと考えられている。戦国時代の永正～永禄年間(1504～70)に兵火を受け，以後，安倍寺は再建されることなく，別院であった現在の文殊院に移ったとされる。

　本堂は1665(寛文5)年の建立である。庫裏(県文化)は，大御輪寺(桜井市三輪)の書院を移建したもので，桃山時代の遺構である。

本尊の木造騎獅文殊菩薩像と脇侍の木造善財童子像・木造優塡王像・木造須菩提像(国重文)は，鎌倉時代の作である。獅子と脇侍の最勝老人像は桃山時代の作である。文殊菩薩像は，頭部内面の墨書銘から快慶の作であることが知られ，さらに胎内からは，仏頂尊勝陀羅尼経などを記した経巻(国重文)が発見された。

　本堂東方の白山神社本殿(国重文)は，現在では白山堂とよばれるが，一間社流造・正面軒唐破風付・柿葺きで，室町時代末期の様式といわれる。また，文殊院の境内には，文殊院西古墳(国特別史跡)・文殊院東古墳(県史跡)があり，周辺には，高田のメスリ山古墳(国史跡)，阿部の谷首古墳(県史跡)，谷の岬墓古墳(国史跡)，上之宮の上之宮遺跡など，数多くの遺跡が分布する。

　文殊院西古墳は，整美な切石造の横穴式石室をもつ古墳としてよく知られている。墳丘は後世に手が加えられており，原形は不明である。南向きに開口する石室は，全長12.4mで，7世紀後半に築造された古墳時代終末期の古墳である。玄室内には，現在，不動明王立像を彫った石仏をまつる。

　文殊院西古墳の東方50mほどの所に，閼伽井窟とよばれる文殊院東古墳が位置する。南に開口する自然石積の横穴式石室が築かれ，現在は，玄室に不動明王坐像を刻む石仏がおかれる。また，羨道に井戸がある。

　谷首古墳は文殊院の南東にある方墳で，南に開口する横穴式石室をもつ。現在

上之宮遺跡

メスリ山古墳

桜井から多武峰へ

墳頂に八幡神社の社殿を設ける。

　安倍文殊院北側の坂道を東に300mほど行くと，道の北側の住宅裏に岬墓古墳がある。岬墓古墳は，文殊院東方の阿部丘陵の東斜面に築かれた方墳で，表面を粗く加工した巨石で構築され，南東向きに開口する横穴式石室をもつ。玄室には，巨大な家形石棺が安置されている。

　上之宮遺跡は阿部丘陵の東側，寺川の西岸の住宅地内にある。発掘調査により，5世紀末から8世紀代の遺構が発見されているが，6世紀後半が遺跡の盛期で，掘立柱建物・石溝・敷石遺構などが造営されている。マスコミでは，聖徳太子の上宮との関連が報じられ話題をよんだが，明確ではない。

　メスリ山古墳は，高田集落の北の丘陵上に築造された古墳時代前期の大型古墳である。西面する3段築成の前方後円墳で，全長224mあり，周濠はない。墳丘の表面には葺石が敷かれ，円筒埴輪が3重にめぐる。また，後円部の石室上の周囲を，円筒埴輪で2重に長方形に区画していた。この埴輪列には，直径1m・高さ2.4mの大型の円筒埴輪も配置されていた。内部主体は発掘調査によって，後円部中央に全長8.2mの竪穴式石室と，それに平行して設けられた，副室である竪穴式石室が検出された。中央の石室は盗掘を受けていたが，副室からは，大量の銅鏃・鉄鏃・刀剣・槍・玉杖などの石製品，工具類，鉄製弓矢などが出土した。

　なお，阿部丘陵の南部は住宅地として開発されたが，事前の調査で，方墳で横穴式石室をもつコロコロ山古墳（現在，住宅地南端に移築）や，鐶座金具を出土した終末期古墳と推定され，円墳で横穴式石室をもつ中山古墳などの古墳，6世紀後半代の大型掘立柱建物などが検出された。また，文殊院の北の済生会中和病院付近は，7〜8世紀の阿部・六ノ坪遺跡で，病院内に出土品を展示している。

　安倍文殊院が立地する阿部丘陵一帯には，丘陵南端の前期古墳のメスリ山古墳をのぞいて，6世紀初めに，丘陵北端の桜井公園2号墳（消滅）に横穴式石室がつくられてから，大小の横穴式石室が順次築造された。その首長墓と考えられる古墳が，コロコロ山古墳・谷首古墳・文殊院東古墳・岬墓古墳・文殊院西古墳と続いて営まれ

たのであろう。丘陵の西側には安倍氏の氏寺と推定される安倍寺跡が存在することとあわせて、古代の豪族の動向を知ることができる注目される地域である。

安倍文殊院の南西1kmほどの池之内の県立農業大学校の校地内に池之内古墳群がある。7基の円墳からなる古墳時代前期後半の古墳群である。また、池之内集落東方の丘上に、『延喜式』式内社に比定される稚桜神社（祭神気息長足姫命ほか2神）があり、履中天皇の磐余稚桜宮跡と伝える。池之内集落周辺が、『日本書紀』履中紀に記す磐余池跡と推定されている。

山田寺跡 ㉓
0744-42-4998（山田寺）
〈M▶P.200〉桜井市山田1258
JR桜井線・近鉄大阪線桜井駅🚌石舞台行山田寺前🚶3分

大化改新ヒーローの建立寺院

山田寺前バス停から南へ歩くと、山田集落の南西のはずれに、山田寺跡（国特別史跡）がある。明日香村の奈良文化財研究所飛鳥資料館から東へ歩いても10分ほどで着く。寺跡にある現在の山田寺（法相宗）は、観音堂と庫裏があるだけであるが、境内には往時の伽藍の跡が残る。

創建時の山田寺は、浄土寺・華厳寺ともいわれるが、大化改新で活躍した蘇我倉山田石川麻呂が、641年に造営を始めた氏寺である。石川麻呂は649（大化5）年に、異母弟蘇我日向の讒言により、この寺で自害した。その後、石川麻呂の嫌疑は晴れ、天智・天武天皇により、山田寺の造営は再開・継続され、685年には、講堂の本尊丈六像開眼供養が行われ、山田寺の完成をみた。また、山田寺は飛鳥に通じる山田道沿いの交通の要衝に位置している。

伽藍の配置は、1976（昭和51）年からの奈良文化財研究所の発掘調査の結果、塔と金堂が南北に一直線に並び、これらを回廊で囲んで、その北の外に講堂を設けていたことが知られ、従

山田寺跡

来いわれていたような四天王寺式伽藍配置ではなく、飛鳥寺の伽藍配置から東西両金堂を省いた伽藍であったと考えられるようになった。

塔は1辺約12.9mの方形の基壇で、4辺の中央部に階段がある。塔の建物平面は3間四方で、心礎は基壇上面の1m下にあり、花崗岩製で、中央に2段にうがたれた舎利孔がある。金堂は東西21.6m・南北18.3mの基壇で、建物は間口3間・奥行2間の身舎に、身舎と柱数が等しい廂がつく形式であり、従来には例のない特異な平面構造をもち、法隆寺の玉虫厨子の様式に似た建築物であったと推定されている。

講堂は間口8間・奥行4間。また、東回廊では倒壊した建物がそのまま発掘され、人びとを驚かせた。東回廊の柱には、軽いエンタシスが認められる。また、金堂と回廊の礎石には、蓮華文を半肉彫りした蓮華座がある。現在、飛鳥資料館には、保存処理をした東回廊の建物(国重文)が復元・展示され、往時の姿を知ることができる。発掘調査の結果、東回廊は10世紀末から11世紀初頭にかけて、東から鉄砲水を受けて倒壊し、金堂と塔は12世紀末頃までに焼失したことが確認された。現在、興福寺にある白鳳時代の彫刻を代表する国宝の仏頭は、もと山田寺講堂の本尊で、1187(文治3)年に、興福寺東金堂衆により奪われたものである。

山田寺跡から南西約200mの所にある森が、東大谷日女命神社(祭神東大谷日女命)であるが、境内に「永和元(1375)年」銘を刻む石灯籠(国重文)がある。

聖林寺 ㉔　〈M▶P.200, 242〉桜井市下692　P
0744-43-0005　JR桜井線・近鉄大阪線桜井駅□談山神社行聖林寺前🚶5分

聖林寺前バス停から、寺川に架かる橋を渡り坂をのぼって行くと、300mほどで聖林寺(真言宗)に着く。藤原鎌足の長男定慧(定恵)が創立したという。本尊は石造延命地蔵像で、安産・子授けの地蔵として知られる。また、寺の有名な木心乾漆十一面観音立像(国宝)は、高さ196.4cmで、流麗な衣文の天平時代後期の代表的な仏像である。もとは、大神神社の神宮寺であった大御輪寺の本尊であったが、廃仏毀釈後、当寺に移された。

天平仏の国宝十一面観音像の寺

聖林寺

聖林寺から、1kmほど北の旧道脇には、談山神社の一の鳥居である石造大鳥居(県文化)がある。

聖林寺からバス停がある通りに戻り、南東へ800mほど行った倉橋の集落の南端、寺川の河岸に崇峻天皇の倉梯岡陵がある。

また、桜井駅前の通りを100mほど南に進んで左に折れ、さらに約100m行った右手に、来迎寺(融通念仏宗)がある。本尊十一尊天徳如来ほか多くの仏像が安置されており、室町時代作の木造地蔵菩薩立像(国重文)がある。来迎寺の北側の道は伊勢街道であるが、かつてこの付近は、伊勢街道と上街道の交差する場所に発達した桜井の町の中心地であり、魚市場があって有名であった。

吉備池廃寺跡 ㉕
0744-42-9111(桜井市商工観光課)

〈M▶P.200,242〉桜井市吉備
近鉄大阪線大福駅 🚶20分

近鉄大福駅から500mほどまっすぐ南に歩くと、国道165号線に出る。国道を渡りすぐ左に折れ、吉備の集落を通り抜けると、春日神社がある。神社の南方にみえる池が吉備池であり、池の南側の堤付近で、塔跡や金堂跡など、飛鳥時代の寺院の伽藍跡の中心部分が検出されており、吉備池廃寺跡(国史跡)とよばれる。

発掘調査は1997(平成9)年から行われており、伽藍の東に金堂跡が発見され、その西に塔跡、また、その南方から回廊と推定される遺構が確認されている。金堂跡基壇は、東西約37m・南北約28m、高さ約2mの飛鳥時代では最大規模のものである。塔跡基壇は1辺約30m、高さ約2mあり、飛鳥寺や法隆寺の塔基壇の倍以上の規模で、塔は九重塔、高さは100mにも達するものと想定されている。伽藍配置は東に金堂、西に塔を配置するが、中門は金堂の前にあり、法隆寺式伽藍配置とは異なる。また、金堂と塔の距離は85mで、法隆寺の2.7倍であり、規模の大きさが推定できる。

出土瓦は、軒丸瓦の文様が、641年造営開始の山田寺のものより

日本最初の国立の寺院跡

古い特徴をもち、軒平瓦は、法隆寺若草伽藍の軒平瓦を転用したものである。吉備池廃寺は、塔基壇が九重塔に相当するものであることや瓦の特徴から、639年に建立された舒明天皇の発願による最初の寺である百済大寺と推定されている。

また、大福駅の北西から橿原市坪井にかけては、大福遺跡が広がる。縄文時代晩期から弥生時代、さらに奈良時代にかけての大規模な遺跡である。大福小学校校内の発掘調査では、方形周溝墓から袈裟襷文銅鐸が出土している。現在は、出土時の状態にしてはぎ取り、桜井市立埋蔵文化財センターで展示されている。

談山神社 ㉖
0744-49-0001

〈M▶P.200〉桜井市多武峰319 P
JR桜井線・近鉄大阪線桜井駅🚌談山神社行終点🚶10分

藤原鎌足をまつる紅葉の神社

桜井市街の南方に広がる山麓一帯を多武峰とよぶが、談山神社はその山頂（608m）付近にある。藤原鎌足をまつる旧別格官幣社である。建物の多くがあでやかな朱色に彩られ、春はサクラ、秋は紅葉に覆われて、関西の日光と称される。多武峰バス停下車後、寺川に架かる橋を渡ると、天を突くスギの木立が並ぶ坂道が続くが、これが参道である。寺川には、檜皮葺き屋根の朱塗りの屋形橋も架かる。談山神社行きのバスは、多武峰バス停から左へ、新しくできた道を山腹の駐車場までのぼる。

談山神社は、明治時代初期の廃仏毀釈で神社になるまでは、多武峯寺、または単に多武峯と称する寺院であった。寺川を渡ると、参道入口に、江戸時代の両袖つきの高麗門である東大門（県文化）がある。門の手前左に「女人堂道」と記した石標が立っており、多武峯も女人禁制であったことを物語っている。東大門をくぐり、勾配の急な道をのぼって行くと、あちこちにこけむした石垣が目につくが、これは多武峯寺隆盛期の塔頭や僧兵の屯所の跡である。

坂道の途中には、花崗岩製の八角形石柱の上に笠石をいただく鎌倉時代の摩尼輪塔（国重文）が立つ。塔身の上部に円板をつくり出し、密教で説く胎蔵界大日如来の種字「アーク」を刻む。山麓の桜井市上之宮にある談山神社一ノ鳥居から摩尼輪塔まで、52基の町石（江戸時代作）が建てられたが、現在は31基（多武峰町石、県文化）が残っている。

山の辺

さらにのぼって，参道から左に入った小尾根上に，鎌倉時代の十三重石塔が立っている。淡海公（藤原不比等）の墓と伝える。再びもとの参道に戻り坂をのぼると，路傍に石灯籠が立ち並ぶが，その中に，鎌倉時代の「元徳三(1331)年」銘の石灯籠（国重文）がある。

　この先の二ノ鳥居を入り，長い石段をのぼりきると，右に江戸時代の朱塗りの楼門（国重文）が立つ。ここから回廊を通り，拝殿（旧寺の護国院，国重文）に至る。拝殿は懸造（舞台造）として，朱塗りの高欄をめぐらし，軒端には銅製釣灯籠を並べる。拝殿中央の間の天井は，伽羅木が用いられ，また内部には縁起絵巻・刀剣などの寺宝や，10月11日の嘉吉祭の供物である百味の御食などが展示されている。拝殿の正面には本殿（旧寺の聖霊院，国重文）があるが，三間社・隅木入りの春日造で，朱塗りの上に極彩色の装飾を施す。内部には鎌足の木像を安置する。本殿左右には東西の透廊（国重文）がある。また，本社社殿の東西両側には，校倉の東西の宝庫（国重文）が立ち，東宝庫の下方には摂社東殿（旧寺の如法堂，国重文）がある。いずれも江戸時代の建造である。

　本社社殿から西へ石段をおりると，樹林に調和した，現在は神廟とよばれる室町時代の木造十三重塔（国重文）が立つ。各層は方3間，屋根は檜皮葺きで，初重の屋根をとくに大きくし，2重以上は軸部を非常に短くつくり，頂に青銅の相輪を載せる。木造十三重塔としては，唯一の遺構である。

談山神社

談山神社本殿

桜井から多武峰へ

十三重塔の西には，室町時代の権殿(旧寺の常行三昧堂，国重文)が立ち，さらに西方には末社比叡神社本殿(国重文)がある。比叡神社から一段低くなった所に，神廟拝所(旧講堂，国重文)，その西に末社総社本殿・拝殿・閼伽井屋(いずれも国重文)が立つ。いずれも江戸時代の建物である。比叡神社本殿の横から山道をのぼると，談所が森，さらに御破裂山(御廟山，607m)に至る。談所が森は，蘇我入鹿討伐のために，中大兄皇子と中臣鎌足が談らった場所と伝えられ，談山の名もこれによるという。

　談山神社の社伝によると，唐から帰国した鎌足の長男定慧が，摂津の阿威山(現，大阪府茨木市)に葬られていた鎌足の遺骨を多武峯に移葬し，唐の清涼山宝池院の塔婆を模して十三重塔を建て，その南に3間四面の堂を建立して，妙楽寺と号した。また，701(大宝元)年には，塔の東方に方3丈の聖霊院が建てられ，鎌足の木像を安置している。平安時代の926(延長4)年に総社が創建され，談山権現の勅号が下賜された。こうして，妙楽寺・聖霊院と惣社との神仏習合の形が成立することになった。多武峰の最高所の御破裂山には，鎌足の遺骨を改葬したと伝える円墳があり，国家異変の際にはこの山が鳴動し，聖霊院の鎌足像が破裂するといわれる。平安時代中期以降，廟山鳴動と鎌足像御破裂は，藤原氏一門を震駭させ，都から告文使が送られて，奉幣祈願の儀式が行われた。

　中世には多武峯は僧兵を多数所有し，同じ藤原氏ゆかりの寺である興福寺との争いを幾度も繰り返し，ほとんどの戦いのつど，多武峯は興福寺衆徒に焼かれている。多武峯が比叡山延暦寺(滋賀県大津市)の末寺になり，天台宗に属したことなどによる対立であった。近世初期においては，豊臣秀吉の弟秀長が郡山城主として大和に入国したとき，鎌足の木像以下すべての郡山への遷座を命じたが，秀長の病気などにより，旧地へ再び帰っている。そして明治時代初期の廃仏毀釈で，寺院の仏教色を排除して談山神社となった。

　文化財として，大和国粟原寺三重塔伏鉢(国宝)・平安時代の絹本著色大威徳明王像，金沃懸地平文太刀などの太刀，短刀3口，薙刀，脇指(いずれも国重文)がある。なお，大威徳明王像は東京国立博物館に，そのほかは奈良国立博物館に寄託されている。

談山神社二ノ鳥居前の参道をさらに西方にのぼると，増賀堂・西大門跡に至る。西大門跡から山を西にくだると，明日香村の石舞台へ達する道がある。近年は，自動車道路もできている。また，桜井駅から談山神社へ向かう途中の下居バス停で下車し，東へ音羽山への山道を約2kmのぼると，南音羽に観音寺（融通念仏宗）があり，境内にお葉つきイチョウ（県天然）がある。

⑤ 朝倉から初瀬へ

大和から伊勢への道筋であるこの辺りは，古くから人びとが行き交い，沿道には素朴な信仰を感じる史跡が多い。

桜井茶臼山古墳 ㉗
0744-42-6005（桜井市立埋蔵文化財センター）

〈M▶P.200, 252〉桜井市外山522
JR桜井線・近鉄大阪線桜井駅🚶25分

ヤマト政権との関わりも深いとされる古墳

桜井茶臼山古墳

　桜井駅南口から駅前の通りを南へ約180m行って左折し，東へ約1km，国道165号線の北側に接して桜井茶臼山古墳（国史跡）がある。4世紀初頭の古墳時代前期前半の前方後円墳で，古代のヤマト政権を考えるうえで，重要な古墳の1つである。

　この古墳は，南方にある鳥見山（245m）から北に延びた尾根の先端を切り離して基底とし，土砂を盛り上げてつくられていて，南側の国道に接した部分に前方部，北側に後円部を配置し，全長は約207mある。後円部の竪穴式石室は1949（昭和24）年から発掘調査され，長さ約6.8m・幅約1.1m・高さ約1.6mという大きなもので，

桜井駅東部から朝倉の史跡

山の辺

石室内には、巨木を刳り抜いた大きな木棺が安置されていた。副葬品の多くは盗掘に遭っていたが、シカの角をかたどった玉杖や玉葉、武器や石製の腕飾り類、そして内行花文鏡や三角縁神獣鏡など、いろいろな種類の約20枚の鏡片がみつかっている。

桜井茶臼山古墳から東へ約200m、国道165号線の南脇に宗像神社(祭神像三神〈多紀理比売命・市寸島比売命・多岐津比売命〉)があり、その鳥居の前に、能楽宝生流発祥の地の石碑がある。大和猿楽四座のうち、ここ外山には外山座、のちの宝生座があった。

宗像神社から国道を挟んで北側の外山集落内に、不動院(真言宗)がある。本尊の木造不動明王坐像(国重文)は、県内でも珍しい不動像の作例で、平安時代後期のものとされている。

石位寺の石仏 ㉘
0744-42-9111(桜井市観光課)

〈M▶P.200,252〉桜井市忍阪
近鉄大阪線大和朝倉駅🚶25分、またはJR桜井線・近鉄大阪線桜井駅🚌菟田野町行忍阪🚶5分

美しい石造浮彫りの三尊像を安置

近鉄大和朝倉駅から南へ約1.5km、バスだと忍阪バス停から50mほど南東に歩き、国道166号線から左折した、集落の東方高台の所に石位寺がある。この寺は、現在無住の寺となっているが、融通念仏宗を標榜して、檀家や近隣の住民によって管理されている。寺の収蔵庫には、三尊石仏(石造浮彫伝薬師三尊像、国重文)がある。高さ1.15m・幅1.5mの丸味をおびた三角状の砂岩に半肉彫りしたもので、中尊は上部に天蓋をいただいて腰掛け、両脇侍は合掌した立像である。

この石仏については、粟原寺から川の氾濫で流れ着いたとされ、古くから薬師三尊として地元の人びとに信仰されてきた。大陸様式の流れをくむ柔らかい趣があり、白鳳時代の制作と考えられる石仏である。石仏の拝観については、10日前までに桜井市観光課に問い合わせのこと。

粟原寺跡とその周辺 ㉙
0744-42-9111(桜井市観光課)

〈M▶P.200,252〉桜井市粟原・倉橋
JR桜井線・近鉄大阪線桜井駅🚌菟田野町行粟原🚶20分

草壁皇子のために建立された粟原寺

粟原バス停から細い道を南へ約800m行った山の麓に、粟原寺跡(国史跡)がある。粟原地区南端の天満神社境内とその隣接地に、塔

朝倉から初瀬へ　253

跡と金堂跡が残されている。粟原寺建立の次第を刻んだ三重塔伏鉢(国宝)が、談山神社蔵として残されている。その銘文によれば、中臣大島が草壁皇子のために建立した寺で、比売朝臣額田が694年から造営を始め、715(和銅8)年に完成したとされる。ちなみに草壁皇子は病弱で、母である持統天皇の期待に反し、28歳の若さでこの世を去った人物である。現在のところ、塔・金堂跡とも土壇は明らかではない。塔跡には心柱礎石・側柱礎石・円天柱の礎石が残されていて、これらから、約6m四方の塔があったことがうかがえる。塔跡の西には、金堂跡と推定される所があるが、礎石3〜4個が残っているだけで、その位置や規模については明らかになっていない。塔跡の東側には、金堂跡の北西から出土した多数の礎石が並べられている。また、ここから出土した瓦には、奈良時代前期のものもみられる。

　粟原寺跡の約2km東方、宇陀市との境界である女寄峠近くの国道166号線北の山中に、花山西塚古墳と花山東塚古墳(花山塚古墳、国史跡)がある。バスで訪れる場合は、笠間辻バス停で下車する。北西方向の尾根の手前に東塚古墳、奥に西塚古墳がある。両古墳とも、レンガ状に整形された石を積み上げた横穴式石室を有している。西塚古墳については、玄室の奥に天井が一段低くなった石扉がつけられた奥室をもつ、珍しい構造をしている。

　また、石位寺から国道166号線へ戻り、南東へ約500m、倉橋溜池に向かう道を約300m行くと、西側に天王山古墳(国史跡)がある。粟原川に向かって、北西に延びる尾根に築かれた方墳で、東西約45.5m・南北約42.2m、高さが約9.1mある。内部には、全長約17mの横穴式石室があり、花崗岩の巨石を積み上げて築かれている。玄室の中央には、巨大な家形石棺が安置され、羨道の入口は閉塞石でふさがれている。そのほか粟原には、越塚古墳やムネサカ古墳1号墳(ともに県史跡)といった大型の横穴式石室をもつ古墳が分布する。粟原川流域の粟原谷は、古墳時代後期から終末期の古墳が多く集中する地域である。

　なお、粟原谷南側には倉橋溜池がある。この池は、田原本・橿原・桜井地区の灌漑のため、1935(昭和10)年に、溜池築造のための

期成同盟会を結成した。地元の堀江和三郎らがよびかけ，1939年から建設工事が始まり，18年の年月をかけて完成された。現在は，灌漑だけでなく，洪水防止の役割もになっている。

長谷寺 ㉚
0744-47-7001
〈M▶P. 200, 256〉桜井市初瀬731-1 P
近鉄大阪線長谷寺駅🚶20分

ボタンと紅葉で有名　平安時代から長谷詣で賑わう

　近鉄長谷寺駅を出て坂をくだり，国道165号線を越えると，長谷寺（真言宗）の参道に出る。道の両側にみやげ物屋が立ち並び，門前町の賑わいを感じながら進むと，やがて正面の石段の上に，長谷寺の仁王門があらわれる。初瀬川の北，『万葉集』で「こもりくの泊瀬山」と詠われた初瀬山の中腹に位置し，真言宗豊山派の総本山である。寺号は長谷寺と書くが，初瀬寺・泊瀬寺・豊山寺ともいわれ，平安時代から貴族による長谷詣が盛んに行われた。境内には五重塔や多くの諸堂が立ち並び，またボタンと紅葉が美しいことでは古くから有名で，春や秋にはとくに数多くの観光客で賑わう。

　本尊は木造十一面観音立像（国重文）で，現在の像は「天文七（1538）年」の年紀が像の頭部内面にある。高さが10mを超える巨像で，右手には数珠をかけて錫杖をもち，左手は水瓶をもって方形の台座に立つ，いわゆる長谷寺式十一面観音像である。この観音は，西国三十三所観音霊場の第8番札所となっている。

　長谷寺は，686（朱鳥元）年，天武天皇の病気平癒を願って，僧道明が西の岡（本長谷寺）に，銅板法華説相図（国宝）を安置したのが創建と伝えられる。そして，のちに奈良時代の神亀年間（724～729）に，僧徳道が東の岡に十一面観音をまつったのが現在の長谷寺の始まりであると伝えられてきた。現在，東の岡には本堂が立つ。平安時代になると，長谷詣が流行したことが『更級日記』や『蜻蛉日記』といった日記文のほか，物語である『源氏物語』や随筆の

長谷寺仁王門

朝倉から初瀬へ

長谷寺周辺の史跡

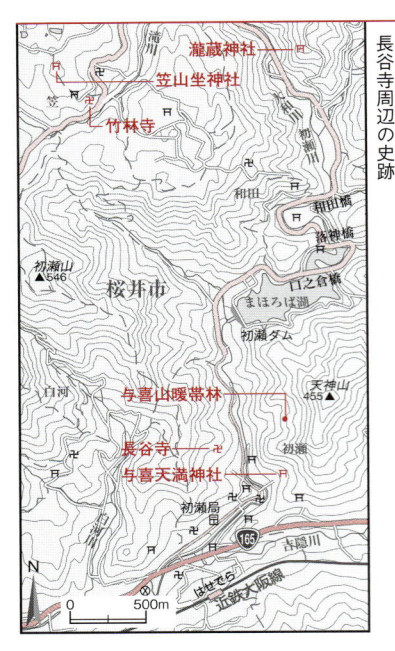

『枕草子』などにも描かれている。また、室町時代以降、庶民の間で伊勢信仰が盛んになると、大和から伊勢への道筋にあたるこの寺に、参詣する人も多くなった。こうして、観音信仰に伊勢信仰などが加わり、三十三所巡礼の札所にも数えられて、現在に至っている。

創建以来、何度も火災に遭い焼失したものも多いが、寺にはまだ数多くの宝物が残されている。銅板法華説相図は、下段に319文字の銘文があり、それによると、豊山の地(現在の長谷寺のある地)に千仏が降り、地中から三重宝塔が湧き出し、千仏が釈迦説法を賛嘆する場面が、銅板上に浮彫りの絵であらわされていることが述べられ、続いて飛鳥浄御原宮を治められた天皇のためにつくられたことが述べられている。そのほか、法華経28巻(国宝)も納められている。

仏像としては本尊の十一面観音のほかに、銅造十一面観音立像・木造地蔵菩薩立像・木造不動明王坐像(いずれも国重文)がある。なかでも銅造十一面観音立像は、鎌倉時代の注目すべき作品で、各部を別鋳して組み上げており、肉厚を薄く仕上げた鋳造技法、唐草文様を透彫りした光背、入念な台座の文様など、すぐれた金工技

長谷寺登廊

術をみることができる。そのほか、長谷寺には数多くの絵画や工芸品などの文化財があるが、それらは登廊(国重文)を本堂へのぼって行く途中、右側にある宗宝蔵で公開されている。

本堂(国宝)は、1650(慶安3)年の再建である。入母屋造の本瓦葺きで、内陣(正堂)と外陣(礼堂)に分かれ、内陣には本尊の十一面観音が立つ。その向かって右には難蛇龍王立像、左には雨宝童子立像の両脇侍が安置されている。そのほか本堂内には、本尊以外の数多くの仏像が安置されている。そして外陣の前には、京都の清水寺のように、舞台が出ている。

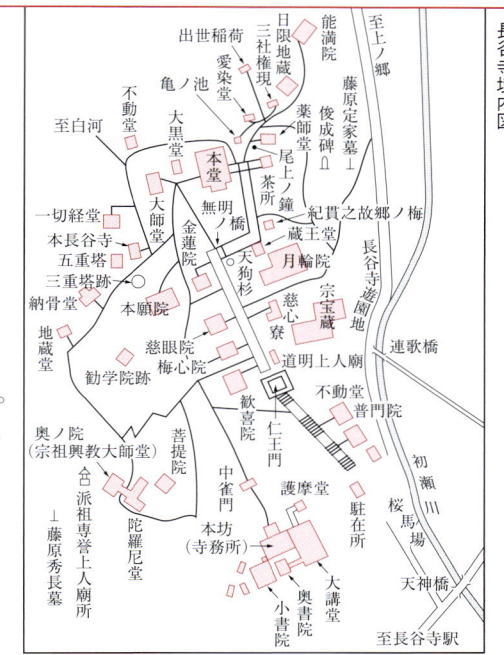

本堂の奥、境内の北にある塔頭の能満院には、絹本著色地蔵十王像・絹本著色春日曼荼羅図・絹本著色十一面観音像(いずれも国重文)の絵画や四方殿舎利厨子(国重文)があり、仁王門下の普門院には木造不動明王坐像(国重文)がある。

長谷寺で毎年2月14日に行われる「だだおし」の行事は、悪魔退散・無病息災などを願って行われ、大和に春をよぶ祭りとして有名である。また、長谷寺では、伊勢信仰と相前後して天神信仰が生まれ、与喜山中腹に与喜天満神社(祭神菅原道真)が建てられた。この神社の秋の祭礼は、長谷寺の年中行事の中でも最大のものとなり、室町時代には、寺中および門前町の僧俗が一緒になって催した。祭礼の様子は、与喜天満宮祭礼図として長谷寺に残っている。現在この祭礼は、毎年10月に行われているが、御輿は門前町を練り歩く

朝倉から初瀬へ　　257

だけで，寺の中へは入って行かない。なお，この神社では，鎌倉時代末期頃から天神講（こうれんが）が連歌会を催していたことが知られている。また，与喜天満神社のある与喜山は，古くから寺領として伐採が禁じられてきたため，亜熱帯植物など原生林の状態が残る与喜山暖帯林（国天然）となっている。

　初瀬から北へ5kmほど行った山間部の桜井市笠（かさ）に，「笠の荒神（こうじん）」で知られる笠山坐神社（かさやまにいます）があり，竈（かまど）の神として古くから庶民の信仰を集めている。神社の麓（ふもと）には竹林寺（ちくりんじ）があるが，明治時代初期の神仏分離に際し，竹林寺から春日造（かすが）檜皮葺（ひわだぶ）きの本殿を笠山の山頂に移して，笠山坐神社を創建した。竹林寺には諸仏が安置されているが，なかでも木造薬師如来立像（やくしにょらい）（国重文）は，平安時代初期の代表作とされる2m近い大きな像である。また笠の浄鏡寺旧境内にはアスナロの群落（県天然）が，笠の東方にある滝倉（たきのくら）には，瀧蔵神社社叢（たきくら）附（つけたり）シダレザクラ1本（県天然）がある。なお，笠や滝倉など，桜井市北東部の上之郷（かみのごう）地区では，今でも宮座（みやざ）組織がよく残されていて，集落の各神社でオコナイの儀式が行われている。

【奈良県のあゆみ】

原始・古代

　奈良県は,近畿地方として日本の国土の中央部に位置している。三重県との県境の台高山脈に発し,西流して和歌山県に流れる吉野川(紀ノ川)が,奈良県を南北に分ける。南半部は山岳地帯の吉野山地,北半部はその西半部が奈良盆地(大和平野),東半部は大和高原と宇陀山地が広がる山間地帯である。奈良盆地は四囲を山地で囲まれ,「青垣四方に廻れる国」と称えられる。盆地の中央には大和川が流れ,四周の山々から流れ出した支流を集め,西流して大阪府側に流れる。奈良盆地は,わが国の古代国家の中心舞台となった所で,現代においても,奈良県の政治・経済・文化の中心地として,人びとの生活の舞台になっている。

　県内の旧石器時代の遺跡は,石器の材料の原石であるサヌカイトが産出する二上山の北麓に集中して,分布する。山麓では原石を採掘し,加工する遺跡がみられ,二上山のサヌカイトは,近畿地方を中心に広く分布している。

　縄文時代の草創期には,桐山・和田遺跡や北野ウチカタビロ遺跡(奈良市)など,大和高原の名張川とその支流域に,集中して遺跡が存在する。早期のものとしては,大和高原の大川遺跡(山添村)や吉野川流域の宮ノ平遺跡(川上村)などがみられる。やがて後期には,奈良盆地の周縁部にも遺跡が増加し,布留遺跡(天理市)・橿原遺跡(橿原市)・竹内遺跡(葛城市)などが知られる。

　大陸から九州北部に稲作が伝来し,弥生文化が始まると,奈良盆地にも稲作が伝わり,農耕集落が出現する。奈良盆地には大和川の水系ごとに拠点になる集落が形成され,唐古・鍵(田原本町),芝(桜井市),坪井・大福(橿原市・桜井市),多(田原本町),中曾司(橿原市),鴨都波(御所市)などの遺跡が分布する。なかでも,唐古・鍵遺跡は環濠に囲まれた大集落で,全国的にも弥生時代の最大規模の遺跡である。また,弥生時代後期になると高地性集落が出現し,東大寺山遺跡(天理市),キトラ山遺跡(葛城市)などが知られる。

　3世紀後半になると,西日本を中心に大規模な前方後円墳を始めとする古墳が出現する。出現期の古墳のなかで,最大規模をもつのは箸墓古墳(桜井市)である。続いて奈良盆地南東部には4世紀中頃までに,西殿塚古墳(天理市),桜井茶臼山古墳(桜井市),メスリ山古墳(桜井市),崇神天皇陵古墳,景行天皇陵古墳の巨大前方後円墳が築造される。これらの古墳は,他地域を圧倒的にしのぐ規模であり,この時期に三輪山山麓を中心として,政治連合であるヤマト政権が形成されたものと考えられている。また,纒向遺跡(桜井市)は,この時期のヤマト政権の中心地であったと推測される。

　4世紀後半になると,巨大前方後円墳は,奈良盆地北部の佐紀盾列古墳群に築造されるようになる。神功皇后陵古墳・垂仁天皇陵古墳・日葉酢媛陵古墳などが築か

れる。4世紀末には、巨大前方後円墳の巣山古墳・島の山古墳からなる馬見古墳群（河合町・広陵町・香芝市・大和高田市）があらわれ、5世紀代にも、佐紀盾列古墳群では、コナベ古墳・ウワナベ古墳・磐之媛陵古墳など、馬見古墳群では新木山古墳・川合大塚山古墳などが継続して築造される。

　6世紀になると全国的に群集墳が出現するが、大和では新沢千塚古墳群（橿原市）などで、すでに5世紀中頃から築造が始まる。新沢古墳群は、5世紀中頃から6世紀前半にかけて形成されたもので、約600基の古墳からなる。新沢126号墳は、ペルシア製のガラス碗や皿、金製の冠飾りなど、大陸からの渡来品の出土があり、豊かな国際性が注目されている。また、巨勢山古墳群（御所市）や龍王山古墳群（天理市）なども巨大群集墳として知られている。一方、丸山古墳（橿原市）は、古墳時代後期においては、わが国で最大規模の前方後円墳であり、後円部には巨大な横穴式石室が設けられ、石室内には2つの家形石棺がおかれていることが明らかになった。

　古墳時代の玉生産遺跡として、中期の曾我遺跡（橿原市）が知られる。緑色凝灰岩（グリーンタフ）・碧玉・滑石による多様な玉類や模造品の生産が、大規模に行われている。御所市南部の金剛山東麓に広がる南郷遺跡群は、5世紀前半から6世紀前半の大規模集落跡である。遺跡の北部・中部は住居や倉庫群、東部・西部は工房群、南端部には祭祀施設が設けられていたと推測されている。南端部の南郷大東遺跡では、流水祭祀遺構と考えられる5世紀前半の導水施設が発見された。

　6世紀末から8世紀初頭までの約1世紀間は、孝徳・天智・弘文の3代約15年間をのぞいて、奈良盆地南部の飛鳥地方に諸天皇の宮都がおかれ、592（崇峻天皇5）年、推古天皇が豊浦宮に即位して以降、小墾田宮（推古）、飛鳥岡本宮（舒明）、飛鳥板蓋宮（皇極）、飛鳥川原宮、後飛鳥岡本宮（斉明）、飛鳥浄御原宮（天武・持統）、藤原京（持統・文武・元明）などが続いて造営された。694（持統8）年に遷都した藤原京は、大和三山を囲む平野に造営され、中国の都城制にならい、条坊を備えた本格的な都城であった。藤原京の京域は、近年の発掘調査により、平城京の規模に匹敵するものであることが明らかになってきたが、わずか16年間の都であった。

　飛鳥を舞台に新政治が展開された飛鳥時代は、厩戸王（聖徳太子）と蘇我馬子を中心とした推古朝の政治に始まり、政治の主導権をめぐる中大兄皇子による蘇我氏の打倒に始まる大化改新（645年）で、都は難波、近江へと一時遷るが、壬申の乱（672年）後は飛鳥に戻り、天武・持統両天皇による飛鳥浄御原令の編纂と施行、文武天皇による大宝律令の施行などが進められ、天皇を中心とした律令国家体制ができあがっていった。

　飛鳥と斑鳩は、ともに飛鳥文化が栄えた所である。飛鳥文化は、中国の南北朝文化を、朝鮮半島を経て受容したものであり、仏教文化を始め、学術・技術など多方面への影響が認められる。7世紀後半～8世紀初頭の白鳳文化には、遣隋使や遣唐使によって伝えられた隋・唐の文化的影響が強くあらわれている。また、この時期

には、百済や高句麗の滅亡による亡命者の渡来が増加し、彼らの知識や技術は律令国家形成に大きな役割をはたした。飛鳥地方には、飛鳥寺(法興寺)・百済大寺などの仏教寺院が建立され、天皇・皇族や豪族たちの墳墓が、周辺の檜隈や真弓・佐田などの丘陵地に築かれた。高松塚古墳やキトラ古墳(明日香村)の石槨内に描かれた壁画が知られる。また、斑鳩には、厩戸王創建といわれる法隆寺(斑鳩寺)があり、現在残るものは、7世紀末の火災後の再建になるが、世界最古の木造建築物である。

710(和銅3)年、元明天皇は、藤原京から奈良盆地北端の平城京に遷都した。以降、平城京は、784(延暦3)年に桓武天皇が長岡京に遷都するまでの8代74年間、奈良時代の律令国家にふさわしい日本の都として、唐の長安城などを手本に造営された。平城京は、東西5.9km・南北4.8km、推定人口約10万人の大都市で、北辺中央には平城宮がおかれ、政治や儀式の場である大極殿と朝堂院、天皇が日常生活を送る内裏、さまざまな役所の建物が立ち並んでいた。京内には、旧京の飛鳥・藤原地域から元興寺や薬師寺が移転し、また興福寺が造営され、奈良時代後半には、あらたに東大寺・唐招提寺が創建された。奈良時代には仏教興隆政策がとられ、聖武天皇のときに絶頂に達した。741(天平13)年には国分寺の建立を命じ、743年には大仏造立の詔が出された。

奈良盆地南部には、難波や伊勢に通じる東西に走る横大路が設置され、続いて南北方向の下ツ道・中ツ道・上ツ道の3幹線道路が開かれた。また、奈良盆地には、平城京や下ツ道を基準にして、条里制が施行されたことが知られている。

794年、平安京に遷都が行われ、大和は畿内であるが諸国の1つとなった。藤原京や平城京も、遷都後は廃墟と化し、田圃となった。平城京の東の外京に残った東大寺・興福寺・元興寺の諸大寺は、荘園領主化を進め、境内地の門前郷の拡充を図った。これらの門前町は、京都に対して南都とよばれるようになった。大和各地では多くの荘園が設定されたが、とりわけ藤原氏(摂関家)の氏寺として信仰を受けた興福寺は、摂関政治の実現とともに勢力を増し、1136(保延2)年には春日若宮祭を執行し、春日社を支配下においた。これにより、興福寺は諸大寺・諸大社の末寺・末社化を進め、農村で武士化した有力名主などを支配下に収め、衆徒(興福寺の僧兵)・国民(春日社の神人)として組織し、荘園の荘官などに任じた。

中世

12世紀末、大和国を知行国として与えられた平清盛は、東大寺や興福寺など南都の社寺との対立を深めることになる。1180(治承4)年、平家打倒のため挙兵した、源氏勢力に呼応した東大寺・興福寺は平重衡に攻められ、南都は両寺院とともに、ことごとく焼失した。源平の争乱後、平家の焼打ちで伽藍の大半を失った興福寺と東大寺は、公武の援助もあり復興する。藤原氏の氏寺である興福寺は、朝廷からの援助も受け、数年のうちにおもな堂塔が再建された。興福寺の再建には、伝統的様式(和様)が用いられ、北円堂と三重塔が現在も残る。他方、東大寺の復興は、

大勧進職に補任された重源によって進められ，1185（文治元）年に大仏の鋳造がほぼできあがり，1195（建久6）年には源頼朝の援助もあって，大仏殿が再建された。東大寺の再建には宋から導入された大仏様という建築様式が用いられたが，現在は南大門にその姿をみることができる。また，南都諸大寺の復興では，堂内に仏像もあらたにつくられ，康慶・運慶・快慶らの奈良仏師が活躍する機会を得た。

1185年，源頼朝は全国に守護・地頭を設置するが，大和国には守護を設けなかったので，大和の行政権を掌握していた興福寺は，守護の役目を任される形になった。興福寺には，平安時代後半から，摂関家の子弟がトップにつく一乗院と大乗院の両門跡が成立していたが，鎌倉時代中頃からは，これが2派に分かれて主導権争いを繰り返すことになる。

元弘の変（1331年）や南北朝動乱の際には，後醍醐天皇の討幕活動に，一乗院・大乗院の争いなどが絡みあい，大和は争乱の舞台となった。1336（建武3）年は，後醍醐天皇が吉野山に遷幸し，南朝を樹立したが，大和では，奈良盆地・周辺山間部で北朝・南朝両勢力の対抗関係がみられた。1392（明徳3）年に至り，西吉野から後亀山天皇が上洛して南北朝が合体，室町幕府では，3代将軍足利義満の強力政権が出現し，興福寺は大和守護職を公認された。

室町時代には農業技術も進歩し，農民も宮座とよばれる神社の祭祀に参加する組織をもつようになり，村落共同体の運営にもあたるようになった。また，市や商工業の同業者組合である座も発展した。奈良では鎌倉時代中頃に北市・南市，15世紀初頭に中市が開かれ，油座・酒座・米座などが組織されるようになった。座はほかの業種にもおよび，芸能の座として大和四座（金春・金剛・観世・宝生）も有名になった。1428（正長元）年に，近江坂本（現，滋賀県大津市）でおこった土一揆が，大和にも波及したが，現在の奈良市柳生町に，このときの貸借破棄の徳政碑が残る。

室町幕府の足利将軍家の家督争いに端を発した応仁の乱（1467～77年）の影響は，大和にも波及し，乱後も大和では抗争が続いた。北大和の筒井氏は細川方の東軍に，南大和の越智氏は山名方の西軍に属した。また，隣国の畠山氏も2派に分かれて戦い，東西両軍の大和への侵入もあいついだ。乱後は，大和における興福寺の支配は弱まり，大和の地方武士である衆徒・国民は，国衆として独立性を強め，また，奈良の郷民も，町民として自立していくようになる。応仁の乱では，京都の貴族や商人が奈良に疎開したことから交流も密接になり，称名寺（奈良市）にいた村田珠光は，京都に出て侘茶を創始した。

1560（永禄3）年には，三好長慶の家臣松永久秀が大和に入り，筒井氏を攻めて大和を平定し，1562年には奈良市街地の北に，多聞山城を築城した。1567年，三好三人衆といわれる長慶の家臣らが筒井順慶と結んで久秀と戦い，このとき三好三人衆が陣取った東大寺大仏殿が戦火で焼け落ちた。1568年には織田信長が京都に入り，久秀は一旦信長に従ったが，すぐに反して，1577（天正5）年に，本拠の信貴山

奈良県のあゆみ

城（三郷町ほか）で滅ぼされた。

近世

　1600（慶長5）年の関ヶ原の戦い後、大和国を支配していた増田長盛らの豊臣方の諸将は改易され、徳川家康は配下の武将らに知行地を与えた。
　関ヶ原の戦い後、松山城に福島孝治、戒重に織田長益、竜田・小泉に片桐且元・貞隆の兄弟、御所・新庄に桑山元晴・一晴の叔父・甥、五條二見に松倉重政が配され、また、柳生宗矩が1636（寛永13）年、柳生で大名に取り立てられた。
　大坂の陣後、福島孝治にかわって織田信長の子信雄が宇陀松山城に入部し、二見藩の松倉重政は、軍功により肥前国日野江（現、南島原市）に転封された。松山藩織田氏は信休のときに、御家騒動により丹波国柏原（現、兵庫県丹波市）に国替えされた。織田長益は淀君の叔父であるが、冬の陣で和睦を主張したために豊臣方武将と反りがあわず、夏の陣の際には京都に隠退した。豊臣氏滅亡後は、所領を3分割して4男長政に戒重1万石、5男尚長に柳本1万石を支配させ、いずれも明治維新に至っている。1629（寛永6）年に御所藩桑山氏、1655（明暦元）年に竜田藩片桐氏が、それぞれ後継者がなく断絶、1682（天和2）年には新庄藩桑山氏も改易された。
　この間1680（延宝8）年、永井直円が大和国内で1万石を与えられ、1686（貞享3）年松平信通が興留藩を立藩するが、まもなく転封され廃藩となった。幕府直轄地であった南都には、町政を担当する奈良奉行所と、幕府領を支配する代官所がおかれていた。
　京都・大坂に近く重要な地であった郡山城は、譜代大名がめまぐるしく入れ替わったが、1724（享保9）年に柳沢吉里が甲斐（現、山梨県）より入部してからは、柳沢氏が明治維新まで郡山藩を支配した。大和で郡山藩についで大きな藩は高取藩で、1640（寛永17）年、譜代大名植村家政の入部後は、明治維新まで同氏の支配が続いた。1868（明治元）年、交代寄合衆の平野氏が1万石に列し田原本藩を立藩した。版籍奉還の際、大和には8藩があったが、郡山・高取両藩をのぞき、いずれも小藩であった。
　大和国内には、他国に城郭や陣屋を構える大名の支配地もあった。紀州藩（徳川氏）、津・久居藩（藤堂氏）、壬生藩（鳥居氏）、大多喜藩（松平氏）の各藩のほか、一時的には川越藩（柳沢氏）・安中藩（堀田氏）・甲府藩（徳川氏）や御三卿の清水家の領地もあった。また、50を超える旗本家、興福寺・東大寺・春日社・多武峯・蔵王堂などの社寺領、狂言・雅楽で幕府に仕える人びとの所領などがあり、複雑な所領構成となっていた。
　吉野山地や盆地部に散在する幕府領や、1695（元禄8）年に幕府領となった宇陀郡は、一時期、奈良や今井の代官所で統治され、中・後期には近隣大名の預かり地となった。大津・多羅尾・京都二条代官所の支配を受けたこともあったが、1795（寛政7）年に五條代官所が設置された。奈良の町政は奈良奉行が担当した。

各大名のうちには，学芸を好む者も多かった。郡山藩主松平信之は，陽明学者熊沢蕃山を起用し，柳沢吉里の老臣で一族の柳沢里恭（淇園）は書画に秀で，芝村藩主織田長清は『織田実記』を編纂した。また，利休七哲の1人織田長益は，戒重（のちの芝村藩）・柳本の藩祖であり，近世初め，茶道の名手として知られた桑山宗仙は，新庄藩祖桑山一晴の叔父であった。宗仙の門下で，石州流茶道の祖となった小泉藩主片桐貞昌は，4代将軍家綱の茶道の師範となった。柳生藩の藩祖宗矩は，柳生新陰流を創案した柳生石舟斎宗厳の子で，3代将軍家光の兵法指南役となり，幕閣で重きをなした。

　江戸時代には，大坂の陣に際して大坂方と呼応した北山一揆に始まり，宝暦年間（1751～64）の芝村騒動や，1818（文政元）年旗本中坊氏領でおきた竜門一揆などがあり，後期には奈良・郡山・今井・三輪などの在郷町で，都市の打ちこわしもおきた。

　江戸時代には，大和でも種々の産業の発展がみられた。南都では奈良漆器・奈良うちわ・筆・墨などの伝統的な工芸品がつくられ，吉野川流域では楮を栽培し，宇陀紙と称する良質の紙漉きが行われた。三輪山麓の村々では素麺の生産が行われ，西大寺の豊心丹や吉野・當麻中ノ坊の陀羅尼助を始め，御所や高取周辺では，幕末に露命丸などの豊富な薬草地域を背景に，製薬業がおこった。また8代将軍吉宗のときに，幕府の採薬師植村政勝の見習いとして，吉野山地に朝鮮人参などの採薬に従事した森野藤助（賽郭）が，下賜された薬草をもとに，宇陀松山に森野薬草園を開き，良質の吉野葛を製造した。郡山藩の下級武士が内職として始めたという金魚の飼育は，今も全国的なシェアを誇っている。また，赤膚焼は数寄者に愛好され，東山中の製茶もよく知られている。

　近世大和の盆地風景は，現在とはかなり違ったものであった。春の田圃は菜の花に彩られ，8月には白い綿花が咲いた。綿花と菜種は当時の農民にとって，主要な換金作物であった。奈良盆地は瀬戸内気候区の東縁を形成する寡雨地域で，播州平野や讃岐平野と並ぶ，わが国屈指の溜池地域であったが，すべての水田に米作することができず，村ごとに農業共同体が規制して，イネ―ムギ―綿花―菜種を，2年交替で栽培する，田畑換輪農法を取り入れていた。

　綿花や菜種の栽培は速効性の金肥が必要で，近世初期から大和川には魚梁船が就航し，春には大坂から塩や肥料が運ばれ，秋には大和から農産物が積荷された。郡山・丹波市・田原本・今井・高田などの町場には，繰綿問屋や綿問屋が存在し，江戸との取引きも行われた。また在郷の村々では，繰綿から糸を紡ぎ，さらに大和絣の製織が行われ，南都の奈良晒と並び，農家の重要な副業となった。

　平和の時代が到来すると，有名な社寺は年中行事をつぎつぎに復活した。春日若宮祭・東大寺のお水取り，各社寺の年越祭・練供養などである。一方，各地の旧跡も顕彰され，これらの神社仏閣や史跡をめぐったり，西国三十三所の巡礼，大峰登

山や吉野山の観桜、月ヶ瀬の観梅など、大和の各地を多くの旅行客が訪れ、伊勢参宮の途上に、大和路をたどる旅人も多くなった。観光ブームの到来である。貝原益軒の『和州巡覧記』や絵入りのわかりやすい『大和名所図会』、本居宣長の『菅笠日記』など、地誌・紀行文が刊行されたことの意義は大きい。多くの俳人・歌人・詩人が大和を歩き、吉野・飛鳥の史跡や山の辺の道、南都・法隆寺・當麻寺などを世に紹介した。また、幕末には山陵を研究する人の往来も多く、畝傍陵や崇神陵の修築工事も行われた。

　幕末の1863（文久3）年、中山忠光ら天誅組が五條代官所を襲撃して、代官鈴木源内を倒し、五條新政府を名乗ったが、幕命を受けた郡山・紀州・彦根・津藩など、近隣諸藩兵の出動で鎮圧された。この事件は討幕運動の先駆けとなった。

近代・現代

　大政奉還後、討幕行動をとった新政府は、鳥羽・伏見の戦いの後、1868（慶応4）年1月に、奈良に大和鎮台を設けた。これは、まもなく大和国鎮撫総督府と改称され、これを基礎として、5月には奈良県が誕生し、7月奈良府と改称。翌年7月奈良県と再称した。1870（明治3）年2月、奈良県のうち、宇智・吉野両郡および河内・紀伊両国の一部の村々で五條県が成立、さらに1871年7月、廃藩置県により大名領も県名を唱えたため、大和国内には奈良・五條県のほか、郡山県など15県が乱立したが、同年11月22日、大和一国を管轄する奈良県が成立した。しかし、戸数9万9000戸・人口47万7000人（1874年）を数えた奈良県は、政府の府県統合策により、1876年4月堺県に合併され、1881年2月、堺県は大和を包括したまま、大阪府に編入された。これは、大阪市街や府下の港湾の整備に、大和や河内などの豊かな資力を利用するためであった。

　県庁を奪われた大和は沈滞した。産業・教育の振興や、奈良盆地と吉野郡などの山間を結ぶ交通路の開発を願う者たちは、これを放置できず、大和選出の府会議員や有識者が立ち上がり、再置県運動に尽力した。こうした人びとの努力の結果、1887年11月4日、奈良県の再設置が実現した。

　県政の復活後、新生奈良県会は交通の整備、ついで織物業（大和木綿）・製茶・製繭の奨励を決議した。奈良盆地と山間を結ぶ道路が拡幅・新設され、鉄道の敷設もあいつぎ、昭和時代初期には、ほぼ現在の鉄道網が完成した。また、明治30年代には各地で小銀行が設立された。

　基幹産業である農業の分野では、外国産綿の輸入税撤廃（1896年）で綿花栽培が不振となり、裏作の菜種も石油の輸入・電気の普及で衰退した。そこでコメ・ムギなど主穀中心の農業経営に転換して活路を見出すため溜池を掘り、品種の改良や施肥の多投などの努力がなされ、昭和時代初期には、水稲の反当り収穫量は「奈良段階」とよばれるような多収穫を誇ることとなった。

　盆地部では、かつての田畑換輪農法を生かして、ナシの栽培が普及し、昭和時代

に入ると、水田にスイカを植え、大和スイカの名声を得た。一方、山間部ではカキや茶のほか、養蚕業がしだいに普及し、大きな収入源となった。

工業の分野では、農家の副業による賃織りは、洋服着用が普及すると振るわなくなった。明治20年代に、郡山や高田に紡績会社が設立されたのを機に、大和絣にかわって布織工業やメリヤス・靴下工業が、奈良晒にかわってカヤ工業が発達し、また中和地域の養蚕を背景に、桜井市に亀山製糸工場など、生糸工場も多数つくられた。しかし、第一次世界大戦後、生糸の主要な輸出先であったアメリカで人造絹糸が発明され、需要が減少した。桑畑から野菜畑への転換を余儀なくされた中南和地方では、近世以来の産業であった製薬や素麺・葛などの食品加工業が発達した。また、吉野杉の美林育成で知られる吉野山林を背景に、林産加工業も発達した。奈良県で工産物が農産物の生産量を超えるのは、1919(大正8)年のことである。昭和40年代には、大和郡山市域に工業団地が形成され、その後も、各地で工業団地の開発があいついだ。

明治維新直後、廃仏毀釈の嵐により、興福寺・内山永久寺・多武峯・金峯山寺などの大寺院も打撃を受け、さらに上知令により、寺院は経済的基盤を奪われた。十津川郷では徹底して寺院を廃し、神葬祭に切り換えた。また、天理教は信者をふやし、宗教都市天理市が形成された。

1871(明治4)年、政府は社寺の宝物の散逸を防ぐために「古器物保存方」を布令し、1882年には古社寺保存金制度を実施した。これにより古刹の堂塔修繕が進み、年中行事も復活、観光客の誘致が図られ、文化財に対する認識も高まった。東大寺・興福寺・春日大社の境内は奈良公園として整備され、サクラの吉野山(のち吉野熊野国立公園)やモミジの竜田も県立公園となり、明治30年代には鉄道の発達により、修学旅行を始めとする遠来の観光客も増加した。

大正時代には、奈良県でも米騒動や小作争議が続出した。また、1922(大正11)年、京都で部落差別の撤廃を目指す全国水平社の創立大会が開催されたが、これは1919(大正8)年に南葛城郡掖上村で結成された燕会の青年たちが中心となって、準備・推進したものであった。

1940(昭和15)年は紀元2600年にあたるということで、建国の地とされた畝傍町を中心に、奈良県では橿原神宮社殿の大増修築と神域拡張、奈良県運動場・橿原道場・国史館などの建設が進められた。このとき、縄文時代晩期の橿原遺跡が発見され、橿原考古学研究所設立の端緒となった。

第二次世界大戦の際、大きな空襲を免れたことは、奈良県民の生活にとっても、史跡・文化財の保存にとっても、幸いなことであった。1946年以降、毎年秋に奈良国立博物館で公開・展示される正倉院宝物は、多くの参観者を集めている。また、1949年の法隆寺金堂の壁画焼損事件は、文化財保護法が成立するきっかけとなった。

戦後の奈良県では，吉野・十津川流域に多くのダムが建設され，江戸時代以来の用水不足が解消するとともに，水力発電により産業振興にも資することとなった。住宅開発や工業団地の造成が進捗し，自然環境も景観も大きく変貌した。その過程で発掘調査も，奈良国立文化財研究所や県立橿原考古学研究所などの手で進められ，考古学上の知見も著しく増加した。高松塚古墳や藤ノ木古墳などの発掘もこのような動向の副産物といえる。県民生活を向上させるための開発と，歴史遺産の保護をどのように調和させていくか，奈良県に課せられた大きな課題である。

【地域の概観】

奈良

　当地域は，大和高原をのぞいた現在の奈良市域にほぼ該当する。その大部分は奈良盆地の北端に位置し，北は奈良山丘陵により京都府と境を接し，西は西ノ京丘陵・矢田丘陵が生駒市域との境界となっている。

　旧石器・縄文時代の遺跡はほとんどみられないが，弥生時代の遺跡は河川の流域ごとに確認される。古墳時代の遺跡は丘陵地を中心に多数点在するが，なかでも平城宮の北に位置する佐紀盾列古墳群（奈良市佐紀町ほか）には，数基の大型前方後円墳が集まる。

　710（和銅3）年に都となった平城京は，東西約4.3km・南北約4.8km，さらに東に外京をもつ，推定約10万人が暮らす大都市であった。大極殿・朝堂院を始め，多くの役所が立ち並び，南都七大寺とよばれる官立寺院が甍を誇った。しかし，「咲く花の薫ふがごとく」と謳われた平城京も，やがて長岡京・平安京（ともに現，京都府）への遷都により，衰退に向かった。平安時代には，摂関家の氏寺である興福寺を中心に，東大寺・元興寺などの周辺は門前町として栄え，奈良は南都として復活した。

　1180（治承4）年の平重衡の南都焼打ちにより焼失した寺院は，鎌倉時代になるとつぎつぎと再建され，奈良仏師が制作した多くの仏像が納められるとともに，東大寺の大仏もよみがえった。興福寺は大和国守護職をつとめていたが，室町時代になると，その寺務を統轄する一乗院・大乗院の両門跡は，対立を続けた。応仁の乱（1467〜77年）後，興福寺の支配が弱まるにつれ，その衆徒であった古市氏や筒井氏らの国人層が台頭した。その頃，奈良では酒・墨・刀剣・団扇などの特産品が生まれ，商工業が発達するとともに，能楽などの芸能も盛んになった。

　戦国時代，松永久秀が多聞山城（奈良市法蓮町）を築き，奈良を支配下におくと，戦いの兵火で再び東大寺大仏殿は炎上した。豊臣政権時代の統制策は，奈良の商工業を沈滞させた。

　江戸時代に入ると，奈良は幕府直轄地となり，奈良奉行所がおかれた。産業では，幕府の御用達品として保護された奈良晒が名産品となった。多くの社寺は，かつての勢威を失ったものの，1709（宝永6）年に大仏殿が落慶すると，庶民の奈良見物が盛んになり，奈良は産業の町から観光の町へと転じた。

　明治維新にともなう大きな変動の波に飲み込まれた奈良の社寺は，古美術への再評価が高まるにつれて，しだいに復興に向かった。1880（明治13）年に奈良公園が設置，その後，拡張されると，古都奈良への関心が高まり，やがて1892年の大阪鉄道（現，JR関西本線）の開通もあって，観光客が増加した。

　1959（昭和34）年からは平城宮跡の本格的な発掘調査が始まり，現在に至るまで整備・復元が進められている。この間，奈良市域の北・西部を中心に，いくつもの新

興住宅地が開発され，古都奈良も大きく変貌を遂げた。そうしたなかで，1998(平成10)年，東大寺・興福寺・春日大社などが「古都奈良の文化財」として，ユネスコの世界遺産に登録された。古都奈良に残る多数の文化遺産を，いかに後世に大切に伝えていくかが，これからの大きな課題である。

斑鳩・生駒

　斑鳩・生駒地域は，奈良県の北西部に位置し，西は大阪府，北は京都府に接する。西部には生駒山地が南北に走り，大阪府との境をなし，北東部には矢田丘陵が並行して南北に続いている。生駒山地と矢田丘陵を挟んで竜田川が南流し，生駒谷(平群谷)を形成する。

　矢田丘陵の南方は奈良盆地の北西部にあたり，盆地の周囲の山々から流れ出た諸河川が，この付近ですべて大和川に合流し，西流して大阪湾にそそいでいる。現在，北部の生駒谷付近は生駒市，その南の谷や盆地部は，生駒郡の各町などである。大阪に隣接する場所であり，大阪のベッドタウンとして開発が進み，人口が増加している地域である。

　当地域は，古くから大和と河内・難波(ともに現，大阪府)とを結ぶ水陸交通の要地であり，6世紀後半には，豪華な副葬品の出土で知られる藤ノ木古墳(斑鳩町)が造営されている。また7世紀に入ると，聖徳太子により斑鳩宮の造営や法隆寺(斑鳩寺)の創建が進められ，飛鳥地方(明日香村周辺)とともに，飛鳥文化が花開いた地域である。

　生駒谷の丘陵には，奈良時代の僧行基の墓所が営まれ，中世には墓所のある竹林寺が，行基と文殊信仰の寺として信仰を集めた。法隆寺は，平安時代後期以降の聖徳太子に対する太子信仰の高揚などにともない，中世には聖徳太子信仰の中心寺院として発展した。この頃，太子信仰の高まりにより，中宮寺など太子と関連のある寺院の復興も進んでいる。

　中世には，生駒谷では生駒神社を中核とする郷ができ，各村々では宮座が形成され，結束が強まった。斑鳩地方においては，法隆寺と龍田神社が信仰の中心的な存在となって郷が形づくられ，村々の結束を強めた。

　戦国時代の16世紀中頃には，松永久秀が大和に侵入し，信貴山頂に信貴山城(平群町)を築き，大和の土豪と抗争を繰り返し，当地域の社寺も被害をこうむったが，1577(天正5)年に，久秀は織田信長に攻め滅ぼされた。

　江戸時代初期には，竜田藩(現，斑鳩町)主片桐且元の努力により，大和川の水運が盛んになり，大坂と大和を結ぶ物資運搬の動脈として，大和の経済的発展に大きな働きをなした。しかし，1892(明治25)年に大阪鉄道(現，JR関西本線)が開通し，その役割を終えた。

　明治時代初期には廃仏毀釈の嵐が吹き荒れ，法隆寺などの寺院は痛手を受けたが，明治20年代になると，フェノロサや岡倉天心らの働きにより，古文化財への関

心が高まり、文化財保護の措置が講じられるようになる。昭和時代に入って、法隆寺では昭和の大修理が進められ、建造物の修理が大規模に行われるが、1949(昭和24)年には金堂から出火し、壁画が焼損する惨事がおこった。

1993(平成5)年には、「法隆寺地域の仏教建造物」がユネスコの世界遺産に登録され、当地域の文化財に対する関心の高まりをみせている。

奈良盆地中央部

当地域は、大和郡山市・安堵町・川西町・三宅町・田原本町に該当する。大和の青垣とよばれる美しい山々に囲まれた奈良盆地中央部は、更新世においては低湿地帯であった。

縄文時代には人びとが生活を始め、弥生時代には、唐古・鍵遺跡(田原本町)に代表されるように稲作が盛んになり、水田開発が進んだ。奈良時代には、整然とした条里制が実施された。また、富雄川・寺川・飛鳥川などが大和川に合流する位置にあり、大和川水系を利用して、河内(現、大阪府)方面と結びついていた。さらに、中ツ道・下ツ道・筋違道(太子道)を利用して、盆地中央部を南北に移動することもできた。つまり、奈良盆地中央部は、難波津(現、大阪府)と飛鳥京を結んだ交通の要衝であり、外国からの使節も往来したと考えられる。一方、ミヤケ・アガタなどの地名が残されていることから、ヤマト政権の直轄地がおかれ、その周辺には、渡来系の技術者集団が存在したことが推察される。島の山古墳(川西町)を始めとする中小の古墳群は、交通網を掌握した有力者の存在をうかがわせる。

中世に入ると、興福寺の一国支配にともない、奈良盆地中央部には、寺門領荘園や大乗院・一乗院関係の荘園が広がり、興福寺は在地の有力者を、衆徒・国民として編成していった。衆徒の筒井氏・小泉氏らは、周辺の小領主を支配して、勢力を増大させた。戦国時代には、大和の武士の間で、抗争が続いたが、1576(天正4)年に筒井順慶により大和の統一がなされた。順慶は郡山城(大和郡山市)を築き、本貫地とした。

近世に入ると、筒井氏は伊賀(現、三重県)に転封となり、豊臣秀長が郡山城に入城し、本格的な築城がなされた。江戸時代には郡山藩の立藩後、藩主は水野・松平・本多氏とかわったが、近世中期以降は、柳沢氏の城下町として発展した。近世を通じて、安堵(現、安堵町)は幕府直轄領、川西(現、川西町)・三宅(現、三宅町)は郡山藩領であった。田原本(現、田原本町)は平野氏の陣屋町として、また商業都市として繁栄した。その間、農村部では河川の氾濫による水害の頻発、また干魃に悩まされたが、農民たちは、安堵の藺草・結崎のネブカ(ネギ)などの特産品をつくり出していった。

近代に入ると大和川水系の舟運は役割を終え、鉄道網が発達していく。それぞれの地域における地場産業も発達し、昭和30年代から40年代にかけての高度経済成長期には、ニュータウンの建設による人口の増加、工業団地の創設による産業の育

成など，多方面にわたって発展した。

現在の安堵町は，町内を横切る西名阪自動車道沿いに工場が点在し，隣接する川西町にも広がっている。また，結崎の貝ボタン，三宅町のスポーツ用品など，地場産業も盛んである。

山の辺

山の辺は，奈良盆地東南部の天理市西部から桜井市にわたる地域である。奈良盆地東縁の春日断層崖をなす山々と，その山麓から平地部に至る所である。断層崖の南端には，古くから神体山として崇拝されてきた三輪山が聳える。三輪山の山麓一帯は古く「ヤマト」とよばれ，ヤマト政権誕生の地と推定されている。

春日断層崖下の山麓を古道の「山の辺の道」が南北に走り，また，その西側平地部には，並行して古代の上ツ道(のちの上街道)が南北に縦断する。さらに，その西方を中ツ道が南北に走っている。また，南端部では，横大路(のちの伊勢街道)が東西に横断し，初瀬谷を経て東国に通じている。近世においては，上街道に沿う天理市の櫟本・丹波市は市場町，柳本は柳本藩の陣屋町，桜井市の三輪は宿場町，桜井は，横大路と交差する交通の要衝として町場をなし，長谷は長谷寺の門前町として発達した。

現在は，JR桜井線が天理から桜井へ南北に走り，近鉄大阪線が桜井市を東西に横断し，桜井で両線が交差する。天理市は天理教の宗教都市として発達し，桜井市は製材業や三輪そうめんの製造，販売業などの地場産業が盛んな所である。

縄文時代には，布留遺跡(天理市)や三輪遺跡・大福遺跡(ともに桜井市)などがみられ，弥生時代には，天理市では布留遺跡，平等坊・岩室遺跡，森本遺跡，桜井市では纏向遺跡，芝遺跡，大福遺跡などが分布する。古墳時代には，布留遺跡や纏向遺跡，大福遺跡などが，弥生時代に続く遺跡として知られる。纏向遺跡は東西約2km・南北約1.5kmの広範囲にわたる，古墳時代前期を中心とした都市的性格をもつ遺跡と考えられており，ヤマト政権の拠点となった遺跡であると推定されている。

纏向遺跡がある奈良盆地東南部は，前期古墳が集中する地域として全国的に知られており，北には，西殿塚古墳を盟主とする大和古墳群，崇神天皇陵古墳(行燈山古墳)・景行天皇陵古墳(渋谷向山古墳)を盟主とする柳本古墳群，箸墓古墳を盟主とする纏向古墳群，南の鳥見山の麓にある桜井茶臼山古墳・メスリ山古墳など，それぞれ全長200mを超す大王墓と考えられる大型の前方後円墳を中心とした古墳群が広がる。ヤマト政権の起源を考えるには欠かせない地域である。

また，近年の発掘調査により，桜井市のホケノ山古墳や纏向石塚古墳など，発生期の古墳の存在が明らかになり，邪馬台国の所在地を究明するうえで，貴重な資料を提供している。

石上神宮や大和神社(ともに天理市)，大神神社(桜井市)は，ヤマト政権成立に

関わりをもつ伝承を伝える古社である。古代・中世から知られる寺院としては，明治時代の廃仏毀釈で廃寺となった内山永久寺・長岳寺(ともに天理市)，長谷寺・多武峯寺・山田寺跡・吉備池廃寺跡(いずれも桜井市)などがある。また，江戸時代の幕末には，中山みきが天理教を創始し，明治時代には教団の組織や施設を整備して，天理の町は宗教都市として発展した。

【文化財公開施設】

①内容,②休館日,③入館料

奈良国立博物館　〒630-8213奈良市登大路町50　TEL0742-22-7771　①仏教に関する美術工芸品・考古資料などを常設展示,②月曜日(祝日の場合は翌日),年末年始,正倉院展開催期間中(10月下旬～11月上旬)は無休,③有料(平常展のみ中学生以下・70歳以上の方・身障者の方は無料。無料観覧日あり)

奈良県立美術館　〒630-8213奈良市登大路町10-6　TEL0742-23-3968　①浮世絵,富本憲吉の陶芸などを展示,②月曜日(祝日の場合は翌日),12月28日～1月4日,展示替え期間,③有料(高校生以下は常設展のみ土曜日は無料)

東大寺ミュージアム　〒630-8208奈良市水門町100　TEL0742-20-5011　①東大寺の歴史と美術を紹介・展示,②なし,③有料

興福寺国宝館　〒630-8213奈良市登大路町48　TEL0742-22-5370　①国宝・重要文化財の仏像などの寺宝を展示,②無休,③有料

吉城園　〒630-8213奈良市登大路町60-1　TEL0742-22-5911　①興福寺の塔頭跡地につくられた建物,茶室と庭園などを公開,②茶室は12月28日～1月4日,庭園は12月28日～3月19日,③有料(中学生以下・65歳以上の方・身障者の方は無料)

正倉院「正倉」外構　〒630-8211奈良市雑司町129　TEL0742-26-2811　①高床式校倉造の正倉外構を公開,②土・日曜日,祝日,12月28日～1月4日,③無料

奈良公園シルクロード交流館　〒630-8211奈良市雑司町469　TEL0742-22-0375　①江上波夫コレクションを中心に展示,シルクロードの歴史や文化を紹介,②月曜日(祝日の場合は直近の平日),12月28日～1月4日,③有料

奈良市写真美術館　〒630-8301奈良市高畑町600-1　TEL0742-22-9811　①写真家入江泰吉の作品を保存・展示,②月曜日(祝日の場合は直近の平日),12月27日～1月3日,展示替え期間,③有料(土曜日は高校生以下無料,市内在住の70歳以上の方・身障者の方は無料)

名勝大乗院庭園文化館　〒630-8301奈良市高畑町1083-1　TEL0742-24-0808　①旧大乗院庭園を眺望できる休息所,大乗院復元模型や関係資料も展示,②月曜日(祝日の場合は翌日),祝日の翌日(土・日曜日をのぞく),12月26日～1月5日,③無料

奈良市立史料保存館　〒630-8337奈良市脇戸町1-1　TEL0742-27-0169　①近世・近代の貴重な史料を保存,奈良奉行所復元模型や保存史料の一部を展示,②月曜日(祝日をのぞく),祝日の翌日(土・日曜日をのぞく),12月28日～1月3日,③無料

奈良市杉岡華邨書道美術館　〒630-8337奈良市脇戸町3　TEL0742-24-4111　①かな書の第一人者杉岡華邨の作品を展示する書道専門の美術館,②月曜日(祝日の場合は翌日),祝日の翌日,12月26日～1月5日,展示替え期間,③有料(高校生以下・市内在住の70歳以上の方・身障者の方は無料)

寧楽美術館(依水園)　〒630-8208奈良市水門町74　TEL0742-25-0781　①池泉回遊式庭園に古代中国の青銅器や朝鮮高麗・李朝の磁器などを収蔵・展示する美術館が併設,②火曜日,盆休み,年末年始,③有料

春日大社神苑(万葉植物園)　〒630-8212奈良市春日野町160　TEL0742-22-7788　①『万葉集』にゆかりの深い植物を栽培し,それぞれに代表的な万葉歌を添える,②1・2・12月の月曜日(祝日の場合は翌日),③有料

| 春日大社宝物殿 | 〒630-8212奈良市春日野町160　TEL0742-22-7788　①国宝や重要文化財を含む古神宝・武具・鏡・調度品などを展示，②3・6・9・12月下旬の各2～3日，③有料 |

| 元興寺総合収蔵庫 | 〒630-8392奈良市中院町11　TEL0742-23-1377　①国宝の五重小塔や中世庶民信仰資料などを展示，②年末年始，③有料(拝観料に含む) |

| 奈良町物語館 | 〒630-8333奈良市中新屋町2-1　TEL0742-26-3476　①奈良町の伝統的な町家を修復してつくられた，まちの情報発信の場，②火曜日，8月中旬，年末年始，③無料 |

| 奈良町資料館 | 〒630-8334奈良市西新屋町14　TEL0742-22-5509　①江戸時代の商家の看板，奈良町に伝わる民具や美術品を展示，②月曜日(祝日の場合は翌日)，12月30日～1月1日，③無料 |

| 時の資料館 | 〒630-8334奈良市西新屋町28　TEL0742-26-5187　①古代エジプトやギリシア，ローマ時代から現代までの暦や時計などを展示，②月・木曜日(祝日の場合は翌日)，12月24日～1月14日，展示替え期間，③有料 |

| 未来工房 奈良オリエント館(ならどっとFM) | 〒630-8334奈良市西新屋町43　TEL0742-24-8415　①築140年の町家を利用したコミュニティFM局にギャラリー・カフェなどが併設，②無休，③無料 |

| 今昔工芸美術館 | 〒630-8385奈良市芝突抜町13　TEL0742-22-5516　①奈良町の商家で使用された看板や時計などを展示，②月曜日(祝日の場合は翌日)，8月後半，年末年始，③無料 |

| 奈良市音声館 | 〒630-8335奈良市鳴川町32-1　TEL0742-27-7700　①奈良の伝統芸能，わらべ歌を紹介，②月曜日(祝日の場合は翌日)，祝日の翌日(土・日曜日をのぞく)，12月26日～1月5日，③無料 |

| 奈良市ならまち格子の家 | 〒630-8332奈良市元興寺町44　TEL0742-23-4820　①奈良の伝統的な町家を再現した民家，②月曜日(祝日の場合は翌日)，祝日の翌日(土・日曜日をのぞく)，12月26日～1月5日，③無料 |

| 奈良市ならまち振興館 | 〒630-8317奈良市井上町11　TEL0742-27-1820　①大正時代初期に建てられた町家を公開，②月曜日(祝日の場合は翌日)，祝日の翌日(土・日曜日をのぞく)，12月29日～1月3日，③無料 |

| なら工藝館 | 〒630-8346奈良市阿字万字町1-1　TEL0742-27-0033　①奈良の伝統的な工芸品や制作道具などを展示，体験教室もある，②月曜日(祝日の場合は翌日)，祝日の翌日(土・日曜日をのぞく)，12月26日～1月5日，展示替え期間，③無料 |

| 志賀直哉旧居 | 〒630-8301奈良市高畑大道町1237-2　TEL0742-26-6490　①志賀直哉が暮らした住居・庭園を公開，②木曜日(祝日の場合は水曜日)，年末年始，③有料 |

| 今西家書院 | 〒630-8381奈良市福智院町24-3　TEL0742-23-2256　①室町時代の貴重な住宅遺構を公開，②月曜日，8月中旬，12月下旬～1月上旬，③有料 |

| 奈良市美術館 | 〒630-8012奈良市二条大路南1-3-1 イトーヨーカドー奈良店5F　TEL0742-30-1510　①企画展または市民の創作活動発表の場として利用，②月曜日(祝日の場合は翌日)，祝日の翌日(土・日曜日をのぞく)，12月27日～1月3日，展示替え期間，③無料と有料の場合あり |

大安寺収蔵庫	〒630-8133奈良市大安寺2-18-1　TEL0742-61-6312　①重要文化財の奈良時代の仏像などを展示，②無休，③有料(拝観料に含む)
平城宮跡資料館・遺構展示館	〒630-8577奈良市佐紀町　TEL0742-34-3931　①平城宮跡から出土した木簡・瓦などの遺物を展示，遺構展示館では発掘された遺構をそのまま保存展示，②月曜日(祝日の場合は翌日)，年末年始，③無料
西大寺聚宝館	〒631-0825奈良市西大寺芝町1-1-5　TEL0742-45-4700　①国宝の金銅宝塔や重要文化財の仏像などの寺宝を展示，②無休，③有料
中野美術館	〒631-0033奈良市あやめ池南9-946-2　TEL0742-48-1167　①近代日本を代表する日本画・洋画・彫刻などを収蔵・展示，②月曜日，2・8月，年末年始，③有料
松伯美術館	〒631-0004奈良市登美ケ丘2-1-4　TEL0742-41-6666　①上村松園・松篁・淳之3代にわたる日本画を展示，②月曜日(祝日の場合は直近の平日)，年末年始，展示替え期間，③有料
大和文華館	〒631-0034奈良市学園南1-11-6　TEL0742-45-0544　①東洋の絵画・書蹟・彫刻・陶磁器など美術工芸品の収蔵・展示，②月曜日(祝日の場合は直近の平日)，年末年始，展示替え期間，③有料
旧鴻池家表屋町人文化史料館	〒631-0065奈良市鳥見町1-5-1　TEL0742-45-1309　①旧鴻池家の邸宅を移築した史料館，②予約申込制，③無料
がんこ一徹長屋・墨の資料館	〒630-8042奈良市西ノ京町215-1　TEL0742-41-7011　①大和の伝統を受け継ぐ6つの工房が見学できる。墨の資料館も併設，②月曜日(祝日の場合は翌日)，8月，12月29日〜1月5日，③有料
斑鳩町歴史資料室	〒636-0123生駒郡斑鳩町興留10-6-43 いかるがホール内　TEL0745-75-7743　①藤ノ木古墳出土資料の複製を常設展示，②火曜日(祝日の場合は翌日)，12月28日〜1月4日，③無料
信貴山霊宝館	〒636-0923生駒郡平群町信貴山2280-1　TEL0745-72-2277　①重要文化財の兜や金銅鉢など，朝護孫子寺の寺宝を展示，②無休，③有料
馬見丘陵公園館	〒636-0062北葛城郡河合町佐味田2202　TEL0745-56-3851　①馬見丘陵の自然や馬見古墳群に関する資料を展示，②月曜日(祝日の場合は直近の平日)，12月28日〜1月4日，③無料
生駒市郷土資料館	〒630-0252生駒市山崎町4-10　TEL0743-75-3383　①生駒市内の遺跡分布図や須恵器，民具などを展示，②月曜日，火曜日(祝日の場合は翌日)，③無料(特別展は有料)
奈良県立民俗博物館	〒639-1058大和郡山市矢田町545 大和民俗公園内　TEL0743-53-3171　①奈良盆地の稲作，大和高原の茶業，吉野山地の林業をテーマにした展示，公園内に古民家11棟を移築・復元，②月曜日(祝日の場合は翌日)，12月28日〜1月4日，③博物館は有料(65歳以上の方・身障者の方は無料，土曜日は高校生以下無料)
郡山金魚資料館	〒639-1021大和郡山市新木町107 やまと錦魚園内　TEL0743-52-3418　①金魚養殖の歴史や金魚に関する資料を展示，②月曜日(祝日をのぞく)，年末年始，③無料
箱本館「紺屋」	〒639-1148大和郡山市紺屋町19-1　TEL0743-58-5531　①江戸時代の町家を改修した資料館，藍染め関係資料を展示，藍染め体験教室あり，金魚ミュージアム併

	設，②月曜日（祝日の場合は翌日），祝日の翌日，12月28日〜1月4日，展示替え期間，③有料
天理大学附属天理参考館	〒632-8540天理市守目堂町250　TEL0743-63-8414　①世界の生活文化に関する資料，考古美術などを展示，②火曜日（祝日の場合は翌日），4月28日，8月13〜17日，12月27日〜1月4日，③有料
天理市立黒塚古墳展示館	〒632-0052天理市柳本町1118-2　TEL0743-67-3210　①黒塚古墳の原寸大石室模型や出土した三角縁神獣鏡の複製などを展示，②月曜日（祝日の場合は翌日），祝日，年末年始，③無料
安堵町歴史民俗資料館	〒639-1061生駒郡安堵町東安堵1322　TEL0743-57-5090　①安堵町に伝わる古文書や伝統産業「灯芯」関係資料などを展示，②火曜日（祝日の場合は直近の平日），12月27日〜1月5日，③有料
中家住宅	〒639-1064生駒郡安堵町窪田133　TEL0743-57-2284　①中世の大和武士の平城式居館跡で重要文化財に指定されている典型的な環濠屋敷，②8月，12月15日〜1月15日，③有料（要予約）
唐古・鍵考古学ミュージアム	〒636-0247磯城郡田原本町阪手233-1 田原本青垣生涯学習センター2F　TEL0744-34-7100　①弥生時代を代表する唐古・鍵遺跡の調査・研究成果を展示，②月曜日，12月28日〜1月4日，③有料
桜井市立埋蔵文化財センター	〒633-0074桜井市芝58-2　TEL0744-42-6005　①纒向遺跡などの出土資料を中心に展示，②月・火曜日，祝日の翌日（火曜日の場合は水曜日），12月28日〜1月4日，③有料
大神神社宝物収蔵庫	〒633-8538桜井市三輪1422　TEL0744-42-6633　①古代祭祀関係の出土品，社宝などを展示，②開館は毎月1日，日曜日，祝日，1月1〜8日，③有料
喜多美術館	〒633-0002桜井市金屋730　TEL0744-45-2849　①ルノアール，ゴッホ，安井曾太郎らの作品を収蔵・展示，②月・木曜日（祝日の場合は翌日），8月13日〜16日，年末年始，③有料
キトラ古墳壁画体験館・四神の館	〒634-0134高市郡明日香村阿部山67　TEL0744-54-5105　①キトラ古墳の壁画や関係資料を展示（壁画の公開は期間限定），②水曜日（祝日の場合は翌日），年末年始，③無料

【無形民俗文化財】

国指定

春日若宮おん祭の神事芸能　　奈良市春日野町春日大社　春日若宮おん祭保存会　12月16〜18日

奈良豆比古神社の翁舞　　奈良市奈良阪町　奈良豆比古神社翁講　10月8日

江包・大西の御綱祭り　　桜井市江包・大西　江包・大西御綱祭り保存会　2月11日

県指定

六県神社の御田植祭(子出来オンダ)　　磯城郡川西町保田　保田自治会　2月11日

吐山の太鼓踊り　　奈良市都祁吐山町　吐山太鼓踊保存会　不定

邑地の神事芸能　　奈良市邑地町　水越神社神事芸能保存会　10月9日

東安堵の六斎念仏　　生駒郡安堵町東安堵　大宝寺六斎講　8月13日

菅生のおかげ踊り　　山辺郡山添村菅生　菅生おかげ踊り保存会　4月3日

狭川の神事芸能　　奈良市下狭川町　両西敬神講　10月17日

八島の六斎念仏　　奈良市八島町　八島町鉦講　3月15日・8月7日

東山の神事芸能　　山辺郡山添村北野他　東山地区神事芸能保存会　10月15日

田原の祭文・祭文音頭・おかげ踊り　　奈良市田原地区　田原地区伝統芸能保存会　8月16日

高田のいのこの暴れまつり　　桜井市高田・高田区自治会　12月第1日曜日

【おもな祭り】(国・県指定無形民俗文化財をのぞく)

大神神社の繞道祭　　桜井市三輪(大神神社)　1月1日

天理教鏡開きとお節会　　天理市三島町　1月4〜7日

若草山焼　　奈良市　1月成人の日の前日

大安寺の光仁会　　奈良市大安寺町(大安寺)　1月23日

法隆寺西円堂追儺会　　生駒郡斑鳩町法隆寺(法隆寺)　2月節分

興福寺鬼追い式　　奈良市登大路町(興福寺)　2月節分

春日大社節分万燈籠　　奈良市春日野町(春日大社)　2月節分

元興寺節分柴燈護摩会　　奈良市中院町(元興寺)　2月節分

松尾寺初午大祭　　大和郡山市(松尾寺)　2月初午の日

三輪の初市祭　　桜井市三輪・恵比寿神社　2月5〜7日

大神神社おんだ祭　　桜井市三輪(大神神社)　2月6日

長谷寺のだだ押し　　桜井市初瀬(長谷寺)　2月14日

東大寺二月堂修二会　　奈良市雑司町(東大寺)　3月1〜14日　お水取り：3月13日

春日大社申祭　　奈良市春日野町(春日大社)　3月13日

法隆寺会式　　生駒郡斑鳩町法隆寺(法隆寺)　3月22〜24日

安倍文殊お会式　　桜井市阿部　3月25〜26日

薬師寺花会式　　奈良市西ノ京町(薬師寺)　3月30〜4月5日

大和神社ちゃんちゃんまつり　　天理市新泉町(大和神社)　4月1日

新薬師寺修二会　　奈良市高畑福井町(新薬師寺)　4月8日

源九郎稲荷白狐お渡り　　大和郡山市洞泉町(源九郎稲荷)　4月第1日曜日

西大寺大茶盛式　　奈良市西大寺芝町(西大寺)　4月第2日曜日と前日の土曜日
東大寺聖武天皇祭　　奈良市雑司町(東大寺)　5月2日
薪御能　奈良市春日大社・興福寺　5月11・12日
唐招提寺うちわまき　奈良市五条町(唐招提寺)　5月19日
不退寺業平忌(開山忌)　奈良市法蓮町(不退寺)　5月28日
唐招提寺開山忌　鑑真和上坐像・御影堂障壁画特別開扉　奈良市五条町(唐招提寺)　6月4〜12日
率川神社三枝祭(ゆり祭)　奈良市本子守町(率川神社)　6月17日
石上神宮神剣渡御御祭　天理市布留町(石上神宮)　6月30日
龍田大社の風鎮大祭　生駒郡三郷町立野(龍田大社)　7月第1日曜日
帯解子安地蔵会式　奈良市今市町　7月23・24日
綱越神社おんぱら祭　桜井市三輪(綱越神社)　7月30・31日
奈良大文字送り火　奈良市　8月15日
春日大社中元万燈籠　奈良市春日野町(春日大社)　8月14・15日
西大寺大茶盛式　奈良市西大寺芝町(西大寺)　10月第2日曜日
鹿の角伐り　奈良市春日野町　10月の土・日曜日・祝日
唐招提寺観月讃仏会　奈良市五条町(唐招提寺)　仲秋の名月
猿沢池采女祭　奈良市樽井町　仲秋の名月
手向山八幡宮転害会　奈良市雑司町(手向山八幡宮)　10月5日
談山神社の嘉吉祭　桜井市多武峰(談山神社)　10月第2日曜日
往馬坐伊古麻都比古神社例大祭　生駒市壱分町(往馬坐伊古麻都比古神社)　10月10・11日
石上神宮ふる祭　天理市布留町(石上神宮)　10月15日
正暦寺冬至祭　奈良市菩提山町(正暦寺)　12月22日

【有形民俗文化財】

国指定

元興寺庶民信仰資料　奈良市中院町　元興寺
生駒十三峠の十三塚　生駒郡平群町福貴畑　岩本昌弘他
法華寺のカラブロ1棟(附明和三年銘棟札, 井戸)　奈良市法華寺町　法華寺
吉野林業用具と林産加工用具1908点　大和郡山市矢田町　奈良県立民俗博物館

県指定

応安連歌新式等並びに天神御影(附木箱一合)　桜井市初瀬　長谷寺
ナモデ踊り関係資料25点　生駒郡安堵町東安堵　飽波神社
伴堂のおかげ踊り絵馬　磯城郡三宅町伴堂　杵築神社
屏風のおかげ踊り絵馬　磯城郡三宅町屏風　杵築神社
結崎のおかげ踊り絵馬　磯城郡川西町結崎　糸井神社
石上神宮祭礼渡御図絵馬　天理市布留町　石上神宮
丹生神社題目立詞章残闕(「厳島」)　奈良市丹生町　丹生神社
結崎の太鼓踊り絵馬　磯城郡川西町結崎　糸井神社
翁舞関係資料翁面1面・烏帽子1点, 文書3点　大和郡山市今国府町・小林町　今国府杵

築神社・小林杵築神社
奈良の瓦作り用具1802点　　奈良市西新在家町　　(株)瓦宇工業所
西大寺奥院骨堂及び納入資料１棟及び2930点　　　奈良市西大寺野神町１丁目・西大寺芝町１
　　丁目　西大寺

【無形文化財】
国指定
人形浄瑠璃・文楽三味線　　生駒市鹿ノ台　白井康夫(芸名：鶴澤寛治)
螺鈿　　奈良市西包永町　北村謙一(雅号：北村昭斎)
県指定
奈良晒の紡織技術　　奈良県教育委員会文化財保存課内　奈良晒技術保存会
日本刀製作技術　　桜井市　刀匠名貞利

【散歩便利帳】

[県外での問い合わせ]

奈良県東京事務所　〒102-0093東京都千代田区平河町2-6-3　都道府県会館9F
　TEL03-5212-9096　FAX03-5212-9097

奈良まほろば館　〒103-0022東京都中央区日本橋室町1-6-2　日本橋室町162ビル1F・2F
　TEL03-3516-3931

社団法人奈良県観光連盟東京支所　〒102-0093東京都千代田区平河町2-6-3　都道府県会館
　9F　TEL・FAX 03-5212-9098

[県の教育委員会・観光協会・観光担当部署など]

奈良県教育委員会　〒630-8502奈良市登大路町30　奈良県庁内　TEL0742-22-1101

奈良県観光交流局観光課　〒630-8501奈良市登大路町30　奈良県庁内　TEL0742-27-8482
　FAX0742-27-7744

社団法人奈良県観光連盟　〒630-8213奈良市登大路町38-1　奈良県中小企業会館2F
　TEL0742-23-8288　FAX0742-23-8289

[市町村の教育委員会・観光協会・観光担当部署など]

奈良市教育委員会　〒630-8580奈良市二条大路南1-1-1　TEL0742-34-1111　FAX0742-35-6822

奈良市観光課　〒630-8580奈良市二条大路南1-1-1　TEL0742-34-1111　FAX0742-35-6822

社団法人奈良市観光協会　〒630-8228奈良市上三条町23-4　奈良市中部公民館1F・奈良
　市観光センター内　TEL0742-27-8866　FAX0742-27-2299

奈良市観光センター　〒630-8228奈良市上三条町23-4　奈良市中部公民館1F
　TEL0742-22-3900　FAX0742-22-5200

奈良市JR奈良駅総合観光案内所　〒630-8122奈良市三条本町1-1　JR奈良駅構内
　TEL・FAX0742-22-9821

奈良市近鉄奈良駅総合観光案内所　〒630-8228奈良市東向中町28　近鉄奈良駅構内
　TEL・FAX0742-24-4858

奈良市猿沢観光案内所　〒630-8213奈良市登大路町49　TEL・FAX0742-26-1991

生駒市産業振興課　〒630-0288生駒市東新町8-38　TEL0743-74-1111　FAX 0743-74-9100

生駒市観光協会　〒630-0288生駒市東新町8-38　生駒市産業振興課内　TEL0743-74-1111
　FAX0743-74-9100

大和郡山市商工観光課　〒639-1198大和郡山市北郡山町248-4
　TEL0743-53-1151　FAX0743-55-4911

大和郡山市観光協会　〒639-1132大和郡山市高田町92-16　TEL0743-52-2010
　FAX0743-52-2322

天理市商工観光課　〒632-8555天理市川原城町605　TEL0743-63-1001　FAX0743-62-2880

天理市観光協会　〒632-8555天理市川原城町605　天理市商工観光課内　TEL0743-63-1001
　FAX0743-62-2880

天理市観光案内所　〒632-0016天理市川原城町680　TEL0743-68-1911　FAX0743-68-1912

天理市トレイルセンター　〒632-0052天理市柳本町577-1　TEL・FAX0743-67-3810

桜井市観光課　〒633-8585桜井市粟殿町432-1　TEL0744-42-9111　FAX0744-42-1747

桜井市観光協会　〒633-8585桜井市粟殿町432-1　桜井市観光課内

散歩便利帳　281

TEL0744-42-9111　　FAX0744-42-1747
桜井観光案内所　　　〒633-0063桜井市川合190-2　近鉄桜井駅構内　TEL0744-44-2377
　　　FAX0744-44-2399
桜井市初瀬観光センター　　　〒633-0063桜井市初瀬1593-2　TEL0744-44-3331
　　　FAX0744-47-7212
古代大和観光案内所(橿原市・桜井市・高取町・明日香村の案内)　　〒634-0063橿原市久米町618　近鉄橿原神宮前駅構内　TEL0744-23-1905

〈生駒郡〉

安堵町産業課　　　〒639-1095生駒郡安堵町東安堵958　TEL0743-57-1511　FAX0743-57-1525
斑鳩町観光産業課　　　〒636-0198生駒郡斑鳩町法隆寺西3-7-12　TEL0745-74-1001
　　　FAX0745-75-4455
斑鳩町観光協会・法隆寺ｉセンター　　　〒636-0116生駒郡斑鳩町法隆寺1-8-25
　　　TEL0745-74-6800　FAX0745-75-9090
三郷町建設産業課　　　〒636-8535生駒郡三郷町勢野西1-1-1　TEL0745-73-2101
　　　FAX0745-73-6334
三郷町観光協会　　　〒636-8535生駒郡三郷町勢野西1-1-1　三郷町建設産業課内
　　　TEL0745-73-2101　FAX0745-73-6334
平群町経済建設課　　　〒636-8585生駒郡平群町吉新1-1-1　TEL0745-45-1001
　　　FAX0745-45-6619
信貴山観光協会　　　〒636-0923生駒郡平群町信貴山2280-1　朝護孫子寺成福院内
　　　TEL0745-72-2581　FAX0745-73-0124

〈北葛城郡〉

王寺町建設産業課　　　〒636-8511北葛城郡王寺町王寺2-1-23　TEL0745-73-2001
　　　FAX0745-32-6447
上牧町地域活性課　　　〒639-0293北葛城郡上牧町上牧3350　TEL0745-76-1001
　　　FAX0745-78-7089
広陵町地域振興課　　　〒635-8515北葛城郡広陵町南郷583-1　TEL0745-55-1001
　　　FAX0745-55-1009
河合町産業振興課　　　〒636-8510北葛城郡河合町池部1-1-1　TEL0745-57-0200
　　　FAX0745-56-4002

〈磯城郡〉

川西町産業振興課　　　〒636-0202磯城郡川西町結崎28-1　TEL0745-44-2211
　　　FAX0745-44-4734
三宅町商工振興課　　　〒636-0213磯城郡三宅町伴堂689　TEL0745-44-2001　FAX0745-43-0922
田原本町産業振興課　　　〒636-0392磯城郡田原本町890-1
　　　TEL0744-32-2901　FAX0744-32-2977
田原本町観光協会　　　〒636-0392磯城郡田原本町890-1　田原本町産業振興課内
　　　TEL0744-32-2901　FAX0744-32-2977

【参考文献】

『飛鳥時代の古墳』　奈良国立文化財研究所飛鳥資料館編　同朋社出版　1981
『新しい大和の歴史』(改訂)　大和タイムス社編　大和タイムス社　1973
『斑鳩散歩24コース』　奈良県高等学校教科等研究会歴史部会編　山川出版社　2000
『石の奈良』　川勝政太郎・五味義臣　東京中日新聞出版局　1966
『石舞台から藤ノ木古墳』(特別展図録)　奈良県立橿原考古学研究所附属博物館編　1988
『遺物が語る大和の古墳時代』　泉森皎・伊藤勇輔　臨川書店　1993
『角川日本地名大辞典29　奈良県』　「角川日本地名大辞典」編纂委員会編　角川書店　1990
『郷土史事典奈良県』　岩城隆利編　昌平社　1981
『古寺巡礼　奈良』1-16　伊藤桂一ほか　淡交社　1979-80
『古代史復元8　古代の宮殿と寺院』　町田章編　講談社　1989
『古代史復元9　古代の都と村』　金子裕之編　講談社　1989
『古代を考える　宮都発掘』　坪井清足編　吉川弘文館　1987
『古代を考える　古代寺院』　狩野久編　吉川弘文館　1999
『古代を考える　古墳』　白石太一郎編　吉川弘文館　1989
『古代を考える　奈良』　直木孝次郎編　吉川弘文館　1985
『古都発掘――藤原京と平城京』　田中琢編　岩波書店　1996
『古墳の航空大観』　末永雅雄　学生社　1975
『祭礼行事　奈良県』　高橋秀雄・鹿谷勲編　桜楓社　1991
『式内社調査報告』2・3　式内社研究会編　皇學館大學出版部　1982
『天平美術への招待』　関根真隆　吉川弘文館　1989
『正倉院宝物』　正倉院事務所　毎日新聞社　1994-97
『聖徳太子事典』　石田尚豊　柏書房　1997
『聖徳太子と斑鳩』(特別展図録)　奈良県立橿原考古学研究所附属博物館　1998
『聖徳太子の時代』(特別展図録)　奈良県立橿原考古学研究所附属博物館　1993
『聖徳太子の世界』(図録)　奈良国立文化財研究所飛鳥資料館編　奈良国立文化財研究所飛鳥資料館　1988
『新版　古代の日本6　近畿II』　町田章・鬼頭清明編　角川書店　1991
『新版　奈良県の歴史』　和田萃ほか　山川出版社　2003
『新版　奈良県の歴史散歩』上・下　奈良県歴史学会編　山川出版社　1993
『図説　日本の仏教』1　平田寛編　新潮社　1989
『大系日本の歴史2　古墳の時代』　和田萃　小学館　1988
『大系日本の歴史3　古代国家の歩み』　吉田孝　小学館　1988
『探訪古代の道』1-3　上田正昭編　法蔵館　1988
『奈良』　永島福太郎　吉川弘文館　1963
『奈良――古代史への旅』　直木孝次郎　岩波書店　1981
『奈良県遺跡地図』(改訂)1-4　奈良県立橿原考古学研究所編　奈良県教育委員会　1983・84
『奈良県史』1-18　奈良県史編集委員会編　名著出版　1984-99

『奈良県・指定文化財目録』　奈良県教育委員会文化財保存課編　奈良県教育委員会文化財保存課　2004
『奈良県地誌』　堀井甚一郎　大和史蹟研究会　1961
『奈良県の考古学』　小島俊次　吉川弘文館　1965
『奈良県の百年』　鈴木良編　山川出版社　1985
『奈良県の文化財』（増補改訂版）　奈良県教育委員会編　奈良県観光新聞社　1987
『奈良県の歴史』　永島福太郎　山川出版社　1971
『奈良県の歴史散歩』上・下　奈良県歴史学会編　山川出版社　1975
『奈良市内散歩28コース』　奈良県高等学校教科等研究会歴史部会編　山川出版社　2003
『奈良朝寺院の研究』（増補版）　福山敏男　綜芸社　1978
『奈良のあゆみ』　木村博一　奈良市　1968
『奈良の大仏——世界最大の鋳造物』　香取忠彦・穂積和夫　草思社　1981
『奈良の寺々』　太田博太郎　岩波書店　1982
『奈良町風土記』正・続編・続々編　山田熊夫　豊住書店　1976-88
『なら・まち・みらい』　上野邦一　世界建築博覧会協会　1992
『奈良六大寺大観』1-14　奈良六大寺大観刊行会編　岩波書店　1968-73
『南都七大寺の研究』　大岡實　中央公論美術出版　1966
『南都七大寺の歴史と年表』　太田博太郎　岩波書店　1979
『南都仏教史の研究』上・下　堀池春峰　法蔵館　1980・82
『日本古寺美術全集』1-25　太田博太郎ほか監修　集英社　1979-83
『日本古代宮都の研究』　岸俊男　岩波書店　1988
『日本古代の墓誌』　奈良国立文化財研究所飛鳥資料館編　奈良国立文化財研究所飛鳥資料館　1977
『日本城郭大系』10　村田修三ほか編　新人物往来社　1980
『日本史リブレット　古代都市平城京の世界』　舘野和己　山川出版社　2001
『日本地名伝承論』　池田末則　平凡社　1977
『日本の神々——神社と聖地』4　谷川健一編　白水社　1985
『日本の古寺美術』1-19・別巻　大橋一章ほか編　保育社　1986-91
『日本の古代遺跡4　奈良北部』　前園実知雄・中井一夫　保育社　1982
『日本の古代遺跡5　奈良中部』　寺沢薫・千賀久　保育社　1983
『日本の古代遺跡を掘る5　藤ノ木古墳——斑鳩に花開く東アジアの古代』　前園実知雄・白石太一郎　読売新聞社　1995
『日本の伝説13　奈良の伝説』　岩井宏美・花岡大学　角川書店　1976
『日本の民俗29　奈良』　保仙純剛　第一法規出版　1972
『日本名所風俗図絵9　奈良の巻』　平井良朋編　角川書店　1984
『日本歴史地名大系30　奈良県の地名』　池田末則・横田健一編　平凡社　1981
『発掘——奈良』（『国文学解釈と鑑賞』別冊）　坪井清足編　至文堂　1984
『発掘を科学する』　田中琢・佐原真編　岩波書店　1994
『平城京——その歴史と文化平成遷都1300年』　奈良県平城遷都1300年記念2010年委員会編　小学館　2001

『平城京の風景』　　千田稔　文英堂　1997
『平城宮跡資料館図録』　　奈良国立文化財研究所編　1997
『万葉の歌――人と風土』1-4　　　清原和義ほか　保育社　1985-86
『万葉の秀歌』上・下　　中西進　講談社　1984
『万葉の道』1-4　　扇野聖史　福武書店　1981-83
『大和・飛鳥考古学散歩』　　伊達宗泰　学生社　1996
『大和古寺大観』1-7　　岩波書店　1976-78
『大和志料』上・下(復刻)　　奈良県・斎藤美澄編　歴史図書社　1970
『大和国町村誌』(復刻)　　川井景一編　名著出版　1985
『大和の考古学』(図録)　　奈良県立橿原考古学研究所附属博物館編　奈良県立橿原考古学研究所附属博物館　1997
『大和の考古学50年――橿原考古学研究所の歩み』　　奈良県立橿原考古学研究所編　学生社　1988
『大和の考古学100年』　　奈良県立橿原考古学研究所編　由良大和古代文化研究協会　2002
『大和の古墳』1・2　　奈良県立橿原考古学研究所監修　人文書院　2003・06
『大和の古墳を語る』　　泉森皎ほか　臨川書店　1993
『大和の年中行事』(増補)　　山田熊夫ほか　大和タイムス社　1972
『大和を歩く――ひとあじちがう歴史地理探訪』　　奈良地理学会編　奈良新聞社　2000

【年表】

時代	西暦	年号	事項
旧石器時代			二上山周辺，サヌカイト材石器生産の中心となる
縄文時代	草創期・早期・前期		県東部山間地に，草創期の遺跡が出現（奈良市桐山・和田遺跡など）
	中期・後期		奈良盆地周辺部での遺跡がふえる（天理市布留遺跡など）
	晩期		橿原遺跡，最盛期を迎える
弥生時代	B.C.400		水稲耕作が伝わり，弥生文化が急速に広がる
			前期〜後期にわたって営まれる拠点的集落が各地に形成される（田原本町唐古・鍵遺跡，橿原市中曾司遺跡，天理市平等坊・岩室遺跡など）
	239		邪馬台国の女王卑弥呼，魏に朝貢
古墳時代	前期		奈良盆地南東部に，大王墓と考えられる大型前方後円墳が集中する（桜井市箸墓古墳・桜井市桜井茶臼山古墳など）
	372		百済王から倭王に，七支刀が贈られる
			奈良市佐紀古墳群西群で，大型前方後円墳の築造が始まる
	391		倭，百済・新羅を破り，高句麗と戦う（「好太王碑」）
	中期		奈良市佐紀古墳群東群・広陵町ほか馬見古墳群で，大型前方後円墳の築造が行われる。飛鳥盆地の開発始まる（明日香村飛鳥京下層遺跡など）
			この頃，技術者集団らが渡来する
	478		倭王武，宋に上表（『宋書』倭国伝）
	後期		県内各地で群集墳が形成される（橿原市新沢千塚古墳群など）
飛鳥時代	538	（欽明8）	百済から仏教が公伝する（『日本書紀』では552年とする）
	588	（崇峻元）	蘇我馬子，飛鳥で法興寺（飛鳥寺）の建立を始める
	593	（推古元）	聖徳太子，摂政となる。飛鳥地方に宮都が営まれる
	601	（ 9）	聖徳太子，斑鳩宮をつくる
	603	（ 11）	官位十二階制定
	604	（ 12）	憲法十七条制定
	607	（ 15）	法隆寺建立。小野妹子ら，隋に遣わされる
	613	（ 21）	難波から京までの大道がつくられる
	626	（ 34）	蘇我馬子没し，桃原墓に葬られる
	630	（舒明2）	犬上御田鍬ら，唐に遣わされる（第1回遣唐使）
	645	（大化元）	中大兄皇子・中臣鎌足ら，蘇我入鹿を殺害。蘇我蝦夷，自害
	646	（ 2）	大化改新の詔発布
	670	（天智9）	法隆寺焼失。全国的戸籍が作成される（庚午年籍）
	672	（天武元）	壬申の乱おこる。飛鳥浄御原宮に遷宮
	694	（持統8）	藤原京に遷都

	699	（文武3）	役小角，伊豆に流される
	701	大宝元	刑部親王・藤原不比等ら，大宝律令を完成させる
	708	和銅元	和同開珎が鋳造される
奈良時代	710	3	平城京に遷都
	716	霊亀2	大官大寺，平城京に移る（大安寺と改称）
	718	養老元	元興寺，平城京に移る
	723	7	興福寺内に施薬院・悲田院が建てられる
	729	天平元	長屋王の変。光明子，聖武天皇の皇后となる
	737	9	大倭国を改めて，大養徳国とする
	741	13	聖武天皇，恭仁京で朝政を摂る
	742	14	近江紫香楽（現，滋賀県甲賀市）に離宮をつくる
	743	15	墾田永年私財法・盧舎那仏造立の詔発布
	745	17	平城京に復都
	747	19	大養徳国を改めて，大倭国の旧名に戻す
	752	天平勝宝4	東大寺盧舎那仏（大仏）の開眼供養会が行われる
	754	6	唐僧鑑真ら，来日
	755	7	鑑真，東大寺に戒壇を設置
	756	8	聖武天皇の四十九日に，遺品が東大寺に納められる
	757	天平宝字元	養老律令施行。橘奈良麻呂の乱おこる
	759	3	唐招提寺建立
	764	8	藤原仲麻呂（恵美押勝）の乱おこる。孝謙天皇重祚し，称徳天皇となる
	768	神護景雲2	春日社創建
	784	延暦3	長岡京に遷都
平安時代	794	13	平安京に遷都
	809	大同4	平城天皇，平城京に戻る
	810	弘仁元	薬子の変おこる
	813	4	藤原冬嗣，興福寺南円堂を建立
	859	貞観元	春日社の春日祭始まる
	968	安和元	東大寺と興福寺，寺田をめぐって争う
	996	長徳2	藤原道長，春日社に参詣する
	1002	長保4	藤原道長，長谷寺に参詣する
	1007	寛弘4	藤原道長，金峯山蔵王権現に参詣する
	1050	永承5	興福寺の訴えにより，大和守源頼親を土佐国（現，高知県）に配流する
	1135	保延元	春日若宮社創建
	1136	2	春日若宮社の祭礼（おん祭）始まる
	1156	保元元	保元の乱おこる
	1158	3	平清盛，大和国知行国主になる
	1159	平治元	平治の乱おこる

年表　287

	1180	治承4	平重衡，南都を攻めて東大寺・興福寺を焼く
	1185	文治元	平氏滅亡。源義経，吉野山に潜伏する
	1188	4	興福寺金堂・南円堂上棟
鎌倉時代	1192	建久3	源頼朝，征夷大将軍となり，鎌倉に幕府を開創
	1195	6	東大寺再建，落慶供養会に後鳥羽上皇・源頼朝ら参列
	1203	建仁3	運慶・快慶ら，東大寺南大門金剛力士像を制作
	1206	建永元	興福寺衆徒，源空らが念仏を唱えて他宗を排撃するのを朝廷に訴える
	1209	承元3	後鳥羽上皇，大野寺石仏供養に臨幸する
	1213	建保元	貞慶(解脱上人)，死去
	1219	承久元	長谷寺焼失
	1221	3	承久の乱おこる
	1225	嘉禄元	金峯山蔵王堂焼失。金峯山衆徒と高野山衆徒が争う
	1236	嘉禎2	幕府，大和国に守護職をおくが，すぐに廃止する
	1274	文永11	蒙古襲来(文永の役)
	1278	弘安元	叡尊，伊勢神宮・石清水神宮に異国降伏を祈る
	1281	4	蒙古襲来(弘安の役)
	1285	8	興福寺，大和国の悪党についての落書(無記名投票)を住民に行わせる
	1287	10	この頃竜田・八木などの町場が発達
	1290	正応3	叡尊，死去
	1301	正安3	悪党ら，春日社に乱入して神鏡を奪う。この頃，興福寺大乗院門跡郷(現，奈良市)に南市が開かれ，一条院門跡郷(現，奈良市)の北市に並ぶ
	1304	嘉元2	幕府，興福寺衆徒の訴えで，大和国内の地頭職を廃止する
	1308	延慶元	西園寺公衡，『春日権現験記絵』を春日社に奉納する
	1322	元亨2	越智四郎，楠木正成に敗れる
	1331	元弘元 元徳3	後醍醐天皇，京都から笠置山に逃れる
	1332	2 正慶元	護良親王，吉野で挙兵する
	1334	建武元	建武の新政
南北朝時代	1336	延元元 建武3	後醍醐天皇，吉野に移る(南北朝分裂)
	1344	興国5 康永3	本願寺存覚上人，吉野郡秋野河坊舎に下向する
	1348	正平3 貞和4	高師直，吉野行宮・蔵王堂などを焼く。後村上天皇，賀名生に移る
	1351	6 観応2	興福寺大乗院・一乗院両門跡門徒が争う

	1361	正平16 康安元	大地震,大和に被害が出る
	1362	17 貞治元	この頃,大和東山中の染田天神連歌会が始まる
	1373	文中2 応安6	長慶天皇,摂津(現,大阪府)から吉野へ戻る
	1378	天授4 永和4	興福寺衆徒,十市遠康討伐を強訴する。翌年,幕府大軍が下向する
	1382	弘和2 永徳2	春日社焼失。興福寺大乗院・一乗院両門跡が和睦する
	1385	元中2 至徳2	足利義満,二条良基らと春日社に参詣する
室町時代	1392	9 明徳3	後亀山天皇,京都へ戻る(南北朝の合一)
	1395	応永2	信貴山本堂焼失
	1399	6	興福寺金堂供養が行われる
	1408	15	興福寺衆徒筒井順覚,大和国民箸尾為妙と戦う
	1411	18	興福寺東金堂・五重塔などが雷火で焼失
	1416	23	興福寺東金堂が復興する
	1426	33	興福寺五重塔が復興する
	1428	正長元	徳政一揆,西大寺付近でおきる(正長の土一揆)
	1430	永享2	永享の大和合戦(～40年)
	1435	7	筒井順弘,還俗して筒井氏の惣領となる
	1441	嘉吉元	越智家栄,河内国守護畠山持国のたすけで故地を回復する
	1446	文安3	東大寺戒壇堂が焼ける
	1447	4	興福寺衆徒,東大寺僧坊をこわす
	1451	宝徳3	徳政一揆,元興寺金堂・興福寺大乗院を焼く
	1453	享徳2	長谷寺・多武峯妙楽寺が遣明船派遣
	1457	長禄元	播磨国守護赤松氏の遺臣,北山・川上両郷(現,下北山村・川上村・上北山村)に入り,南朝皇子を殺害し,神璽の奪還を謀る
	1458	2	興福寺大乗院,徳政要求と年貢未進のため,布留郷を討伐する
	1461	寛正2	興福寺大乗院尋尊,春日若宮祭の田楽頭役の費用を大乗院領に賦課する。こののち領民の抵抗が続く
	1465	6	足利義政,南都を巡覧し,正倉院で蘭奢待を切り取る
	1467	応仁元	応仁の乱がおこる。大和の衆徒・国民も分立
	1468	2	一条兼良,応仁の乱のため奈良に下向する
	1471	文明3	壺阪寺が焼ける
	1472	4	一条兼良,奈良で『花鳥余情』を著述する
	1479	11	古市澄胤,越智家栄・筒井順尊を破る

	1481	文明13	興福寺衆徒，奈良の一向宗徒を攻略する
	1482	14	幕府，長谷寺衆徒に畠山義就を討たせる
	1485	17	大和惣百姓ら，徳政令発布を要求する
	1490	延徳2	古市澄胤，大和に徳政を行う
	1497	明応6	筒井党，古市澄胤を白毫寺に攻め，講堂を焼く。澄胤が率いる一揆，長谷寺に徳政を要求する。山城南方の一揆，奈良を攻めて翌年におよぶ
	1499	8	細川政元被官の赤沢朝経，大和に侵攻し，筒井順盛らを破り奈良に転戦し，法華寺・西大寺を焼く
	1500	9	古市澄胤，大和に徳政を行う
	1509	永正6	大和に土一揆がおこる
	1532	天文元	大和一向宗徒と興福寺衆徒が戦い，興福寺焼失
	1541	10	この頃，今井兵部，浄土真宗の道場を開き，今井寺内町（現，橿原市）をつくる
	1544	13	筒井順昭，小柳生城を攻める
	1545	14	十市遠忠，死去。十市氏は筒井党に入る
	1546	15	筒井順昭，貝吹城を開城する
	1547	16	筒井順昭，箸尾城を開城する
	1559	永禄2	松永久秀，信貴山城から大和に入り，国中を攻め立てる
	1560	3	松永久秀，眉間寺を西方に移し，多聞山城を築く
	1563	6	松永久秀，多武峯妙楽寺を攻め敗退する
	1565	8	松永久秀，筒井順慶の筒井城を陥れる。ルイス・デ・アルメイダ，奈良から十市城を経て，宇陀郡沢城主の高山飛騨守を訪れる
	1566	9	筒井順慶，多聞山城を攻略
	1567	10	松永久秀，三好三人衆を東大寺に破る。大仏が兵火にかかる
	1568	11	織田信長，入京。松永久秀をたすけ大和の平定を図る
	1571	元亀2	松永久秀，辰市城に筒井順慶を攻めて大敗する
	1573	天正元	室町幕府滅亡。松永久秀，多聞山城を織田信長に明け渡す
安土・桃山時代	1574	2	明智光秀，多聞山城番に入る。織田信長，正倉院で蘭奢待を切り取る
	1576	4	織田信長，筒井順慶を大和国守護とする
	1577	5	松永久秀，織田勢に信貴山城を攻められて自害
	1578	6	筒井順慶，吉野の一向衆徒を攻撃。郡山城の築城始まる
	1580	8	筒井順慶，大和国中諸寺の梵鐘を徴発して鉄砲をつくる。織田信長，郡山城をのぞく大和諸城の破壊と，指出検地の実施を命じる
	1582	10	本能寺の変。筒井順慶，奈良に撰銭令を出す
	1584	12	筒井順慶，死去
	1585	13	筒井定次，伊賀上野に国替え（1608年改易）。羽柴秀長，郡山城

		主になる
1587	天正15	羽柴秀長，郡山の座を禁止し，奈良での味噌・酒・木材の商売を禁じ，郡山で行わせる。秀長，十津川郷で検地を実施する
1588	16	羽柴秀長，多武峯大織冠を郡山に遷す
1591	19	羽柴秀長，死去。養子秀保，郡山城主となる
1594	文禄3	豊臣秀吉・秀次ら，吉野山で花見をする
1595	4	増田長盛，郡山城主となる。大和惣国検地を実施（太閤検地）
1600	慶長5	関ヶ原の戦い。増田長盛，追放され，大久保長安，大和国の代官となる
1601	6	片桐且元が平群郡竜田に，桑山一晴が葛下郡布施に，桑山元晴が葛上郡御所に所領を与えられる

江戸時代

1603	8	江戸幕府が開かれる。幕府，奈良町の町割を行い，惣年寄制を実施
1608	13	松倉重政，二見城主となる。暴風雨で南都に被害が出る
1611	16	初瀬川決壊，三輪付近で洪水となり田畑1万石が損亡
1613	18	中坊秀政，奈良奉行となる
1614	19	筒井領東山中10カ村一揆。大坂冬の陣
1615	元和元	大坂夏の陣。水野勝成，郡山城主となる。織田信雄，宇陀松山城主となる
1619	5	松平忠明，郡山城主となる。織田長政，戒重に陣屋を築く
1623	9	南都で大火，1300余戸焼失。片桐貞隆が小泉に陣屋を築く
1634	寛永11	幕府，奈良町の地子を免除。今井札が初めて流通
1636	13	柳生宗矩，大名に列せられる
1639	16	本多政勝，郡山城主となる
1640	17	植村家政，高取城主となる
1648	慶安元	平野長勝，田原本に陣屋を築く
1656	明暦2	円照寺，添上郡八島村に移る
1663	寛文3	片桐貞昌，小泉に慈光院を建立する
1664	4	南都代官所が設置される
1665	5	片桐貞昌，4代将軍家綱の点茶師匠となる
1666	6	『和州南都之図』『和州社寺記』刊行
1669	9	郡山大火，200余戸焼失
1671	11	郡山城主本多政勝，死去。九六騒動がおこる
1675	延宝3	『南都名所集』刊行
1677	5	延宝検地が実施される
1679	7	松平信之，郡山城主になる
1681	9	『大和名所記（和州旧蹟幽考）』刊行
1684	貞享元	松尾芭蕉，大和路を巡遊する。
1685	2	本多忠平，郡山城主となる
1687	4	『奈良曝』刊行

1692	元禄5	東大寺大仏の開眼供養会が行われる
1695	8	松山城主織田氏,丹波国柏原に移封される
1696	9	戒重藩,藩校遷喬館を設立する
1701	14	葛上郡吐田郷8カ村と河内国石川郡25カ村の水越峠の水論で吐田郷側が勝つ
1704	宝永元	南都で大火,45町が焼ける
1705	2	丹波市で大火。大和の百姓が大和川舟問屋を,大和川剣先船賃の引き上げに反対して訴える
1707	4	宝永地震,大和の幕府領内で潰家3000余軒
1709	6	東大寺大仏殿再建,落慶供養会が行われる
1717	享保2	興福寺焼失
1724	9	柳沢吉里,甲府藩から郡山藩へ移封される
1728	13	宇智郡大沢村(現,五條市)百姓平右衛門,吉備真備の母楊貴氏の墓銘碑を発掘する
1729	14	幕府採薬使植村佐平次,大和で採薬する。森野藤助,宇陀松山に薬草園を開く
1735	20	『奈良坊目拙解』刊行
1736	元文元	『大和志』刊行
1740	5	金剛山・葛城山付近に豪雨。御所で700余戸が流出,死者200余人
1745	延享2	戒重藩が陣屋を式上郡芝村(現,桜井市)に移し,芝村藩と改称
1753	宝暦3	芝村騒動がおこる
1754	4	郡山の紺屋仲間が成立
1756	6	奈良奉行所,綿問屋仲間を許可
1762	12	奈良で大火,3000余戸焼失。大和絣の創始者浅田操,『家用遺言集』を著す
1768	明和5	芝村藩領の農民,年貢減免を求めて大庄屋宅を打ちこわす。各地で騒動おこる
1772	9	本居宣長,吉野から飛鳥を調査し,『菅笠日記』を著す
1773	安永2	大和国油屋仲間が成立。この頃,赤膚焼おこる。
1777	6	郡山で米騒動がおこる
1783	天明3	奈良に薬種屋・合薬屋仲間成立
1791	寛政3	『大和名所図会』刊行
1802	享和2	式下郡法貴寺村(現,田原本町)で百姓一揆。柳本藩領の農民,柳本陣屋へ強訴
1811	文化8	初瀬川決壊,「初瀬流れ」がおこる
1815	12	布留川決壊,丹波市村(現,天理市)・宮堂村(現,大和郡山市)に被害。上市・下市・五条(現,五條市)にも被害
1818	文政元	吉野郡竜門郷(現,吉野町・宇陀市の一部)で百姓一揆おこる
1823	6	八木・今井で打ちこわしおこる

	1830	天保元	各地で御蔭参りが流行
	1838	9	中山みき，天理教の布教を始める
	1841	12	郡山藩などで天保の改革が推進される
	1853	嘉永6	吉田松陰ら，五條の森田節斎を訪問。谷三山，尊王攘夷を田原本藩に献策
	1854	7	大地震，各地に被害が出る
	1862	文久2	戸田大和守，山陵奉行に任じられる
	1863	3	高市郡のミサンザイ，神武天皇陵に比定される。孝明天皇，攘夷祈願のため，神武天皇陵行幸を宣布。天誅組，五條代官所をおそい，代官らを殺害。宇智郡五条・新町・須恵各村（いずれも現，五條市）の農民，天誅組の乱後の生活保障を要求して騒動
	1864	元治元	吉野・宇智・葛上・宇陀・高市の5郡405カ村農民，五條代官所の再建に反対して訴訟。十津川郷（現，十津川村）に郷学の文武館が開設される
	1866	慶応2	添下郡藤ノ木村・中村（ともに現，奈良市），奈良町・今井・高田・御所・丹波市などで打ちこわしがおこる
	1867	3	奈良・三輪・高田などで「ええじゃないか」がおこる。王政復古の大号令
明治時代	1868	明治元	1月に大和鎮台設置，まもなく大和国鎮撫総督府となり，5月に奈良県が設置（旧幕府領・十津川郷をのぞく）される。生駒谷11カ村農民，年貢平等化を要求して一揆（矢野騒動）。神仏分離令発令，これ以後，奈良県内の社寺を廃仏毀釈の嵐が吹き荒れる
	1869	2	郡山藩ほか7藩，版籍奉還し，知藩事が任命される
	1870	3	五條県設置（宇智・吉野両郡，河内国石川郡・錦部郡，紀伊国伊都郡を含む）
	1871	4	廃藩置県により，大和国内に15県成立。賤称廃止令（解放令）布告，以後，被差別部落の分村独立，祭礼参加などの動き活発。大和一国を管轄する奈良県成立。奈良・郡山など20カ所に郵便役所・郵便取扱所設置
	1872	5	県内最初の新聞『日新記聞』発行
	1873	6	第一大屯所（警察署の前身），奈良角振町（現，奈良市）に設置
	1875	8	東大寺大仏殿回廊で，第1回奈良博覧会が開催される
	1876	9	奈良県，堺県に合併される
	1877	10	明治天皇，大和行幸。小学校教員伝習所「寧楽書院」（現，奈良教育大学），興福寺内に設置
	1879	12	郡山（現，大和郡山市）で，第六十八国立銀行が開業する
	1880	13	奈良公園が開設される
	1881	14	堺県，大阪府に合併。大和国も大阪府の管轄となる。宇智郡五

			條村で自由親睦会が結成される。大和全国自由懇親会，葛下郡高田村(現，大和高田市)で開催される。奈良県再設置運動に向けた初の有志会が田原本でもたれる
	1883	明治16	今村勤三，太政大臣三条実美に「大和一国ヲ大阪府ノ管下ヨリ分テ別ニ一県ヲ立ルヲ請フ願書」を提出。電信分局，奈良町に設置される
	1884	17	フェノロサ，岡倉天心らと旧大和国の古社寺を調査する
	1887	20	奈良県再設置，税所篤が県知事に命じられる
	1888	21	第1回県会，東大寺回廊で始まる。県内最初の日刊新聞『養徳新聞』発刊。奈良県尋常師範学校(現，奈良教育大学)開設
	1889	22	吉野郡十津川村(現，十津川村)で大水害発生。十津川村，北海道への移住開始
	1890	23	橿原神宮が創建される。奈良・王寺間に大阪鉄道開通
	1892	25	王寺・湊町間の鉄道開通，大阪と奈良が結ばれる
	1893	26	郡山紡績株式会社設立
	1894	27	奈良電灯会社，奈良町の170余戸に電力供給開始
	1895	28	帝国奈良博物館(現，奈良国立博物館)開設
	1896	29	大和紡績株式会社設立。奈良・木津間に鉄道が開通，京都と奈良が結ばれる(奈良鉄道)
	1897	30	古社寺保存法により，国宝60点・特別保護建造物19棟指定。郡制施行，奈良県10郡となる
	1898	31	奈良町に県内最初の市制施行
	1899	32	県内最初の全県的部落改善運動団体「大和同心会」結成
	1905	38	高市郡教育博物館(現，橿原市)，今井町に開設
	1908	41	奈良市内に電話開通。陸軍特別大演習開始，天皇，奈良に行幸
	1909	42	奈良連隊(歩兵第53連隊)，奈良市高畑町に設置。奈良女子高等師範学校(現，奈良女子大学)開設。県立戦捷紀念図書館(現，県立奈良図書館)開館。『大和人物史』刊行
	1910	43	平城遷都1200年祭実施
	1911	44	奈良ガス会社，650余戸にガス供給開始
大正時代	1912	大正元	大和同志会創立大会開催(機関誌『明治之光』創刊)
	1913	2	棚田嘉十郎・溝辺文四郎ら，奈良大極殿阯保存会設立
	1914	3	奈良・大阪間の電車開通(大阪電気軌道〈現，近畿日本鉄道〉)。『大和史料』刊行
	1918	7	県内各地で米騒動発生。生駒山の鳥居前・宝山寺前間に日本最初のケーブルカー開業(現，生駒ケーブル)
	1920	9	新婦人協会の平塚らいてう，来県。奈良女子高等師範学校で懇親会に出席
	1922	11	奈良県水平社創立大会開催。平城宮跡が国の史跡に指定される
	1923	12	水平社と国粋会の争闘事件が発生

	1925	大正14	日本農民組合奈良県連合会結成。歩兵第53連隊廃止,その後に歩兵第38連隊が移駐する
昭和時代	1928	昭和3	西光万吉・木村京太郎ら,三・一五事件で検挙。天理研究会,不敬罪で弾圧。西大寺・京都間に電車開通
	1929	4	吉野山ロープウェイ開通
	1932	7	治安維持法違反容疑で,県内の労働・農民運動家一斉検挙(八・三〇事件)
	1933	8	県融和教育研究会発足
	1934	9	1県1行で各銀行合併,南都銀行発足
	1936	11	紀元二千六百年記念事業県期成会結成。吉野熊野国立公園を指定
	1940	15	橿原神宮などで紀元二千六百年奉祝式典が行われる
	1941	16	1県1紙制により『奈良日日新聞』創刊。奈良帝室博物館,正倉院・博物館の防空方針決定(東京帝室博物館の重要美術品を奈良に移送)。太平洋戦争開始
	1943	18	各社寺の文化財疎開始まる
	1944	19	柳本(現,天理市)に海軍飛行場完成。県内婦人・学生団体勤労奉仕,朝鮮人を強制労働。大阪の国民学校より集団疎開学童を受け入れる
	1945	20	奈良県立医学専門学校(現,奈良県立医科大学)開設。県内各所で空襲。敗戦により,アメリカ軍奈良へ進駐。
	1946	21	国鉄(現,JR)奈良駅前で復活メーデー。部落解放委員会奈良県連合会を結成
	1948	23	大和高田市市制施行
	1949	24	法隆寺金堂壁画,火災により焼失。奈良女子高等師範学校・奈良師範学校,奈良女子大学・奈良学芸大学として開学
	1950	25	奈良県同和問題研究所開設
	1952	27	奈良県同和教育研究会結成。奈良県立医科大学(新制)開校。奈良文化財研究所開設
	1954	29	大和郡山市・天理市市制施行
	1956	31	橿原市・桜井市市制施行。吉野川分水,奈良盆地へ導入
	1957	32	五條市市制施行。部落解放同盟奈良県連合会結成
	1958	33	御所市市制施行。県内の婦人団体統一し,県地域婦人団体連絡協議会結成。金剛生駒国定公園を指定,阪奈道路全通
	1959	34	奈良国立文化財研究所,平城宮跡の発掘調査開始
	1960	35	風屋ダム完成。大和文華館開設
	1961	36	台風18号による県内の被害大
	1964	39	池原ダム完成
	1966	41	古都における歴史的風土の保存に関する特別措置法制定,国および県,歴史的風土保存区域を指定する

	1967	昭和42	藤原宮跡より「郡評論争」にかかわる木簡出土
	1968	43	平城宮東院跡保存のため,奈良バイパス予定ルートを変更。県文化会館開館。県立奈良図書館,文化会館内に移転
	1969	44	西名阪道路全区間開通。奈良国立文化財研究所,藤原宮跡の発掘調査開始
	1971	46	生駒市市制施行
	1972	47	明日香村の高松塚古墳で,極彩色壁画発見
	1973	48	奈良県人口100万人を突破。県立美術館開館
	1975	50	奈良国立文化財研究所飛鳥資料館,一般公開
	1976	51	薬師寺,金堂の落慶法要を挙行
	1977	52	県文化財保護条例制定
	1978	53	奈良国立文化財研究所・元興寺文化財研究所,埼玉県稲荷山古墳出土鉄剣の115文字を解読。春日若宮おん祭神事芸能,国の重要無形文化財に指定
	1979	54	奈良市此瀬町で太安万侶の墓誌が発見される
	1980	55	唐招提寺鑑真和上像,1200年ぶりに中国へ里帰りする。明日香村保存特別立法施行。東大寺,大仏殿昭和大修理落慶法要を挙行
	1981	56	薬師寺西塔再建。明日香村水落遺跡で時計台遺構出土
	1982	57	奈良史跡文化センター完成。桜井市山田寺跡の回廊の一部出土
	1983	58	県社会教育センター開所。明日香村キトラ古墳で,彩色壁画発見
	1984	59	第39回国民体育大会夏季・秋季大会,第20回全国身体障害者スポーツ大会開催。吉野郡天川村の大峯山寺本堂地下から純金仏2体が出土
	1985	60	生駒郡斑鳩町法隆寺の藤ノ木古墳から,朱塗りの石棺・金銅製の鞍や馬具の部品が出土
	1986	61	県女性センター開所
	1987	62	県新公会堂完成。県,置県百年記念式典を挙行。桜井市上之宮遺跡で,聖徳太子の上宮とみられる建物遺構出土
	1988	63	「なら・シルクロード博」開会。多数の木簡とともに,長屋王邸宅跡が発掘される。県立橿原考古学研究所,藤ノ木古墳出土石棺を開棺,2体の人骨や金銅製の沓・冠などを発見
平成時代	1989	平成元	東大寺南大門の金剛力士像の解体修理開始
	1991	3	田原本町の唐古・鍵遺跡で,楼閣を描いた弥生土器出土。香芝市市制施行
	1992	4	関西文化学術研究都市の奈良先端科学技術大学院大学に,一期生が入学
	1993	5	県教育研究所開所。法隆寺など,ユネスコの世界文化遺産(「法隆寺地域の仏教建造物」)に登録される

1996	平成8	藤原京の西京極大路を橿原市土橋遺跡で，東京極大路を桜井市上之庄遺跡で発見
1998	10	天理市黒塚古墳から大量の三角縁神獣鏡出土。台風7号が県内を直撃，室生寺五重塔などに被害。東大寺など，ユネスコの世界文化遺産(「古都奈良の文化財」)に登録される
1999	11	『天武紀』で「白錦後苑」と推定される，飛鳥京跡苑池遺構出土
2000	12	明日香村酒船石遺跡で，亀形の石造物など出土
2001	13	明日香村キトラ古墳で，デジタルカメラを使い，石槨南壁の朱雀の壁画を確認
2002	14	明日香村キトラ古墳で，獣頭人身像の壁画発見
2003	15	明日香村石神遺跡で，最古の暦(689年)を記した木簡出土
2004	16	吉野・大峰など，ユネスコの世界文化遺産(「紀伊山地の霊場と参詣道」)に登録される。明日香村島庄遺跡で蘇我馬子邸とみられる建物遺構出土。明日香村キトラ古墳壁画のはぎ取り修復が決定。葛城市市制施行
2005	17	明日香村甘樫丘東麓遺跡で，蘇我蝦夷・入鹿邸とみられる建物遺構出土。県立図書館，奈良市大安寺町に移転
2006	18	飛鳥資料館春期特別展「キトラ古墳と発掘された壁画たち」で，キトラ古墳壁画「白虎」展示。宇陀市市制施行
2007	19	明日香村，キトラ古墳壁画「朱雀」の剥ぎ取り終了。明日香村，高松塚古墳の石室解体作業が行われる
2008	20	明日香村甘樫丘東麓遺跡で倉庫とみられる建物跡を確認。明日香村檜隈寺跡から金銅仏の手が出土
2009	21	桜井市纒向遺跡で3世紀前半の大型建物跡が見つかる。桜井茶臼山古墳再調査される
2010	22	平城遷都1300年記念事業が催される
2011	23	台風12号に伴い，十津川村など県南部で豪雨災害を受ける
2012	24	薬師寺東塔(国宝)の解体修理が始まる
2014	26	第34回「全国豊かな海づくり大会～やまと～」が開催される
2015	27	明日香村の小山田遺跡で，飛鳥地域最大級の方墳が発見される

【索引】

―ア―

閼伽井(若狭井)屋	30, 31
赤土山古墳	204
秋篠寺	83-85
飽波神社	175, 177, 186
足形石(大石・王石)	165
飛鳥寺(法興寺)	48, 246, 247
穴師坐兵主神社	233, 234
油掛地蔵	184
安倍寺跡	241, 242, 245
安倍文殊院	7, 241-245
阿部・六ノ坪遺跡	244
阿弥陀寺	44
阿弥陀浄土院跡	71
荒蒔古墳	208, 209
在原神社	205
在原業平	65, 122, 128, 205, 206
安堵町歴史民俗資料館	174, 177
安養寺(磯城郡田原本町)	47, 194
安養寺(奈良市)	46

―イ―

池神社	193
池之内古墳群	245
往馬大社(往馬坐伊古麻都比古神社)	146
生駒山	14, 16, 19, 147, 150
率川神社	43, 44
伊射奈岐神社(柳本神社)	222, 223
石位寺	253, 254
石のカラト古墳	81, 82
依水園	32
出雲建雄神社(石上神宮摂社)	214
石上神宮	212-216
市庭古墳(平城天皇楊梅陵)	80
櫟本高塚遺跡	204
櫟本分署跡参考館	207
糸井神社	181-183, 185
今西家書院	52
岩室池古墳	208, 209

―ウ―

殖槻寺跡	155
植槻八幡神社	156
上之宮遺跡	243, 244
鶯塚古墳	33
歌姫瓦窯跡	82
内山永久寺跡	216
烏土塚古墳	129
宇奈多理座高御魂神社	71, 76
采女神社	10
馬見丘陵公園	138, 140
ウワナベ古墳	81
芸亭伝承地	66

―エ―

永慶寺	160
叡尊	7, 19, 38, 52, 68, 69, 86-88, 172, 173
恵比須神社	232
円照寺	58, 113
円証寺(生駒市)	144
円証寺(奈良市)	172
円照寺墓山古墳群	59
役小角(役行者)	126, 145
円福寺(生駒市)	147, 148
円福寺(奈良市)	74
円楽寺跡	142

―オ―

庵治遺跡	209
王龍寺	97, 99
多神社(多坐弥志理都比売神社)	197
大直禰子神社(若宮社)	231
大塚山古墳群	136, 137
粟原寺跡	253, 254
大神神社	43, 212, 218, 226-233, 240, 246
大和(萱生)古墳(群)	219, 220
大和神社	217-219
岡倉天心	111
押熊瓦窯跡	82
乙木・佐保庄遺跡	216

乙女山古墳	140
小墓古墳	216
帯解寺	7, 56-58
音如ヶ谷瓦窯跡	82

—カ—

海龍王寺	7, 67-69
鏡神社	18
鏡作伊多神社	161
鏡作神社	194
額安寺	172, 173
笠山坐神社	258
春日社(奈良市法華町)	68
春日神社(大和郡山市)	165
春日大社(春日神社)	4-6, 9, 10, 12-14, 16-18, 20, 41, 42, 170
春日大社神苑(万葉植物園)	13
春日率川坂上陵(開化天皇陵古墳)	42
春日山原始林	9, 13
春日若宮おん祭	12, 13, 15, 42, 219
片岡神社	135, 136
片丘馬坂陵(孝霊天皇陵)	136
片岡春利の墓	135
片桐且元	69, 139, 167
片桐貞昌(石州)	167, 168
金屋の石仏	226, 227, 231
上街道(上ツ道)	47, 49, 56, 58, 205, 207, 216, 217, 226, 239, 240, 247
上宮遺跡	118
茅原大墓古墳	239
唐古・鍵遺跡	191-194
唐古・鍵考古学ミュージアム	192
カラブロ(法華寺)	70
川合大塚山古墳	136, 137
川合城山古墳	136, 137
河瀬家住宅	63
願興寺跡	204
元興寺(極楽坊, 中院町)	7, 9, 48, 49
元興寺(塔跡, 芝新屋町)	49, 50
元興寺小塔院跡	50
漢国神社	41, 43
鑑真	7, 31, 44, 91-93
観音寺(生駒郡三郷町)	133
観音寺(桜井市)	251

—キ—

喜光寺	87-89
北山十八間戸	35-37, 187
吉田寺(ぽっくり寺)	121
杵築神社(磯城郡田原本町)	193
杵築神社(生駒郡平群町)	128
杵築神社(磯城郡三宅町伴堂)	186, 187
杵築神社(磯城郡三宅町屏風)	186, 187
狐塚古墳	239
吉備池廃寺跡	247
吉備内親王墓	123
久安寺	132
旧岩本家住宅	163
旧臼井家住宅	163
旧大乗院庭園	50, 51
旧東谷家住宅(光月亭)	70
旧吉川家住宅	163
京街道	34, 35, 49
行基	4, 22, 27, 37, 54, 58, 89, 101, 124, 143, 147, 150
行基墓	147
金勝寺	124, 125

—ク—

空海(弘法大師)	42, 61, 102, 145, 197, 224
岬墓古墳	243, 244
櫛山古墳	204, 224
九僧塚古墳	137
暗越え奈良街道(大坂街道)	42, 149
暗峠	128, 149
倉橋溜池	254
倉梯岡陵(崇峻天皇陵)	247
黒田大塚古墳	196
黒塚古墳	223

—ケ—

景行天皇陵古墳(渋谷向山古墳)	222, 224, 234, 237
慶田寺	240

索引　299

源九郎稲荷神社	158
玄賓庵	232, 233

── コ ──

小泉大塚古墳	169
小泉城跡	166
小泉神社	167, 168
孝謙天皇(称徳天皇)	22, 73, 85, 88, 92, 118
光専寺	170
興善寺	53
光伝寺	156
弘仁寺(高樋の虚空蔵さん)	61
興福寺	4-10, 12-15, 21, 40, 41, 43, 45, 48, 49, 51, 53, 60, 65, 69, 74, 89, 113, 114, 133, 136, 141, 162, 166, 169, 179, 181, 187, 217, 218, 224, 231, 246, 250
興福寺国宝館	6, 8, 9
興福寺五重塔	4-6, 8-10, 16, 19
興福寺三重塔	5, 6, 8, 10
興福寺中金堂	6, 9
興福寺東金堂	4-6, 8, 9
興福寺南円堂	4-6, 8-10, 18
興福寺北円堂	4-8
光明皇后(皇太后)	4, 18, 22, 68-71, 85, 92, 158
光明寺	173
光林寺	184
高林寺	47
郡山城跡	154, 155
黄金塚古墳	59
極楽寺(生駒郡安堵町)	174, 178, 179
極楽寺(天理市)	205, 206
五劫院	34-36
興山往生院	148
五社神古墳(神功皇后狭城盾列池上陵)	78
五智堂(傘堂, 真面堂)	222
コナベ古墳	81
小白水の碑	167
駒塚古墳	118
御霊神社	48, 49
コロコロ山古墳	244
金躰寺	53
金春屋敷跡	196
興福院	64
金輪院(小泉の庚申さん)	168

── サ ──

西安寺跡	136
西岳院	169
西光院	46
狭井神社	228, 230, 232
西大寺	7, 19, 38, 52, 56, 65, 69, 85-88
西方寺	41
西隆寺跡	73
狭岡神社	66
佐紀石塚山古墳(成務天皇狭城盾列池後陵)	79
佐紀古墳群(佐紀盾列古墳群)	78, 79
佐紀神社(東・西)	74
佐紀高塚古墳(称徳天皇高野陵)	79, 85
佐紀陵山古墳(垂仁天皇皇后日葉酢媛命狭木之寺間陵)	79
桜井市立埋蔵文化財センター	239, 240, 248
桜井茶臼山古墳	237, 240, 252, 253
佐保山南陵(聖武天皇陵)	62, 63
佐保山東陵(光明皇后陵)	62, 63
佐味田狐塚古墳	140
佐味田宝塚古墳	140
猿沢池	9, 10, 12, 15, 42, 48, 49
猿田彦神社(道祖神社)	49
三条通り	9, 10, 12, 42, 43, 45, 48, 49, 149

── シ ──

塩塚古墳	80
志賀直哉旧居	16
信貴山城跡	132
志貴御県坐神社	227
慈光院	168
芝遺跡	240
芝村藩陣屋	240
地福寺	173
柿本寺跡	203
島の山古墳	182-184

下池山古墳	219, 220
下ツ道(跡)	77, 80, 161, 162, 189
十三塚	127, 128
十三峠	128
十輪院	52, 53
春岳院	157, 160
順慶堤	170
俊乗坊重源	22-24, 26-28, 34, 36, 69, 70
浄慶寺	158
浄照寺	189, 190
正倉院	14, 15, 24, 32
聖徳太子	48, 55, 58, 106-108, 110-116, 118, 120, 130, 133-137, 144, 168, 172, 177, 178, 184-186, 193, 196, 244
称念寺	47
松伯美術館	100
成福寺	118
称名寺(獨盧庵, 珠光庵)	40, 41, 49, 141
聖武天皇(上皇)	4, 18, 21, 22, 28, 31, 32, 37, 54, 58, 72, 80, 85, 89, 92, 97, 101, 111, 143
正暦寺	59, 60
聖林寺	246, 247
浄瑠璃寺	7
新薬師寺	7, 16-18
秦楽寺	196, 197

― ス ―

菅田遺跡	209
菅原天満宮	89
菅原伏見西陵(安康天皇陵)	90
杉山古墳	55, 56
崇神天皇陵古墳(行燈山古墳)	222-224, 237
崇道天皇社	53, 54
崇道天皇陵(八嶋陵)	54, 59
頭塔石仏	16, 17
相撲神社	234

― セ ―

石仏寺	149
千光寺	125, 126
千体寺	159

善福寺(天理市)	204
善福寺(大和郡山市)	167
千万院	193

― ソ ―

宗延寺	157
添御縣坐神社	80
蘇我馬子	48
杣之内古墳群	215

― タ ―

大安寺	7, 55, 56
太子道	183, 185
大納言塚	159, 160
大日本紡績郡山工場の石碑	157, 159
大福遺跡	240, 248
大福寺	180
大宝寺	174
平重衡	5, 22, 33, 35, 37, 45, 51, 57, 60
高瀬街道	207
高円山	19, 20
高安山	132
高山城跡	141
高山竹林園	142
高山塚1号古墳(中良塚)	137
高山八幡宮	141, 142
竜田公園	122
龍田神社	120-122, 132
龍田大社	120, 132, 133, 138, 139, 146
谷首古墳	243
珠城山古墳群	234
手向山神社(手向山八幡宮, 東大寺八幡宮)	30, 33, 34
達磨寺	133-135
達磨寺境内古墳群	134
談山神社	247, 248, 250, 251
誕生寺	47

― チ ―

竹林寺(生駒市)	146, 147, 173
竹林寺(桜井市)	258
竹林寺古墳	147
中宮寺	58, 112, 113, 116, 136, 175

長岳寺(釜口大師)	224
長弓寺	143, 144
朝護孫子寺(信貴山寺)	130, 131
調子丸古墳	118
長福寺	144, 145
長林寺	138

――― ツ ―――

塚穴山古墳	215
津島神社	190, 191
筒井順慶	44, 62, 144, 155, 170-172, 174, 175
筒井順慶の墓(五輪塔覆堂)	171, 172
筒井城跡	169
綱越神社	232
椿井井戸	123
海柘榴市観音堂	227
ツボリ山古墳	126

――― テ ―――

伝香寺	43, 44
天神山古墳	223
天王山古墳	254
天理市立黒塚古墳展示館	223
天理市立埋蔵文化財センター	209
天理教教会本部	210-212, 216
天理教教祖誕生の家	219
天理参考館	211, 212, 216

――― ト ―――

唐招提寺	7, 9, 64, 75, 90-92
洞泉寺	157, 158
東大寺	7, 9, 15, 21-24, 26-28, 30, 31, 33-37, 45, 48, 49, 56, 62, 69, 85, 132, 147, 158, 203, 206, 217
東大寺開山堂	28
東大寺戒壇院	22, 31, 32, 91
東大寺修二会(お水取り)	17, 30, 31
東大寺俊乗堂	26-38, 36
東大寺鐘楼	26
東大寺大仏殿	21-27, 31, 32, 34, 35, 62, 89, 92, 96, 141
東大寺八角灯籠	26
東大寺法華堂(三月堂)	22, 28-30

東大寺本坊(旧東南院)	24
東大寺転害門(景清門)	33-35, 49
東大寺南大門	21, 23, 24
東大寺二月堂	9, 12, 22, 30, 31
東大寺山古墳(群)	202, 203
多武峯	248, 250, 251
多武峯寺	187, 248
多武峰町石	248
東明寺	163, 165
十市遠忠	218, 224
徳融寺	46, 47, 49
飛火野	12, 15, 16, 20
富本憲吉記念館	174, 177, 178
伴寺跡	36
豊臣秀長	64, 155, 157-158, 160, 167, 250

――― ナ ―――

中家住宅	179, 180
中ツ道	198
中野美術館	100
長屋王邸跡	77
長屋王墓	123, 124
中山大塚古墳	219-221
中山古墳	244
中山みき	207, 210, 219
ナガレ山古墳	138
奈保山西陵(元正天皇陵)	63
那富山墓	63
奈保山東陵(元明天皇陵)	63
奈良街道	120
奈良教育大学教育資料館	19
奈良県護国神社	20
奈良県立民俗博物館	163, 165
奈良公園	6, 15, 16, 21
奈良国立博物館	4, 8, 10, 11, 21, 25, 33, 39, 50, 59, 61, 132, 147, 166, 180
奈良坂	36, 39
奈良坂越え(般若寺越え)	35, 39
奈良市写真美術館	18, 19
奈良女子大学記念館(奈良女子高等師範学校本館)	41

奈良市立史料保存館	45, 46
奈良豆比古神社	35, 38, 39
なら奈良館	9
奈良奉行所	41, 45, 63, 99
奈良文化財研究所(奈文研)	17, 72, 73, 217
奈良ホテル	16, 50, 51
奈良町	16, 17, 19, 35, 45, 49
ならまち格子の家	47
奈良町資料館	44-46
ならまち振興館	47
奈良山(平城山)	39, 78, 82
那羅山3号墳	66
那羅山墓	67

――ニ――

西殿塚古墳	219-221
西宮古墳	129
西乗鞍古墳	215
西山古墳	215
西山塚古墳	219, 221
忍性	37, 147, 172, 173, 187

――ヌ・ネ・ノ――

額田部窯跡	173
寧楽美術館	32
能楽宝生流発祥の地	253

――ハ――

墓山古墳	204
白山神社(生駒郡平群町)	127
白山神社(桜井市)	243
白山神社(磯城郡三宅町)	185
羽子田古墳群	195
箸墓古墳	220, 233, 235-240
初瀬街道	226
長谷寺	255-257
八幡神社(生駒郡三郷町)	133
八幡神社(磯城郡川西町)	187, 188
八所御霊神社	85
花山塚古墳	254
馬場塚	180
ハミ塚	205
般若寺	7, 35, 37, 38

――ヒ――

稗田環濠集落	160-162, 196, 221
東田大塚古墳	235-237
東乗鞍古墳	215
ヒシアゲ古墳(仁徳天皇皇后磐之媛命平城坂上陵)	81
毘沙門塚古墳	239
檜原神社	232, 233
氷室神社(奈良市)	11, 21
比売久波神社	183
白毫寺(一切教寺)	7, 19, 20
瓢箪山古墳	79, 80
平等寺跡	231
枚岡神社	14
広瀬神社(北葛城郡河合町)	132, 138, 146
広峰神社	185

――フ――

フェノロサ	94, 111
補厳寺	197, 198
富貴寺	184, 185
不空院(福井の大師)	17, 18
福智院	7, 51, 52
藤岡家住宅	47
藤田家住宅	126, 127
藤ノ木古墳	118
不退寺	65, 66
仏教美術資料研究センター(奈良県物産陳列所)	11
不動院(桜井市)	253
舟戸神社	136
普門院	127
布留遺跡	216

――ヘ――

平城宮跡	9, 71, 73-75, 77, 78, 80
平城宮跡資料館	73
平城京	4, 11, 12, 14, 21, 33, 35, 42, 45, 48, 49, 62, 68, 91, 141, 162
平城京左京三条二坊宮跡庭園	77, 78
平城京朱雀大路跡	76, 77
平隆寺	133

平群石床神社	129

— ホ —

法起寺	106, 115-118
放光寺	135, 136
宝山寺	7, 145, 150
宝幢寺	150
蓬莱山古墳(垂仁天皇陵古墳, 垂仁天皇菅原伏見東陵)	90
法楽寺(生駒市)	142
法楽寺(磯城郡田原本町)	196
法隆寺(斑鳩寺)	7, 106, 107, 111-118, 120, 121, 127, 136, 217, 246-248
法隆寺西院伽藍	106, 107
法隆寺東院伽藍	106, 107, 111, 127, 184
法輪寺	114, 115, 117
ホケノ山古墳	233, 235-239
星塚古墳	207-209
細川家住宅	44
保津環濠集落	161, 196
法華寺	58, 69-71, 113
仏塚古墳	115
本光明寺	197
本誓寺	189
本多(下野守)忠平	97
本門寺	170

— マ —

纏向石塚古墳	235, 237, 238
纏向遺跡	235, 237-240
纏向勝山古墳	235-237
纏向古墳群	235
纏向珠城宮跡の石標	235
纏向日代宮跡の石標	234
纏向矢塚古墳	235-237
増田長盛	155, 158, 176
松尾寺	165
松永久秀	22, 41, 47, 57, 61, 62, 125, 132, 136, 155, 164, 171, 172
丸山古墳(北葛城郡河合町)	137

— ミ —

三井	115
三井瓦窯跡	117
御蓋山(春日山)	13-15, 32, 78
三里古墳	123, 124
三ツ池	204
南市恵比寿神社	42
峯塚古墳	215
美努岡萬墓	148, 149
三室山	122
宮裏山古墳	123
宮山塚古墳(椿井宮山古墳)	123
三好三人衆	22, 62
三輪山	44, 139, 226-233, 239

— ム・メ —

六県神社	184, 185, 187
村田珠光	40, 141
村屋神社(村屋坐弥富都比売神社)	197, 198
メスリ山古墳	237, 240, 243, 244
売太神社	161, 162

— モ —

餅飯殿通り	42, 44, 49
森嶋家住宅	208
文殊院西古墳	243
文殊院東古墳(閼伽井窟)	243

— ヤ —

柳生街道(滝坂の道)	16-18, 20
薬園八幡神社	157, 158
薬師寺	7, 9, 88, 89, 91, 94-96, 156
八坂神社(磯城郡田原本町)	193
休ヶ岡八幡宮	96
矢田寺(金剛山寺)	163-165
矢田坐久志玉比古神社(矢落明神)	165
柳沢吉里	155, 157, 160
柳沢吉保	154, 155, 160
柳本古墳群	222, 224, 237
柳本陣屋大書院・玄関(旧織田屋形, 橿原神宮文華殿)	221
山田寺跡	245, 246
山田道	245
山町銅鐸出土地	59
大和郡山カトリック教会	159, 160

大和文華館	99, 100
大和民俗公園	163
山ノ神遺跡	230
山村廃寺（ドドコロ廃寺）	59

―ヨ―

| 与喜天満神社 | 257 |
| 吉城園 | 32 |

―ラ・リ―

来迎寺	247
楽田寺	189, 191
龍王山古墳群	224
龍王山城跡	224
龍象寺	58
良玄寺	159
霊山寺	100, 102
林神社	42

―レ・ロ―

璉城寺	54
蓮長寺	41
良弁	28, 29, 31
鹿苑	13, 16
六道山古墳	169

―ワ―

若草山	9, 15, 16, 32, 33, 96
稚桜神社	245
若槻環濠集落	160, 162, 221
若宮神社（春日大社摂社）	13-15, 54, 181, 183, 187
和爾下古墳	202
和爾下神社（上治道社）	202, 203
わやわや地蔵	205
割塚古墳	163

【写真所蔵・提供者・協力者】(五十音順,敬称略)

安堵町歴史民俗資料館	田原本町教育委員会
安養寺	田原本町産業振興課
斑鳩町観光産業課	中宮寺
斑鳩町教育委員会	東大寺
生駒市教育委員会	富本憲吉記念館
石上神宮	中家住宅 中寧
糸井神社	永野鹿鳴荘
井上博道	奈良県立民俗博物館
梅原章一	奈良市観光協会
河合町教育委員会	般若寺
宮内庁正倉院事務所	便利堂
桜井市観光課	法隆寺
慈光院	本光明寺
社団法人奈良県観光連盟	薬師寺
十輪院	矢野建彦
聖林寺	大和郡山市教育委員会

本書に掲載した地図の作成にあたっては,国土地理院長の承認を得て,同院発行の50万分の1地方図,20万分の1地勢図,数値地図25000(空間データ基盤)を使用したものである(平18総使,第78-3053号)(平18総使,第79-3053号)(平18総使,第81-3053号)。

【執筆者】(五十音順．2014年1月現在)

会長
坎田俊作　かんだしゅんさく(元県立桜井高校校長)

編集・執筆委員
上田博史　うえだひろふみ(県立教育研究所)
奥本武裕　おくもとたけひろ(県立同和問題関係史料センター)
栗本新吾　くりもとしんご(県立畝傍高校)
小林祥孝　こばやしよしたか(県立法隆寺国際高校教頭)
住本裕一　すみもとひろかず(県青少年・生涯学習課)
武田新太郎　たけだしんたろう(県立畝傍高校)
津浦和久　つうらかずひさ(県立同和問題関係史料センター)
辻俊和　つじとしかず(元県立桜井高校教頭)
三浦宏　みうらひろし(県立橿原高校)
山口仁久　やまぐちひとし(四天王寺大学)

執筆委員
荒俣一雄　あらまたかずお(県立登美ケ丘高校)
今西督　いまにしすすむ(県立高取国際高校)
上野仁　うえのひとし(県立畝傍高校)
河合隆次　かわいりゅうじ(県立畝傍高校)
塩谷行庸　しおたにゆきのぶ(県立高円高校)
谷川喜一郎　たにがわきいちろう(県立生駒高校)
百々稔　どどみのる(県立香芝高校)
中尾善樹　なかおよしき(県立桜井高校)
橋本昌哉　はしもとまさや(県立畝傍高校)
藤田和義　ふじたかずよし(県教育委員会)
森本理　もりもとわたる(県文化課)
山村雅史　やまむらまさし(県立高田高校)
山本美智子　やまもとみちこ(県立西の京高校)
祐岡武志　ゆうおかたけし(県立法隆寺国際高校)
米倉信岳　よねくらのぶたか(県立登美ケ丘高校)

歴史散歩㉙
奈良県の歴史散歩 上 奈良北部

2007年6月30日　1版1刷発行　　2017年9月30日　1版4刷発行

編者─── 奈良県高等学校教科等研究会歴史部会
発行者─── 野澤伸平
発行所─── 株式会社山川出版社
　　　　〒101-0047　東京都千代田区内神田1-13-13
　　　　電話　03(3293)8131(営業)　　03(3293)8135(編集)
　　　　https://www.yamakawa.co.jp/　　振替　00120-9-43993
印刷所─── 図書印刷株式会社
製本所─── 株式会社ブロケード
装幀─── 菊地信義
装画─── 岸並千珠子
地図─── 昭文社

Ⓒ 2007　Printed in Japan　　　　　　　ISBN 978-4-634-24629-4
・造本には十分注意しておりますが，万一，落丁・乱丁などがございましたら，
　小社営業部宛にお送りください。送料小社負担にてお取り替えいたします。
・定価は表紙に表示してあります。

新 版 県 史 全47巻

古代から現代まで、地域で活躍した人物や歴史上の重要事件を県民の視点から平易に叙述する、身近な郷土史読本。充実した付録も有用。
四六判　平均360頁　カラー口絵8頁　　本体各2400円+税

1　北海道の歴史
2　青森県の歴史
3　岩手県の歴史
4　宮城県の歴史
5　秋田県の歴史
6　山形県の歴史
7　福島県の歴史
8　茨城県の歴史
9　栃木県の歴史
10　群馬県の歴史
11　埼玉県の歴史
12　千葉県の歴史
13　東京都の歴史
14　神奈川県の歴史
15　新潟県の歴史
16　富山県の歴史
17　石川県の歴史
18　福井県の歴史
19　山梨県の歴史
20　長野県の歴史
21　岐阜県の歴史
22　静岡県の歴史
23　愛知県の歴史
24　三重県の歴史
25　滋賀県の歴史
26　京都府の歴史
27　大阪府の歴史
28　兵庫県の歴史
29　奈良県の歴史
30　和歌山県の歴史
31　鳥取県の歴史
32　島根県の歴史
33　岡山県の歴史
34　広島県の歴史
35　山口県の歴史
36　徳島県の歴史
37　香川県の歴史
38　愛媛県の歴史
39　高知県の歴史
40　福岡県の歴史
41　佐賀県の歴史
42　長崎県の歴史
43　熊本県の歴史
44　大分県の歴史
45　宮崎県の歴史
46　鹿児島県の歴史
47　沖縄県の歴史

歴 史 散 歩　全47巻（57冊）

好評の『歴史散歩』を全面リニューアルした、史跡・文化財を訪ねる都道府県別のシリーズ。旅に役立つ情報満載の、ハンディなガイドブック。
B6変型　平均320頁　2〜4色刷　税別各1200円+税

1　北海道の歴史散歩
2　青森県の歴史散歩
3　岩手県の歴史散歩
4　宮城県の歴史散歩
5　秋田県の歴史散歩
6　山形県の歴史散歩
7　福島県の歴史散歩
8　茨城県の歴史散歩
9　栃木県の歴史散歩
10　群馬県の歴史散歩
11　埼玉県の歴史散歩
12　千葉県の歴史散歩
13　東京都の歴史散歩　上 中 下
14　神奈川県の歴史散歩　上 下
15　新潟県の歴史散歩
16　富山県の歴史散歩
17　石川県の歴史散歩
18　福井県の歴史散歩
19　山梨県の歴史散歩
20　長野県の歴史散歩
21　岐阜県の歴史散歩
22　静岡県の歴史散歩
23　愛知県の歴史散歩　上 下
24　三重県の歴史散歩
25　滋賀県の歴史散歩　上 下
26　京都府の歴史散歩　上 中 下
27　大阪府の歴史散歩　上 下
28　兵庫県の歴史散歩　上 下
29　奈良県の歴史散歩　上 下
30　和歌山県の歴史散歩
31　鳥取県の歴史散歩
32　島根県の歴史散歩
33　岡山県の歴史散歩
34　広島県の歴史散歩
35　山口県の歴史散歩
36　徳島県の歴史散歩
37　香川県の歴史散歩
38　愛媛県の歴史散歩
39　高知県の歴史散歩
40　福岡県の歴史散歩
41　佐賀県の歴史散歩
42　長崎県の歴史散歩
43　熊本県の歴史散歩
44　大分県の歴史散歩
45　宮崎県の歴史散歩
46　鹿児島県の歴史散歩
47　沖縄県の歴史散歩

奈良県全図

都道府県界
市郡界
町村界
区界
新幹線
JR線
私鉄線
高速道路
有料道路
国道
県庁
京都府
大阪府
三重県
枚方市
京田辺市
井手町
甲賀市
寝屋川市
交野市
精華町
山城町
和束町
笠置町
南山城村
四條畷市
加茂町
木津町
伊賀市
大東市
生駒市
東大阪市
八尾市
奈良市
山辺郡
山添村
大和郡山市
平群町
生駒郡
三郷町
斑鳩町
安堵町
川西町
三宅町
柏原市
王寺町
河合町
上牧町
磯城郡
北葛城郡
広陵町
田原本町
香芝市
天理市
桜井市
宇陀市
名張市
曽爾村
宇陀郡
御杖村
津市
松原市
藤井寺市
羽曳野市
太子町
大和高田市
橿原市
葛城市
明日香村
高市郡
高取町
御所市
吉野町
東吉野村
大淀町
下市町
松阪市
河南町
千早赤阪村
富田林市
大阪狭山市
堺市
堺区
北区
西区
中区
東区
美原区
南区
和泉市
河内長野市
若草山 342
生駒山 642
葛城山 959
金剛山 1125
竜門岳 904
高見山 1248
国見山 1419
三峰山 1235
倶留尊山 1038
笠取山 842
霊山 766
三国山 886
奈良奥山ドライブウェイ
信貴生駒スカイライン
第二阪奈道路
西名阪自動車道
南阪奈道路
阪和自動車道
堺泉北道路
京奈和自動車道
京奈和道
名阪国道
近鉄奈良線
近鉄京都線
近鉄生駒線
近鉄天理線
近鉄大阪線
近鉄橿原線
近鉄御所線
近鉄吉野線
近鉄長野線
近鉄伊賀線
近鉄大阪線
田原本線
桜井線
関西本線
奈良線
片町線
京阪本線
南海高野線
泉北高速鉄道
名松線
木津川
吉野川
なら
いこま
やまとさいだいじ
こおりやま
おびとけ
てんり
たわらもと
やぎ
やまと
かしはらじんぐうまえ
かしはら
うねび
さくらい
はせでら
はいばら
むろうぐちおおの
ききょうがおか
なばり
あおやまちょう
いがかんべ
いがうえの
うえのし
しまがはら
かさぎ
かも
きづ
しんほうその
きさいち
しじょうなわて
おうじ
たかだ
こせ
よしのぐち
しもいちぐち
よしの
きたうち
かわちながの
とんだばやし
おおさかさやまし
ふるいち
さかいし
いせおきつ
いせやち